한 번 배운 파이썬, 나만의 활용 스킬

개발자가 아니어도 도전하는 일상과 업무 자동화

# 한 번 배운 파이썬, 나만의 활용 스킬

초판 1쇄 2020년 07월 22일
　　 2쇄 2021년 05월 07일


**지은이** 이강성
**발행인** 최홍석

**발행처** (주)프리렉
**출판신고** 2000년 3월 7일 제 13-634호
**주소** 경기도 부천시 길주로 77번길 19 세진프라자 201호
**전화** 032-326-7282(代) **팩스** 032-326-5866
**URL** www.freelec.co.kr

**편　집** 강신원, 서선영
**표지 디자인** 황인옥
**본문 디자인** 박경옥

**ISBN** 978-89-6540-276-3

개발자가 아니어도
도전하는 일상과 업무 자동화!!

# 한 번 배운 파이썬, 나만의 활용 스킬

## SMART PYTHON LIFE

이강성 지음

프리렉

　'격세지감(隔世之感)'이다. 파이썬을 시작하고 교육하기 시작한 지도 벌써 20년이 흘렀다. 그때는 파이썬을 아는 이를 찾기 어려웠는데, 이제는 파이썬을 모르는 이를 찾기 어렵게 되었다. 아무도 파이썬이 이렇게 일반화될 줄 몰랐다. 'Python Rules(파이썬이 통치한다)'라는 모토를 걸고 알리고 교육했는데, 어느 순간 그것이 현실화된 것이다. 파이썬의 쓰임새는 더 이상의 열거할 필요 없을 정도로 다양한 분야에 넓게 보편화되어 있다. 이렇게 파이썬이 일반화된 데에는 당연히 파이썬이라는 언어가 사용하기 쉬울 뿐 아니라 기능도 좋고 성능도 훌륭한 것에 그 공로가 있다고 하겠다.

　파이썬은 기본 문법이 다른 언어에 비해 상대적으로 쉬워 초보자들도 쉽게 접근하고 익힐 수 있어 문법 자체보다는 어떻게 활용할 것인가에 초점을 맞추면 더 좋은 교육이 될 수 있을 것이라고 생각했다. 물론 파이썬 문법도 깊이 들어가면 어려운 부분이 적지 않으나 개발자나 전문가가 아니라면 굳이 깊이 있는 문법적 성찰보다는 간단한 언어 지식을 활용하는 방향으로 익혀 나가는 것이 더 효율적이라고 생각한다. '조금 배워서 많이 활용하자'라고나 할까? 그래서 책의 방향도 흔히 볼 수 있는 문법적 설명은 생략하고 알고 있는 약간의 프로그래밍 지식만 있어도 잘 써먹을 수 있는 내용으로 채웠다. 그동안 번거로운 일상적인 업무를 하면서 필요에 따라 틈틈이 작성했던 것들을 모아 정리하면 후학들에게 조금이라도 도움이 될 것으로 생각했다. 또한 이 책의 많은 예제들은 대학에서 학생들에게 파이썬을 교육하면서 활용 예로 소개한 것들이다. 나중에 조금이라도 더 활용 가능한 예제를 소개해주고 싶었던 마음에서 만든 것이다. 따라서 모두를 만족시킬 수는 없겠지만 그래도 필요한 이들이 여럿 있지 않을까 싶다.

　이 책에서 다루는 주제는 주로 '반복적이고 일상적인 업무를 어떻게 편하게

할 수 있을까?'라는 고민에서 시작되었다. 키보드와 마우스를 자동으로 작동시키는 것부터, 웹 문서와 파일을 자동으로 내려받고, 이메일을 보내고 읽고, 문서를 자동으로 다루고, 스마트폰도 자동으로 다루는 등의 주제를 다룬다. 다양한 주제인 만큼 여기에 사용하는 모듈도 다양하다. 이 책에서는 모듈의 사용법을 깊이 있게 다루기보다는 여기서 제안한 주제를 다루는 수준에서만 언급하고 있다. 그 이상의 깊이 있는 지식은 지면 관계상 다루기 어려웠으므로 필요하다면 웹에 공개된 자료를 참고하면 충분한 정보를 얻을 수 있을 것이다. 이 책은 더 깊은 세계로의 안내하는 길잡이 정도로 생각하면 좋겠다. 여기에서 소개한 기본적인 내용을 익힌다면 자신에게 필요한 곳에 무궁무진하게 활용할 수 있을 것이다.

이 책에서 소개하는 내용을 간략하게 정리하면 다음과 같다. 이 책은 순서와 상관없이 읽을 수 있으므로 원하는 주제가 있다면 바로 해당 부분을 펼쳐 읽으면 된다.

Work 1에서는 키보드와 마우스의 자동화를 다룬다. 만일 여러분이 반복적인 키보드와 마우스 작업에 피곤해 하고 있다면 이 부분을 참고해 수고를 덜기 바란다. 여기서는 pyautogui 모듈을 이용하여 키보드와 마우스 작업을 자동화한다.

Work 2에서는 웹 자료 수집을 다룬다. 웹에 널려 있는 자료들을 읽어내고 이미지나 압축 파일들을 내려받는 방법을 소개한다. 여기서는 특별한 인증이 필요하지 않은 공개된 자료를 대상으로 하고 있다. requests 모듈을 활용하면 일정 수준의 인증 절차를 거칠 수도 있다.

Work 3에서는 수집된 웹 문서를 분석하는 방법을 다룬다. BeautifulSoup이라는 멋진 모듈을 이용하여 HTML 문서 안에 숨겨진 정보들을 추출하는 방법을 배우게 된다.

Work 4에서는 웹 브라우저 자동화를 이용한 정보 추출 방법을 다룬다. 웹 브라우저를 이용하는 장점은 모든 처리를 웹 브라우저에게 맡기고 그 결과만 얻어내는 것이므로, 복잡한 인증 절차나 자바스크립트 코드 실행 같은 부분도 문제없이 다루게 된다. 웹 브라우저 내에서 마우스 클릭이나 키보드 입력도 자동화할 수 있다. 이 방법을 이용하면 Work 2에서 접근할 수 없었던 자료에도 접근할 수 있게 된다.

Work 5와 6에서는 이메일을 보내고 받는 내용을 다룬다. 자동으로 첨부 파일이 있는 이메일을 보내고, 받은 이메일 중에서 원하는 메일을 선택하고 확인하는 방법들을 다룬다.

Work 7에서는 파일 시스템을 다루는 방법을 소개한다. 파일과 디렉터리를 만들거나 수정하는 방법 그리고 이미 존재하는 수많은 파일 중에서 내가 원하는 파일을 찾는 기능을 어떻게 구현하는지를 살펴본다.

Work 8에서는 사진을 다루는 기본적인 방법을 익힌다. 스마트폰에 쌓여 있는 사진들을 데스크톱에 옮기고 이들을 다양한 기준에 따라 분류하여 저장하는 방법을 살펴본다. 더불어 사진에 약간의 텍스트 정보를 넣는 방법도 다룬다.

Work 9에서는 다양한 프로그램을 스케줄링을 통해서 자동으로 실행하고 처리하는 방법을 배운다. 주기적인 정보 처리를 원한다면 참고해볼 만한 내용이다.

Work 10~12는 사무용 문서를 다루는 내용이다. Work 10은 엑셀을 다루는 방법, Work 11은 워드 문서를 다루는 방법, Work 12는 PDF 문서를 다루는 방법을 중심으로 설명한다. Work 11에서는 엑셀과 워드를 연결하여 많은 개별

적 문서를 자동으로 생성하는 내용을 다루는데, 큰 규모의 행사 등을 관리하는 데 유용하게 사용할 수 있다. Work 12에서는 PDF 문서를 다루는 다양한 방법들을 소개한다.

마지막으로 Work 13에서는 스마트폰을 컴퓨터와 유선 혹은 무선으로 연결하고 컴퓨터에서 스마트폰의 앱을 실행시키는 등의 방법을 소개한다. 스마트폰 화면에 나타난 정보를 컴퓨터로 읽어내는 기법도 함께 다룬다.

글을 쓰고 나면 늘 후회가 남는다. 하지만 조금 부족하더라도 누군가에게는 필요할 수 있다는 마음으로 마무리를 한다. 이 책에서 사용된 코드는 프리렉 홈페이지(https://freelec.co.kr/datacenter/) 에서 내려받을 수 있다. 아무쪼록 이 책을 읽는 독자에게 도움이 되었으면 좋겠다는 바람을 가져본다. 끝으로 이 책의 출판을 허락해주신 프리렉 출판사 대표님과 편집부 직원들에게 감사를 드린다.

2020. 6. 22
지은이 이강성

* 본 연구는 2019년도 광운대학교 교내 학술연구비 지원에 의해 연구되었음

# 차 례

# Work 1

# 키보드 마우스
# 자동화

자동화는 적용하려는 업무 내용에 따라 다양한 방법을 활용할 수 있다. 예를 들면 웹 브라우저 관련 작업을 할 때는 웹 자동화 도구를 이용하여 자동화할 수 있고, 로컬 디스크의 파일이나 폴더를 관리하고자 한다면, 파일 관리 함수를 이용할 수 있다.

그중에서도 마우스와 키보드 시뮬레이션을 이용한 자동화는 GUI 화면상에서 사용자가 마우스나 키보드를 이용해서 직접 제어하는 행동을 프로그래밍으로 대체하는 것으로, 사용자가 화면에서 활동하는 내용을 자동화하는 것이다. 이 방법은 자동화를 직관적으로 구현할 수 있다는 장점이 있긴 하지만, GUI와 관련된 부분을 좀 더 세밀하게 다루려면 약간의 프로그래밍 스킬이 필요하다. 어떻게 보면 조금 원시적이긴 하지만 처음에 접근하기 적합한 자동화 도구라고도 할 수 있다.

시중에 AHK(AutoHotKey)와 같은 독립 프로그램 도구가 나와 있긴 하지만, 파이썬 프로그램을 이용하면 자동화를 적용하는 도중에 상황에 맞춘 여러 가지 필요한 연산이나 기능을 수행할 수 있기 때문에 프로그래밍을 이용한 자동화는 그 활용도 면에서 큰 의미가 있다.

이번 Work에서는 pyautogui 모듈을 이용한 마우스 및 키보드 자동화를 알아본다. 윈도우 운영체제에 기본으로 제공되는 계산기를 자동으로 활용하는 프로그램을 작성해 보면서 기본적인 기능을 익힌다.

 **학습 포인트**

- 마우스를 자동으로 동작시키는 법

- 클립 이미지 검색을 통한 화면 좌표 찾기

- 키보드를 자동으로 동작시키는 법

## 파이썬 패키지 설치

파이썬의 수많은 써드파티 패키지들은 https://pypi.org/에 등록되어 있다. 이곳에는 누구나 공유하고자 하는 패키지를 올릴 수 있으며 여기에 등록된 패키지는 pip란 명령어를 통해 간단히 설치할 수 있다. 다른 방법으로 패키지를 설치할 수도 있지만, 이 책에서 소개하는 모듈은 모두 pip로 설치할 수 있다. 또한 대부분의 유명 패키지들도 pip 명령으로 설치할 수 있으므로 pip 명령을 아는 것만으로 충분하다. 윈도우라면 cmd나 powershell을 실행하고 'pip install 모듈명'을 입력하면 자동으로 설치된다. 예를 들어 모듈 이름이 requests라고 한다면 다음과 같이 명령을 입력한다.

```
pip install requests
```

```
> pip install requests
Collecting requests
  Downloading https://files.pythonhosted.org/packages/51/bd/23c926cd341ea6b7dd0b2a00aba99ae0f828be89d72b2190f27c11d4b7
fb/requests-2.22.0-py2.py3-none-any.whl (57kB)
     |                                | 61kB 491kB/s
Requirement already satisfied: urllib3!=1.25.0,!=1.25.1,<1.26,>=1.21.1 in c:\users\gslee\anaconda3\lib\site-packages (
from requests) (1.22)
Requirement already satisfied: idna<2.9,>=2.5 in c:\users\gslee\anaconda3\lib\site-packages (from requests) (2.6)
Requirement already satisfied: certifi>=2017.4.17 in c:\users\gslee\anaconda3\lib\site-packages (from requests) (2017.
7.27.1)
Requirement already satisfied: chardet<3.1.0,>=3.0.2 in c:\users\gslee\anaconda3\lib\site-packages (from requests) (3.
0.4)
Installing collected packages: requests
Successfully installed requests-2.22.0
```

설치된 패키지를 제거하고 싶으면 'pip uninstall 모듈명' 형식의 명령을 사용하고, 이미 설치된 패키지를 업그레이드하려면 'pip install --upgrade 모듈명' 형식의 명령을 사용한다.

만일 아나콘다 파이썬 배포판을 사용하고 있다면 윈도우의 cmd나 powershell 대신, 윈도우 시작 메뉴에서 Anaconda3 프로그램 폴더 안의 Anaconda Prompt를 실행하고 설치 명령을 입력한다면 별문제 없이 실행할 수 있다. 파이썬을 설치했음에도 불구하고 pip 명령을 인식하지 못한다면 환경변수 PATH에 pip 명령이 있는 폴더를 찾지 못하는 것이므로 '[내 PC] → [속성] → [고급 시스템 설정] → [고급] → [환경변수] → [Path]를 수정하여 pip 명령이 있는 폴더를 경로에 포함시켜야 한다.

만일 주피터 노트북으로 작업을 진행하고 있다면 앞서와 같은 명령 프롬프트를 실행하는 대신 주피터 노트북 셀에 !로 시작하는 명령을 입력하면 콘솔 명령이 실행된다. 예를 들어 다음과 같은 명령을 실행하면 된다.

```
!pip install requests
```

파이썬에서 키보드와 마우스 자동화를 다루기 위한 pyautogui 모듈, 그리고 클립보드를 이용해 복사와 붙여넣기를 다루기 위한 pyperclip 모듈을 설치한다.

```
pip install pyautogui
pip install pyperclip
```

각 모듈의 문서와 설치 정보는 다음 사이트에서 확인할 수 있다.

**pyautogui** - https://pyautogui.readthedocs.io/en/latest/

**pyperclip** - https://pypi.org/project/pyperclip/

# 마우스 자동화

키보드와 마우스 자동 제어 기능을 이용하려면 우선 다음과 같이 pyautogui란 모듈을 먼저 불러와야 한다.

참고로 이 책에서는 주피터 노트북에서 파이썬을 실행하는 상황을 가정하고 있다. 주피터 노트북 설치와 사용법에 대해서는 부록을 참고하기 바란다.

```
In [1]: import pyautogui
```

이제 현재 사용하는 컴퓨터 모니터의 화면 해상도(가로, 세로)를 다음 명령으로 확인해보자. 마우스는 화면 해상도 범위 안에서 움직일 수 있다. 출력값은 각자 컴퓨터에 따라서 달라진다. 화면 해상도가 (1920, 1080)인 경우 마우스 커서는 (0, 0)부터 (1919, 1079) 범위 안에서 움직일 수 있다.

```
In [2]: pyautogui.size()
Out[2]: (1920, 1080)
```

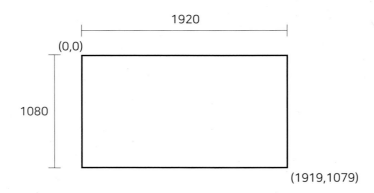

마우스를 (500, 500) 위치로 움직여보자. 다음 명령을 실행하면 마우스 커서의 위치가 지정된 위치로 1초에 걸쳐 이동한다.

```
In [3]: pyautogui.moveTo(500, 500, duration=1)   # (500, 500) 위치로 1초에 걸쳐 이동한다.
```

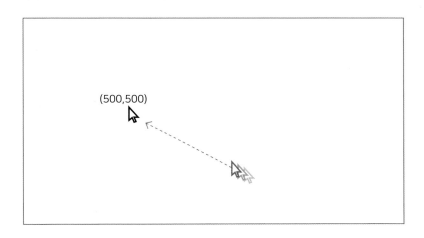

만일 다음과 같이 화면 범위를 벗어난 위치를 지정하면 pyautogui.FailSafeException 예외가 발생한다.

```
In [4]: pyautogui.moveTo(-100, -100)
        -------------------------------------------------------------------------
        FailSafeException                              Traceback (most recent call last)
         ...(중간 생략)
        FailSafeException: PyAutoGUI fail-safe triggered from mouse moving to upper-left
        corner. To disable this fail-safe, set pyautogui.FAILSAFE to False.
```

이런 상황이 번거롭다면 FAILSAFE를 False로 설정하면 예외가 발생하지 않는다. 이때 moveTo(-100, -100) 명령인 경우, 마우스 커서의 위치는 이동 가능한 최대 범위인 (0, 0) 위치로 이동한다.

```
In [5]: pyautogui.FAILSAFE = False
```

(-100,-100) ●

1920

(0,0)

1080

(1919,1079)

마우스 이동을 확인해 보았다면 이제 마우스 클릭도 실행해보자.

다음 코드는 (400, 500) 위치로 1초에 걸쳐 이동하고 나서 해당 지점을 마우스로 클릭한다.

```
In [6]: pyautogui.moveTo(400, 500, duration=1)
        pyautogui.click()   # 마우스 클릭
```

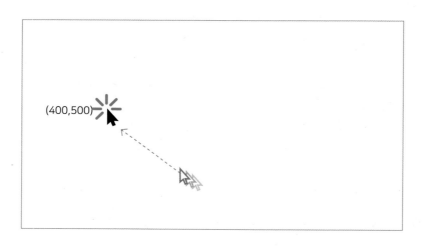

(400,500)

018

마우스 커서는 이동하지 않고 직접 클릭할 수도 있다. 다음 코드는 (400, 500) 위치를 바로 클릭한다.

```
In [7]: pyautogui.click(400, 500)
```

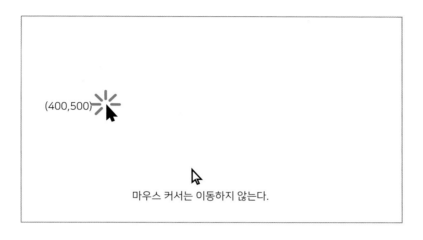

이번엔 마우스를 누른 상태에서 이동하는 드래그(drag)를 실행해보자.

```
In [8]: pyautogui.moveTo(400, 500, duration=1)
        pyautogui.dragTo(600, 900, duration=1)
```

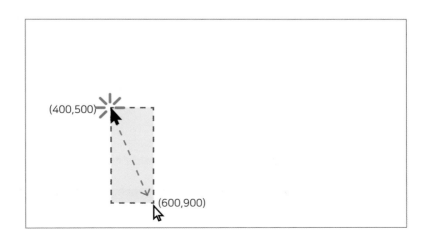

앞선 명령을 실행하면 (400, 500) 위치에서 시작해서 (600, 900) 위치까지 드래그하게 된다.

pyautogui 모듈에서 명령과 명령 사이의 시간 간격은 **PAUSE** 변숫값으로 설정할 수 있다(단위: 초). 예를 들어, 다음 명령은 pyautogui 모듈의 모든 명령 사이의 시간 간격을 0.1초로 설정한다.

```
In [9]: pyautogui.PAUSE = 0.1   # 명령 사이 간격을 0.1초로 설정한다
```

만일 특정 명령과 명령 사이의 시간 간격을 별도로 지정하고 싶다면 time 모듈의 sleep( ) 함수를 이용할 수 있다.

```
import time
time.sleep(2)   # 2초 대기
```

## 실습 예제: 계산기 제어

이제 본격적인 실습으로 화면상의 계산기를 제어해보자. 먼저 계산기를 실행하고 작업 편의상 화면 제일 왼쪽 위에 배치해둔다. 다음 그림의 예와 같이 파이썬 작업 환경은 계산기와 겹치지 않게 잘 조절한다.

마우스 자동화

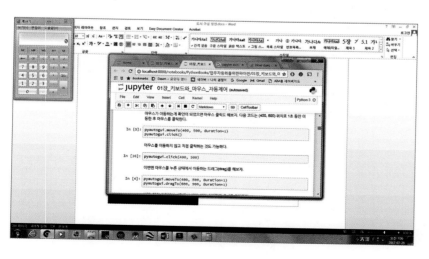

이제 계산기에서 '123'을 클릭해보자. 클릭하려면 좌표를 알아야 하는데, 화면상의 좌표를 확인하는 방법에 대해서는 이어지는 '이미지 좌표 확인 방법'을 참고하기 바란다. 버튼 1, 2, 3에 해당하는 화면상의 좌표 (40, 320), (90, 320), (140, 320)을 확인했다고 하자. 이러한 버튼을 클릭할 때는 x, y 좌표를 매번 pyautogui.click(40, 320)과 같이 숫자로 입력하기보다는 버튼 이름을 등록해 두고 버튼 이름으로 클릭하도록 하는 것이 더욱 간단하고 편리하다. 예를 들면 다음과 같다.

```
x, y = buttons['3']   # 버튼 3의 위치를 가져온다
pyautogui.click(x, y)   # 클릭한다
```

또는 한 줄로 작성할 수도 있다.

```
pyautogui.click(*buttons['3'])   # 앞선 두 코드를 하나로 묶었다
```

이렇게 하려면 다음과 같이 buttons란 사전(dictionary) 자료형을 만들어야 한다. 계산기 '1' 버튼의 위치는 전체 화면에서 좌표 (40, 320)이란 의미인데, 좌표 위치를 확인하는 가장 간단한 방법은 화면을 캡처해서 캡처한 이미지에서 원하는 부분의 좌표를 확인하는 것이다.

```
In [10]: buttons = {'1': (40, 320), '2': (90, 320), '3': (140, 320)}
```

(40,320) —

**이미지 좌표 확인 방법**

1. 윈도우 시작 메뉴에서 '캡처 도구'를 실행한다.

2. 계산기 창을 캡처하여 calc1.png란 이름으로 저장한 다. 이때 파일 형식은 PNG로 하는 것이 좋다. 손실이 없는 이미지 색상을 저장하기 위해서다.

3. '그림판'을 실행하고 calc1.png 이미지를 불러온다.

4. '그림판' 위에서 마우스를 움직여보면 맨 왼쪽 아래에 마우스 위치의 이미지 좌표가 표시된다.

마우스 위치의 이미지 좌표
34, 318px

5. 확인된 좌표를 잘 메모해 둔다. 컴퓨터 화면에서 계산기를 제일 왼쪽 위에 배치한 이유는 이렇게 그림판에서 확인한 계산기 이미지의 좌표는 맨 왼쪽 위가 (0, 0)이기 때문이다. 계산기 위치를 화면 맨 왼쪽 위로 맞추지 않고 진행하려면, 계산기 창이 아닌 전체 화면을 캡처하고 나서 그림판에서 좌표를 확인하면 된다.

6. 모든 작업이 끝났으면 그림판을 닫는다.

pyautogui 모듈의 모든 좌표는 화면 전체가 기준이므로 계산기를 화면 맨 왼쪽 위에 배치하고 버튼 '123'을 자동으로 누르게 해보자.

```
In [11]: x, y = buttons['1']   # 버튼 1에 대한 좌표를 얻는다
         pyautogui.click(x, y)   # 해당 좌표 클릭


         x, y = buttons['2']
         pyautogui.click(x, y)


         x, y = buttons['3']
         pyautogui.click(x, y)
```

**실행 결과**

혹은 다음과 같이 반복 제어문인 for 문을 이용하여 연속해서 처리할 수도 있다.

```
In [12]: for c in '123':
             x, y = buttons[c]
             pyautogui.click(x, y)
```

마우스가 천천히(예: 1초 간격) 움직이게 하려면 duration 옵션을 이용한다.

```
In [13]: for c in '123':
             x, y = buttons[c]
             pyautogui.click(x, y, duration=1)
```

이번에는 조금 더 다양한 연산을 처리할 수 있도록 좀 더 많은 좌표를 등록해보자(다시 말하지만 좌표는 컴퓨터 환경에 따라 다르니 각자 좌표를 찾아야 한다). 이때 모든 버튼의 좌표를 일일이 확인하지 않고 상하좌우 간격을 이용해 좌표를 계산할 수도 있으니 도전해보기 바란다.

```
In [14]: buttons = {'0': (68, 360), '.': (140, 360), '+': (190, 360),
             '1': (40, 320), '2': (90, 320), '3': (140, 320), '-': (190, 320),
             '4': (40, 280), '5': (90, 280), '6': (140, 280), '*': (190, 280),
             '7': (40, 240), '8': (90, 240), '9': (140, 240), '/': (190, 240), '%': (140, 240),
             '=': (240, 340),
             'C': (140, 200),
             }
```

이제 3+4*2와 같은 간단한 수식을 계산해보자(다음 코드에서 수식 앞의 'C'는 계산기에 기존에 입력된 내용이 있을 수 있어서 모든 내용을 지우는 'C' 버튼을 클릭하는 것을 의미한다).

```
In [15]: for c in 'C3+4*2=':
             x, y = buttons[c]
             pyautogui.click(x, y)
```

실행 결과 답은 11(=3+(4*2))이 아닌 14(=(3+4)*2)이다. 왜냐하면 이 계산기는 연산자 우선순위와는 관계없이 단순히 앞에서 뒤로 가면서 계산하기 때문이다.

## 마우스 자동화 함수 정리

마우스를 동작시키는 기본적인 방법을 확인했으니 마우스 자동화와 관련된 함수를 정리 해보기로 하자.

### ▮ 마우스 이동 함수

마우스를 이동시킬 때는 절대위치를 이용한 이동이냐 상대위치를 이용한 이동이냐에 따라 다음과 같은 두 가지 명령을 사용할 수 있다.

- pyautogui.moveTo(x, y, duration=0.5)
  : 화면 좌표 (x, y) 위치로 마우스를 이동한다.
  : 0.5초에 걸쳐 이동한다. duration의 기본 값은 0이다.
- pyautogui.moveRel(dx, dy, duration=0.5)
  : 현재 위치에서 상대 위치 (dx, dy)로 이동한다.
  : 역시 0.5초에 걸쳐 이동한다. duration의 기본 값은 0이다.

### ▮ 마우스 위치 확인 함수

마우스의 현재 위치를 읽어 내려면 position( ) 함수를 사용한다.

```
x, y = pyautogui.position()
```

### ▮ 마우스 클릭 함수

마우스 클릭에 대해 다음과 같은 다양한 함수들이 준비되어 있으므로 상황에 맞게 활용 하면 된다.

- pyautogui.click() : 현재 위치에서 왼쪽 단추 클릭
- pyautogui.click(x, y) : (x, y) 위치 왼쪽 단추 클릭
- pyautogui.click(x, y, button='right') : button의 값은 'left', 'middle', 'right' 중 하나로, (x, y) 위치에서 해당 단추 클릭

- pyautogui.doubleClick() : 현재 위치에서 더블 클릭

- pyautogui.doubleClick(x, y) : (x, y) 위치에서 더블 클릭

- pyautogui.middleClick() : 현재 위치에서 중간 단추 클릭

- pyautogui.middleClick(x, y) : (x, y) 위치에서 중간 단추 클릭

- pyautogui.rightClick() : 현재 위치에서 오른쪽 단추 클릭

- pyautogui.rightClick(x, y) : (x, y) 위치에서 오른쪽 단추 클릭

- pyautogui.dragTo(x, y, duration=0.25) : 현재 위치에서 (x, y) 위치까지 드래그

- pyautogui.dragRel(dx, dy, duration=0.25) : 현재 위치에서 현재 위치 + (dx, dy) 위치까지 드래그

- pyautogui.mouseDown() : 마우스 (왼쪽) 단추를 누른다

- pyautogui.mouseDown(x, y, button='left') : 마우스 왼쪽 단추를 누른다. (button의 값은 'left', 'middle', 'right' 중 하나)

- pyautogui.mouseUp() : 눌려 있는 마우스 (왼쪽) 단추를 놓는다

- pyautogui.mouseUp(x, y, button='right') : 눌려 있는 마우스 오른쪽 단추를 놓는다. (button의 값은 'left', 'middle', 'right' 중 하나)


## ┃ 마우스 스크롤 함수

마우스의 휠을 이용하여 스크롤하는 기능의 시뮬레이션은 scroll( ) 함수를 이용한다. 스크롤 단위의 의미는 시스템마다 다를 수 있다.

- pyautogui.scroll(100) : 100단위 스크롤 업

- pyautogui.scroll(-100) : 100단위 스크롤 다운

열심히 계산기 좌표를 확인했는데, 다음번 실행할 때 계산기의 위치가 달라진다면 상당히 난감해진다. 왜냐하면 우리가 사용하는 좌표는 화면상의 절대 좌표이므로 계산기 프로그램이 이동하면 엉뚱한 곳을 클릭하게 되기 때문이다. 따라서 이럴 때는 프로그램의 위치 혹은 클릭할 아이콘의 위치를 파악하는 데 이미지의 위치를 사용할 수 있다. 어떤 이미지를 기준으로 상대적인 좌표를 표현한다면 프로그램의 위치가 어떻게 변하든 우리가 원하는 곳을 클릭할 수 있기 때문이다. 이번 절에서는 이미지를 추출하고 저장한 다음, 화면상에서 이미지의 위치를 찾는 내용까지만 소개한다. 이후 이미지 위치를 기준으로 한 상대적 위치와 같은 계산은 여러분의 능력에 맡기기로 한다.

## 이미지 아이콘 등록

프로그램 혹은 앱의 위치를 대표할 수 있는 이미지를 선정하고 이미지를 캡처하여 저장해야 한다. 다른 앱에서도 사용 가능한 중복적인 이미지보다는 고유의 특징을 보여주는 이미지를 선택하는 것이 좋다. 나머지 좌표는 이 이미지의 중심으로부터 상대적 위치로 등록해두고 필요할 때마다 아이콘 이미지의 중심 좌표와 상대 좌표를 더해서 절대 좌표를 계산한다. 이미지 아이콘은 가능하면 작은 것이 실행 시간이 빠르므로 좋긴 하지만, 충분히 변별력을 가질 만한 크기로 정하는 것이 좋다. 이미지 아이콘을 등록하는 방법은 '캡처 도구' 등을 이용하여 필요한 작은 영역만 캡처하여 이미지로 저장한다. 예를 들어 다음과 같은 계산기 숫자 '1'의 아이콘을 img/1.png란 이름으로 등록할 수 있다.

1

이때 주의해야 할 점은, 이미지를 캡처하여 저장할 때, 이미지 형식은 jpeg가 아닌 png 형식이어야 한다는 것이다. jpeg 이미지는 저장할 때 이미지의 용량을 줄이려고 손실 압축 처리를 하기 때문에 정도의 차이가 있긴 하지만 항상 훼손된 이미지가 저장된다. 따라서 이미지를 검색할 때는 화면상의 이미지와 주어진 이미지의 색상 값이 정확하게 일치해야 동일한 이미지로 간주하기 때문에, 화면을 캡처한 후 저장할 때는 손실 압축 처리를 하지 않는 png 이미지로 저장해두어야 한다.

## 이미지 좌표 확인

준비된 이미지를 화면에서 검색할 때는 locateOnScreen(image_path) 함수를 이용한다. 이 함수를 이용하면 image_path 이미지의 화면 좌표 (x, y, width, height)를 얻을 수 있다. 여기서 (x, y) 값은 이미지의 맨 왼쪽 위에 해당하는 좌표다.

```
In [16]: pyautogui.locateOnScreen('img/1.png')
Out[16]: (26, 308, 36, 26)
```

이러한 좌표 (26, 308, 36, 26)의 중심점은 center( ) 함수로 계산할 수 있다.

```
In [17]: pyautogui.center((26, 308, 36, 26))
Out[17]: (44, 321)
```

locateCenterOnScreen(image_path) 함수를 이용하면 이미지의 중심 좌표를 한 번에 얻을 수 있다.

```
In [18]: pyautogui.locateCenterOnScreen('img/1.png')
Out[18]: (44, 321)
```

만일 화면에 동일 이미지가 여러 개 있다면 locateAllOnScreen(image_path) 함수를 이용하여 동일한 이미지의 모든 좌표를 얻어낼 수 있다. 이 함수는 좌표 (x, y, width, height)의 리스트를 반환하며, 화면 크기와 검색 이미지 크기에 따라 시간이 걸릴 수 있다.

```
In [19]:  list(pyautogui.locateAllOnScreen('img/1.png'))

Out[19]:  [(26, 308, 36, 26), (71, 762, 36, 26)]
```

## 화면 캡처 및 색상 정보

부분 이미지의 추출은 화면 전체를 캡처하고 '그림판' 등을 이용해 잘라낼 수 있다. 화면 캡처는 '캡처 도구'를 이용할 수도 있지만, 파이썬에서 screenshot( ) 함수를 이용하면 스크린샷(전체 화면 캡처)을 얻을 수 있다.

```
In [20]:  im = pyautogui.screenshot()
          im
```

**실행 결과**

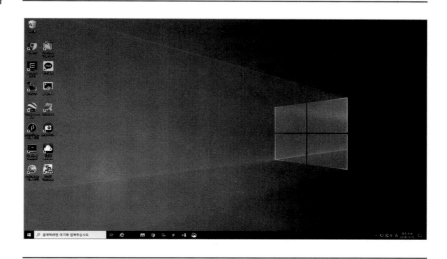

결과 자료형은 PIL의 Image 객체다. `PIL.Image` 객체에 관해서는 Pillow python 모듈을 참고하기 바란다. 다양한 이미지 처리가 가능한 모듈이다.

```
In [21]: type(im)
Out[21]: PIL.Image.Image
```

**PIL(Python Image Library)**

이미지 연산 및 처리 기능을 지닌 파이썬의 대표적인 이미지 처리 라이브러리다. 픽셀 단위 이미지 처리, 마스킹 및 투명 처리, 필터링, 텍스트 쓰기 등의 다양한 기능을 지니고 있다. 파이썬 2 버전에서는 PIL이란 이름으로 배포되었지만, 파이썬 3에서는 Pillow란 이름으로 배포되고 있다. 다음 명령으로 설치할 수 있다.

```
pip install Pillow
```

관련 문서는 다음 사이트에서 확인할 수 있다.

https://pillow.readthedocs.io/en/stable/

스크린샷 결과를 Image 객체로 받으면서 함께 파일에 저장할 수도 있다.

```
In [22]: im = pyautogui.screenshot('screen_shot.png')
```

그리고 이렇게 캡처한 결과 이미지를 이용하여 다양한 연산을 적용할 수 있는데, 몇 가지만 살펴본다면 우선 화면의 색상 정보를 얻을 수 있다.

```
In [23]: im.getpixel((100, 100))   # (x, y)
Out[23]: (255, 255, 255)
```

혹은 pixel( ) 함수를 이용해 주어진 좌표의 색상 정보를 화면에서 직접 얻을 수도 있다.

```
In [24]: pyautogui.pixel(100, 100)
Out[24]: (255, 255, 255)
```

화면상에 주어진 좌표 (100, 100)의 색상(R, G, B)이 특정 색상 (246, 226, 237)인지 확인할 수도 있다.

```
In [25]: pyautogui.pixelMatchesColor(100, 100, (246, 226, 237))
Out[25]: True
```

참고로 Image 객체를 이용하면 일부 영역을 잘라 낼(cropping) 수도 있다.

```
In [26]: icon = im.crop((80, 400, 150, 500))   # (좌, 상, 우, 하)
         icon   # 이미지 확인
```

**실행 결과**

이렇게 잘라낸 크롭 이미지를 저장해보자.

```
In [27]: icon.save('button1.png')
```

# 03 키보드 자동화

이번에는 계산기를 자동으로 실행시키고 키보드 자동화를 이용하여 계산을 수행해보자. 프로그램의 자동 실행은 subprocess 모듈의 Popen( ) 함수를 이용한다. 계산기는 calc.exe라는 이름을 가지고 있고 보통은 [C:₩Windows₩System32] 폴더에 저장되어 있다. 이 프로그램을 실행하려면 Popen( )에 경로를 기술하면 된다.

```
from subprocess import Popen
Popen(r'C:\Windows\System32\calc')   # 계산기를 실행한다
Popen('calc')   # 계산기를 실행한다
```

보통은 Popen( ) 안에 실행할 프로그램의 전체 경로를 입력해야 하지만, 실행 파일이 검색 폴더에 등록되어 있는 경우 파일 이름만 입력해도 실행할 수 있다. [C:₩Windows ₩System32] 폴더는 윈도우 기본 실행 파일 경로에 포함되어 있으므로 파일 이름만으로도 실행할 수 있다.

인쇄 가능한 문자열을 자동으로 입력할 때는 pyautogui 모듈의 **typewrite( )** 함수를 이용한다.

키보드 자동화

```
In [28]: import pyautogui
         from subprocess import Popen
         import time

         Popen('calc')   # 계산기를 실행한다

         time.sleep(1.0)   # 계산기가 실행될 동안 잠시 대기

         pyautogui.typewrite('123+456=', interval=0.1)   # 0.1초 간격으로 123+456= 키 입력
```

**실행 결과**

만일 Esc 키나 Backspace와 같은 인쇄 가능하지 않은(non-printable) 키를 입력해야 할 경우는 press([...]) 함수를 이용한다. 예를 들면 pyautogui.press(['esc', 'f3', 'up', 'down'])과 같이 사용할 수 있다. 여기에 사용되는 키 이름들은 pyautogui 모듈의 KEY_NAMES 혹은 KEYBOARD_KEYS 변수로 확인할 수 있다. 지면 관계상 목록 일부(10개)만 확인해보면 다음과 같다.

```
In [29]: pyautogui.KEY_NAMES[100:110]

Out[29]: ['escape', 'execute', 'f1', 'f10', 'f11', 'f12', 'f13', 'f14', 'f15', 'f16']
```

또한 Ctrl-C와 같이 조합 키를 입력할 때는 hotkey('ctrl', 'c') 함수를 이용한다.

윈도우의 계산기는 키보드를 이용해서 모든 작업이 가능하도록 단축키가 정의되어 있으므로, 단축키를 확인해 보는 것도 도움이 될 수 있다. 다음 **표1-1**은 단축키의 일부 내용을 정리한 것이다. 전체 단축키 목록은 'Windows 바로 가기 키'라는 검색어로 찾아서 '계산기' 부분을 살펴보기 바란다.

표 1-1 윈도우 계산기 단축키

| 키 | 기능 | 키 | 기능 |
|---|---|---|---|
| Alt+1 | 일반용 | F3 | Degree 모드 |
| Alt+2 | 공학용 | F4 | Radian 모드 |
| Ctrl+Q | M- 단추 누르기 | S | sin |
| Ctrl+P | M+ 단추 누르기 | O | cos |
| Ctrl+M | MS 단추 누르기 | T | tan |
| Ctrl+R | MR 단추 누르기 | ...(중간 생략) | ...(중간 생략) |
| Ctrl+L | MC 단추 누르기 | Esc | C 단추 누르기 |
| F9 | +/- 단추 누르기 | 0-9 | 0-9 |
| R | 1/x 단추 누르기 | +, -, *, / % | +, -, *, / % |
| @ | √ 단추 누르기 | ... | ... |

## 실습 예제: 계산기로 연산하기

키보드 자동화의 다양한 활용을 익히기 위한 예제로, 계산기를 자동으로 실행하고 공학 모드(Alt-2)로 전환하여 sin(90도)를 계산한 후, 화면을 지우고 다시 일반 모드(Alt-1)로 전환하는 예를 살펴보도록 하자.

```
In [30]: import pyautogui
         from subprocess import Popen
         import time

         Popen('calc')   # 계산기를 실행한다.

         time.sleep(1)   # 계산기가 실행될 동안 잠시 대기

         pyautogui.hotkey('alt', '2', interval=0.5)   # 공학 모드로 전환
         pyautogui.press(['f3'])   # Degree 모드로 전환
```

```
pyautogui.typewrite('90S=', interval=0.1)  # sin(90도) => 1


time.sleep(1)  # 잠시 대기
pyautogui.press(['esc'])  # 화면 클리어


time.sleep(1)  # 잠시 대기
pyautogui.hotkey('alt', '1')  # 일반 모드로 전환
```

## 키 입력 자동화 함수 정리

키 입력을 제어하기 위한 명령어를 정리해보면 다음과 같다.

- pyautogui.typewrite(str, interval=0.0) : 주어진 문자열을 차례로 키 입력한다.
- pyautogui.press(list_of_str) : 키 이름(키 이름은 pyautogui.KEY_NAMES로 확인 가능) 문자열의 리스트를 차례로 키로 입력한다.
- pyautogui.keyDown('shiftleft') : 지정된 이름의 키를 누른다.
- pyautogui.keyUp('shiftleft') : 지정된 키를 놓는다.
- pyautogui.hotkey('ctrl', 'c') : Ctrl-C와 같은 키 조합을 실행한다.

다음은 키보드 제어에 사용하는 특별 키 이름의 목록이다.

- enter, return
- esc, tab, backspace, delete, insert
- shiftleft, shiftright, altleft, altright, ctrlleft, ctrlright
- up, down, left, right, pageup, pagedown, home, end
- f1, f2, ...
- winleft, winright
- pause, printscreen
- capslock, numlock, scrolllock
- command, option
- hanguel, hanja, kana, kanji : 한글, 한자 등의 키도 있다.

사용 가능한 전체 키 목록은 pyautogui.KEY_NAMES 값으로 얻을 수 있다.

## 한글 입력

키보드 자동화는 단순히 키보드를 누르는 것을 기계적으로 자동화하는 것이므로 한글
코드에서 키를 찾아 입력해주지는 않는다. 따라서 한글을 입력하기는 쉽지 않다. 한글 전환
키를 누르고 한글 자판을 입력하듯이 영문 자판을 입력해야 하기 때문이다. 다음은 이러한
방식으로 메모장에 한글을 입력하는 예를 나타낸 것이다.

```
In [31]: import pyautogui
         from subprocess import Popen
         import time


         Popen('notepad')    # 메모장을 실행한다.


         time.sleep(1)   # 1초 대기


         pyautogui.press(['hangul'])    # 한글 모드로 전환
         pyautogui.typewrite('tpwhdeodhkdakstp', interval=0.1)  # 한글 자판 입력하듯이 영문 자판 입력
```

실행 결과

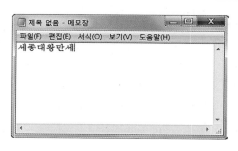

키보드 자동화

하지만 이 방법은 코드 관리 및 결과물 예측이 쉽지 않기 때문에 좋은 방법이라고 보기
는 어렵다. 좀 더 나은 방법으로 원하는 한글 텍스트를 클립보드에 저장했다가 꺼내어 쓰
는 방법이 있다. 앞서 설치한 pyperclip 모듈의 copy( ) 함수로 텍스트를 클립보드 영역에 복
사해 넣고 paste( ) 함수로 복사한 텍스트를 필요한 시점에 붙여넣으면 된다. 다만 여기서는
붙여넣기에 paste( ) 함수가 아닌 pyautogui.hotkey('ctrl', 'v')를 이용하기로 한다.

```python
import pyperclip
import pyautogui
from subprocess import Popen
import time

Popen('notepad')
time.sleep(1)


message = '''
박지성은 대한민국의 전직 축구선수이다.
수원 산남초등학교에서 처음 축구선수 생활을 시작해 2000년 일본 교토 퍼플상가에서 프로로 데뷔하였고
네덜란드 PSV 아인트호벤, 잉글랜드 맨체스터 유나이티드, 퀸즈 파크 레인저스(QPR)에서 활약하였다.
이후 2014년 아인트호벤으로 돌아와 은퇴. 국가대표로서는 2010년 남아공 월드컵 주장 등으로 활약했다.
은퇴 이후엔 JS파운데이션 이사장이면서 맨체스터 유나이티드 홍보대사(ambassador)로 활동 중이다.
- from 나무위키
'''


# 메모장은 ₩r₩n을 줄바꿈 코드로 인식하므로 replace가 필요하다
message = message.replace('\n', '\r\n')


# 클립보드에 메시지를 복사한다
pyperclip.copy(message)


# 클립보드에서 메시지를 가져다 붙여넣는다
pyautogui.hotkey('ctrl', 'v')
```

**실행 결과**

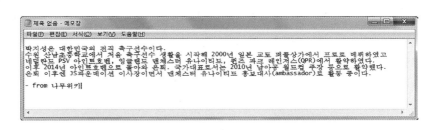

만약 마우스나 키보드 자동화 작업 도중에, 필요하다면 메시지 창을 통하여 정보를 보여주거나 사용자의 입력을 받을 수 있다. pyautogui 모듈이 제공하는 메시지 창은 세 가지가 있다. 우선 alert( ) 함수는 어떤 결과를 확인시켜 줄 때 사용할 수 있다. 이때 메시지 창에서 **[OK]**를 클릭할 경우 'OK' 문자열을 반환한다.

```
In [33]: pyautogui.alert('확인 창을 보여줍니다.')
Out[33]: 'OK'
```

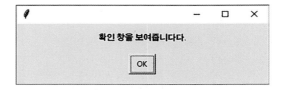

confirm( ) 함수는 확인과 취소 버튼이 있는 창을 보여주고 사용자로부터 선택적 입력을 받는다. 선택한 버튼에 따라서 'OK' 혹은 'Cancel' 문자열을 반환한다.

```
In [34]: pyautogui.confirm('확인과 취소 버튼이 있는 창을 보여줍니다.')
Out[34]: 'OK'
```

prompt( ) 함수는 사용자의 입력을 받을 때 사용할 수 있다. 이때 **[OK]**를 클릭하면 사용자가 입력한 문자열을 그대로 반환한다.

```
In [35]: pyautogui.prompt('사용자 입력을 받을 수 있습니다')
Out[35]: '키보드 자동화 테스트 중...'
```

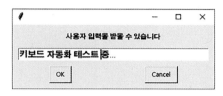

# 05 도전 과제

한 번 배운 파이썬, 나만의 활용 스킬 | **Work 1.** 키보드 마우스 자동화

## 아마존 킨들 for PC에서 이미지 자동 추출하고 PDF 만들기

이번 도전 과제에서는 화면을 캡처하고 캡처된 이미지를 모아서 PDF로 만들어 보도록 하자. 다양한 예가 있겠지만, 여기서는 아마존 킨들 for PC의 이미지를 캡처해보기로 한다. 아마존 킨들은 우리에게 책을 읽는 새로운 방법을 보편화시켰다. 계정만 있으면 인터넷에 연결된 어느 기기에서든 자신이 소유한 책을 읽을 수 있다. 하지만 여러 페이지의 화면 캡처가 필요한 상황이 필요할 수도 있겠다. 이번 도전 과제에서는 자신이 소유한 책의 일부를 이미지로 캡처한 후 하나의 pdf 파일로 묶어보기로 한다. 다만 저작권법에 위반될 수 있으므로, 이렇게 만든 pdf 파일을 개인 용도 외에 공유 등의 다른 목적으로 사용해서는 안 되므로 반드시 유의해야 한다.

이번 과제는 일단 킨들에서 자신이 소유한 책을 우선 화면상에 펼쳐 놓으면, 파이썬 프로그램이 자동으로 지정된 수만큼의 페이지를 넘기면서 화면을 캡처하고, 캡처된 이미지를 모아서 하나의 pdf 파일로 저장하는 것이다.

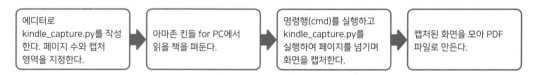

| 에디터로 kindle_capture.py를 작성한다. 페이지 수와 캡처 영역을 지정한다. | → | 아마존 킨들 for PC에서 읽을 책을 펴둔다. | → | 명령행(cmd)를 실행하고 kindle_capture.py를 실행하여 페이지를 넘기며 화면을 캡처한다. | → | 캡처된 화면을 모아 PDF 파일로 만든다. |

### | 사전작업(킨들 실행, 좌표 확인, 코드 수정)

1. 아마존 킨들을 실행한다.

2. 원하는 책을 선택하여 화면 크기 등을 조절하고, 캡처를 시작할 페이지를 화면상에 올려둔다.

3. 좌표 확인을 목적으로 화면 전체를 수동으로 캡처하고 파일(screen.png)에 저장한다.

4. 그림판을 이용하여 캡처한 이미지(screen.png)를 읽고, 아마존 킨들 for PC에서 캡처할 영역의 좌표 (좌, 상, 우, 하)를 메모한다(예시: 687, 130, 1310, 985).

5. 다음과 같은 kindle_capture.py 파일을 만들어 저장할 페이지 수와 좌표를 수정하고 저장한다. 아무 에디터나 사용해도 관계없으나 파이썬용 에디터를 사용하면 더 편리하다.

```python
# kindle_capture.py
import pyautogui
import time

# 화면 전환
pyautogui.keyDown('altleft')
pyautogui.press(['tab'])
time.sleep(1)
pyautogui.keyUp('altleft')

for i in range(10):  # 저장할 페이지 수 수정
    screen = pyautogui.screenshot()
    page = screen.crop((687, 130, 1310, 985))  # (좌,상,우,하) 좌표 수정
    page.save(f'page{i:03d}.png')
    pyautogui.press(['right'])
```

6. Alt-Tab 키를 누르면 아마존 킨들과 명령행 창이 전면 화면으로 번갈아 나오도록 설정한다.

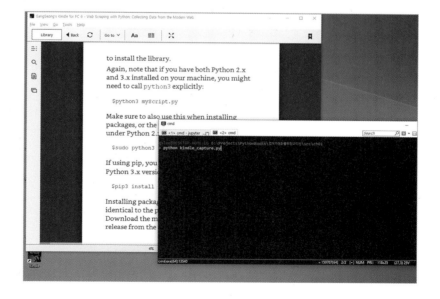

Work1. 키보드 마우스 자동화

## | 이미지 저장

7. 명령행 창에서 kindle_capture.py 코드가 저장된 폴더로 이동하고 python kindle_capture.py 명령으로 코드를 실행하면 자동으로 이미지를 저장한다.

8. 끝나면 저장된 이미지를 확인한다. 여기서 사용한 **kindle_capture.py** 코드는 다음과 같다.

```
In [36]:  # kindle_capture.py

import pyautogui
import time

# 화면 전환
pyautogui.keyDown('altleft')
pyautogui.press(['tab'])
time.sleep(1)
pyautogui.keyUp('altleft')

for i in range(10):    # 저장할 페이지 수 수정
    screen = pyautogui.screenshot()
    page = screen.crop((687, 130, 1310, 985))    # (좌,상,우,하) 좌표 수정
    page.save(f'page{i:03d}.png')
    pyautogui.press(['right'])
```

폴더를 확인해 보면 다음과 같이 10개의 png 이미지가 저장된 것을 확인할 수 있다.

**실행 결과**

capture.py    page000.png    page001.png    page002.png    page003.png    page004.png    page005.png    page006.png

page007.png    page008.png    page009.png

## | Pdf 파일로 변환

이들 png 이미지들은 하나의 pdf 파일로 묶을 수 있는데, 다음 코드(img2pdf.py)를 실행하면 kindle.pdf 파일이 생성된다. 이를 위해서는 reportlab 모듈이 설치되어 있어야 한다.

```
pip install reportlab
```

이 코드는 이미지가 저장된 폴더에서 실행해야 한다. 코드에 관한 자세한 설명은 Work 12를 참조한다.

```
In [37]: # img2pdf.py
         import glob
         import os
         from reportlab.pdfgen import canvas
         from PIL import Image


         flist = glob.glob('page*.png')


         im = Image.open(flist[0])
         pgsize = im.size
         w, h = pgsize
         c = canvas.Canvas('kindle.pdf', pagesize=pgsize)
         for fpath in flist:
             c.drawImage(fpath, 0, 0, w, h)
             c.showPage()
         c.save()
```

**실행 결과**

도전 과제

**1.** 계산기를 마우스와 키보드로 동작시키는 좀 더 완전한 프로그램을 작성해보자.

**2.** 그림판을 자동으로 실행하고, 화면을 최대 크기로 키운다. 그리고 그 위에 100개 정도
   의 사선을 그려보자. 임의의 좌표는 numpy 모듈의 random.randint(_from, _to, size) 함
   수를 이용하여 얻을 수 있다.

---

**★ 힌트**

수치 연산 및 배열 연산을 지원하는 numpy 모듈이 필요하다면 **pip install numpy** 명령으로
설치할 수 있다. 다음 예는 0에서 1000 사이의 임의의 2차원 (x, y) 좌표 5개를 얻는 코드다.

```
>>> import numpy as np
>>> np.random.randint(0, 1000, (5, 2))
array([[281, 662],
       [808, 634],
       [ 60, 232],
       [974, 652],
       [765, 258]])
```

다음과 같은 방법으로 마우스를 5개의 점으로 이동시킬 수 있다.

```
for x, y in np.random.randint(0, 1000, (5, 2)):
    pyautogui.moveTo(x, y, duration=1)
```

# Work 2

# 웹 자료 수집

웹에는 텍스트, 이미지, 사운드, pdf 등 유용한 자료들이 수도 없이 많다. 일일이 손으로 수집하거나 내려받기 어려운 정도의 많은 자료를 수집해야 한다면 프로그래밍을 이용하는 것이 좋을 것이다. 이번 Work에서는 URL을 알고 있을 때, HTML 문서, 텍스트, 이미지, 기타 파일들을 인터넷에서 가져다가 로컬 디스크에 저장하는 방법을 소개한다. 단, 여기서 자료는 인증이나 보안이 걸리지 않은 공개된 자료 수집을 의미한다. HTML 문서라면 문서 소스 그대로를 저장한다. HTML 문서에서 필요한 정보를 추출해서 저장하기를 원한다면 Work 3을 참고하기를 바란다. 또한 접근하는 데 인증이나 보안이 적용된 자료를 수집하거나, 자바스크립트가 적용되어 문서 로딩이 끝난 후에 문서 콘텐츠가 채워진다든가 혹은 사용자의 키보드나 마우스 사용에 맞추어 페이지가 동적으로 로드될 때는 Work 4의 웹 브라우저 자동화를 이용하는 것이 좋다.

 ## 학습 포인트

- 공개된 웹 문서 및 파일 내려받기

- 큰 파일 내려받아 저장하기

- RSS로 뉴스 읽기

**준비사항**

웹상의 자료를 쉽게 가져오도록 도와주는 requests 모듈과 HTML 문서에서 필요한 정보 추출을 도와주는 BeautifulSoup 모듈을 설치한다.

```
pip install requests
pip install beautifulsoup4
```

각 모듈의 자세한 내용은 다음 사이트에서 확인할 수 있다.

**requests** - http://docs.python-requests.org/

**BeautifulSoup** - https://www.crummy.com/software/BeautifulSoup/bs4/doc/

# 웹 문서 다운로드

정적인 웹 문서를 읽어 오는 방법에는 여러 가지가 있다. 파이썬 표준 라이브러리에 있는 urllib 모듈을 이용할 수도 있지만, 여기서는 표준 라이브러리보다 더 쓰기 쉽게 만들어진 requests라는 써드파티 모듈을 이용해보기로 한다.

```
In [1]: import requests
```

웹 문서의 URL 주소를 알고 있다면 HTML 문서를 가져오는 것은 간단하다. requests 모듈의 get(url) 함수를 이용하면 url 주소의 해당 페이지를 서버에 요청하고 결과 응답을 받는다.

```
In [2]: url = 'http://naver.com'
        r = requests.get(url)
```

여기서 반환된 자료형은 requests.models.Response이다.

```
In [3]: type(r)
Out[3]: requests.models.Response
```

이 객체에는 서버에서 반환된 여러 가지 정보가 있다. 예를 들어 status_code 속성은 서버의 응답 상태를 나타낸다. 200이면 요구가 성공임을 나타낸다. 404라면 'Not Found'라는 의미다.

```
In [4]: r.status_code
Out[4]: 200
```

문서의 인코딩 정보는 encoding으로 확인할 수 있다. UTF-8은 웹 문서의 표준 인코딩으로 사용된다.

```
In [5]: r.encoding
Out[5]: 'UTF-8'
```

혹시 인코딩 정보가 실제 문서의 인코딩 정보와 다르다면 이 값을 변경할 수도 있다. 예를 들어 r.encoding 값이 UTF-8인데 실제 HTML 문서의 인코딩은 EUC-KR로 되어 있다면 깨진 문자열을 얻게 되는데, 이럴 때 다음과 같이 인코딩 변경을 통해 올바른 텍스트 문자열을 얻을 수 있다.

```
In [6]: r.encoding = 'euc-kr'   # 일반적으로는 실행할 필요가 없고, 인코딩 변경이 필요한 경우에만 재설정한다
```

HTML 소스 문자열은 text 속성으로 참조할 수 있다.

```
In [7]: r.text[:300]   # 지면 관계상 일부만 확인해본다
Out[7]: '<!doctype html>\n\n\n\n\n\n\n\n\n\n\n\n\n\n\n\n<html lang="ko">\n<head>\n<meta
        charset="utf-8">\n<meta name="Referrer" content="origin">\n<meta http-
        equiv="Content-Script-Type" content="text/javascript">\n<meta http-equiv="Content-
        Style-Type" content="text/css">\n<meta http-equiv="X-UA-Compatible"
        content="IE=edge">\n<me'
```

이렇게 읽어온 문서를 파일(naver.html)에 저장해보자. 저장은 open(파일명, 모드) 함수를 이용하면 된다. 문서를 생성할 때 모드는 'w'이어야 한다. 윈도우인 경우, 파일 저장 기본 문자 인코딩은 EUC-KR인데 반해 대부분의 HTML 문서는 UTF-8을 사용하므로 encoding 옵션을 지정한다.

```
In [8]: html = r.text
        open('naver.html', 'w', encoding='utf-8').write(html)
Out[8]: 165901
```

requests 모듈의 get( ) 함수를 이용해서 얻은 결과에서 텍스트가 아닌 이미지 등의 이진 파일을 저장하는 방법은 응답 객체의 content 속성을 이용하는 것이다. 다시 말하면 텍스트는 **r.text** 속성을 이용했지만 이진 파일인 경우는 **r.content**를 사용하면 된다. 다음은 이미지를 웹에서 가져와 파일로 저장하는 예다. 다음 예는 URL로 지정된 이미지를 가져다가 'opensource.png' 파일로 저장한다. 파일을 저장할 때 open( ) 함수의 모드는 이진 파일이므로 'wb'이어야 한다. 저장 후 직접 파일 저장 결과를 확인해보기 바란다.

```
In [9]: import requests

        url = 'https://abi-laboratory.pro/images/opensource1.png'
        r = requests.get(url)
        open('opensource.png', 'wb').write(r.content)
Out[9]: 13984
```

기타 다른 이진 파일도 같은 방법으로 저장할 수 있다. 다음은 pdf 파일을 저장하는 예다.

```
In [10]: import requests

         url = 'http://elearning.kocw.net/document/lec/2011/Kicu/ChaJungSub/01.pdf'
         r = requests.get(url)
         open('01.pdf', 'wb').write(r.content)
Out[10]: 370559
```

같은 내용이지만 mp3 파일을 저장하는 예를 한 번 더 확인해본다.

```
In [11]:  import requests

          url = 'http://jubil2018.cafe24.com/2018/mp3/jubil36/01.mp3'
          r = requests.get(url)
          open('jubil36_01.mp3', 'wb').write(r.content)
Out[11]:  12033448
```

# 03 대용량 파일 다운로드

만일 대용량 파일을 내려받아야 한다면 파일 전체를 한 번에 메모리에 받아서 저장하기는 어렵다. 예를 들어 ubuntu 리눅스 설치 iso 파일을 내려받는다고 해보자. 이 파일은 크기가 1기가바이트를 넘는다. 이렇게 큰 파일은 조금씩 받아서(chunk라고 부른다) 파일에 조금씩 저장해야 한다. 그렇지 않으면 메모리 부족으로 컴퓨터 시스템이 멈춰버릴 수도 있다. 이렇게 하려면 get( ) 함수 호출 시 stream=True로 설정하여 파일을 내려받으면서 동시에 처리할 수 있도록 하고, 응답 객체의 iter_content( )에 버퍼 크기를 지정하여 반복자를 실행해야 한다. 그러면 버퍼가 찰 때마다 그 내용을 조금씩 파일로 저장할 수 있다.

다음 코드는 1기가바이트가 넘는 우분투 리눅스 18.04.1 desktop 버전의 설치 파일을 내려받는 예다. 진행 상황을 확인하기 위하여 100k바이트를 내려받을 때마다 점을 하나씩 찍어나가기로 한다.

```
In [12]: import requests

         r = requests.get('http://releases.ubuntu.com/18.04.1/ubuntu-18.04.1-desktop-amd64.
         iso', stream=True)

         with open('ubuntu-18.04.1-desktop-amd64.iso', 'wb') as f:
             for chunk in r.iter_content(100000):    # 100k바이트 단위로 처리한다
                 f.write(chunk)
                 print('.', end='', flush=True)       # 진행상황을 화면에 표시한다
             print()


         ..............................................
```

원래 print() 함수를 한 번 실행하면 자동 줄바꿈이 된다. 줄바꿈되지 않도록 변경하려면 end 옵션을 사용한다. 앞의 예에서는 ' . '을 연속해서 옆으로 출력하기 위해 end=''를 지정했다. flush=True는 화면 출력을 버퍼에 모았다가 하지 말고 즉시 하라는 의미다.

## 과거 날씨 정보 가져오기

기상청에서는 과거 날씨 관측 자료를 웹에 공개하고 있다. http://www.weather.go.kr/ weather/climate/past_cal.jsp에 방문해보기 바란다. 과거 자료는 월 단위로 HTML 문서에 정보를 표시하고 있으므로, 필요하다면 추가로 HTML 문서를 분석하여 일자별로 다시 정리해야 한다. 일단 여기서는 월별 관측 자료 페이지를 저장해보기로 한다. 관측지점, 관측년, 관측월은 URL의 지정된 형식으로 지정할 수 있다. 예를 들어 관측지점 108(서울), 2018년 11월의 자료는 stn, yy, mm이란 변수와 함께 다음과 같이 표현된다.

```
http://www.weather.go.kr/weather/climate/past_cal.jsp?stn=108&yy=2018&mm=11
```

이렇게 만들어진 주소로 웹에 접속하면 HTML 형식의 관측자료를 제공해준다. 도전 과제는 다음과 같다. 2008년 1월부터 12월까지 관측지점 108에서의 자료를 w_108_2008_01. html, …, w_108_2008_12.html 형식으로 저장해보자. 처리 절차는 다음과 같다.

1. 관측지점 번호, 년, 월 변수를 설정한다.

2. URL을 구성한다.

3. 웹 페이지를 읽어온다.

4. 파일 이름을 정한다.

5. 문서를 저장한다.

```
In [13]: import requests

         def get_page(stn, yy, mm):
             url = f'http://www.weather.go.kr/weather/climate/past_cal.
             jsp?stn={stn}&yy={yy}&mm={mm}'  # 단계 2
             res = requests.get(url)  # 단계 3
             return res.text


         stn = 108  # 단계 1
         yy = 2008  # 단계 1
         for mm in range(1, 13):  # 단계 1
             html = get_page(stn, yy, mm)  # 단계 2-3
             fpath = f'w_{stn}_{yy}_{mm}.html'  # 단계 4
             open(fpath, 'w', encoding='euc-kr').write(html)  # 단계 5
             print(fpath, 'saved')
Out[13]: w_108_2008_1.html saved
         w_108_2008_2.html saved
         w_108_2008_3.html saved
         w_108_2008_4.html saved
         w_108_2008_5.html saved
         w_108_2008_6.html saved
         w_108_2008_7.html saved
         w_108_2008_8.html saved
         w_108_2008_9.html saved
         w_108_2008_10.html saved
         w_108_2008_11.html saved
         w_108_2008_12.html saved
```

도전 과제

## RSS로 뉴스 읽기

독자가 일일이 새로운 소식을 검색하는 것이 번거로우니 뉴스와 같은 최신 소식을 자동으로 확인하는 기능을 구현하여, 정보 제공자 측에서 제공하는 새 소식 배포 기능이 RSS다.

RSS(Rich Site Summary)는 뉴스와 같이 자주 발표되는 소식을 정보 제공자가 표준 XML 문서로 요약하여 배포(feed)한다. 구독자는 제공자가 공개하는 주소에서 RSS 문서를 가져와서 읽으면 새로운 소식들을 확인할 수 있다. 일일이 해당 웹 페이지를 방문해서 뉴스 기사를 검색하지 않아도 될 수 있도록 요약된 정보를 제공하는 것이다. RSS에는 여러 개의 기사가 담겨 있을 수 있으며, 기사들의 제목, 링크, 요약 등의 정보를 제공한다. 따라서 이를 검토한 후 관심 있는 기사만 읽어볼 수 있다. 구독자(사용자)가 RSS 문서를 가져오는 RSS 리더라는 프로그램 혹은 앱들이 많이 있으나, 여기서는 파이썬으로 간단하게 RSS 리더를 구현해보자. 시작하기 전에 먼저 feedparser 모듈을 설치한다.

```
pip install feedparser
```

우선 정보 제공자의 RSS 피드 주소를 알아야 한다. 구글에서 '매일경제 RSS'라고 검색해보자. 그러면 http://news.mk.co.kr/rss/rss.php와 같은 주소로 안내할 것이다.

| 구분 | 카테고리 | RSS 주소 | 주소복사 |
|---|---|---|---|
| 뉴스 | 헤드라인 | http://file.mk.co.kr/news/rss/rss_30000001.xml | RSS |
| | 전체뉴스 | http://file.mk.co.kr/news/rss/rss_40300001.xml | RSS |
| | 경제 | http://file.mk.co.kr/news/rss/rss_30100041.xml | RSS |
| | 정치 | http://file.mk.co.kr/news/rss/rss_30200030.xml | RSS |
| | 사회 | http://file.mk.co.kr/news/rss/rss_50400012.xml | RSS |
| | 국제 | http://file.mk.co.kr/news/rss/rss_30300018.xml | RSS |
| | 기업·경영 | http://file.mk.co.kr/news/rss/rss_50100032.xml | RSS |
| | 증권 | http://file.mk.co.kr/news/rss/rss_50200011.xml | RSS |
| | 부동산 | http://file.mk.co.kr/news/rss/rss_50300009.xml | RSS |
| | 문화·연예 | http://file.mk.co.kr/news/rss/rss_30000023.xml | RSS |

⊙ 매경 RSS 구독하기

이러한 목록에서 원하는 RSS 주소 하나를 복사한다. 자 이제 feedparser를 이용하여 문서를 읽어올 수 있다.

```
In [14]: import feedparser
         d = feedparser.parse('http://file.mk.co.kr/news/rss/rss_30100041.xml')   # 경제 RSS
```

서버로부터 받은 원래 문서는 XML 문서지만 feedparser는 이 자료를 알아서 해석하고 파이썬 사전 자료형으로 변환한 결과를 반환한다. 반환된 객체의 키 값들을 확인해보자.

```
In [15]: d.keys()
Out[15]: dict_keys(['feed', 'entries', 'bozo', 'headers', 'etag', 'updated', 'updated_
         parsed', 'href', 'status', 'encoding', 'bozo_exception', 'version', 'namespaces'])
```

'href'는 RSS 피드 주솟값을 갖는다. d는 사전이므로 다음과 같이 값을 얻을 수 있다.

```
In [16]: d['href']
Out[16]: 'http://file.mk.co.kr/news/rss/rss_30100041.xml'
```

하지만 이 객체는 다음과 같은 표현식도 허용한다.

```
In [17]: d.href
Out[17]: 'http://file.mk.co.kr/news/rss/rss_30100041.xml'
```

'feed'는 RSS 피드 자체에 대한 정보를 저장하고 있다.

```
In [18]: d.feed.title
Out[18]: 'MK:경제·금융 신문기사'
```

도전 과제

우리가 관심 있는 값은 'entries'이다. 여기에 기사가 저장되어 있다. 몇 개의 기사가 제공되었는지 확인해보자.

```
In [19]: len(d.entries)
Out[19]: 50
```

기사 하나에 대해서 제목, 링크, 요약, 공개된 시간을 확인해보자.

```
In [20]: entry = d.entries[0]
         entry['title']
Out[20]: '반도체마저 안팔린다...삼성전자, 재고 조절 나서'
```

```
In [21]: entry['link']
Out[21]: 'http://news.mk.co.kr/newsRead.php?no=3762&year=2019'
```

```
In [22]: entry['summary']
Out[22]: '삼성전자가 D램·낸드플래시 등 반도체 재고를 대폭 축소한다. 작년 3분기까지 초호황 수요에 탄력적으로
         대비하기 위해 1.5~3개월 정도치 재고를 보유했지만, 4분기부터 공급과잉으로 메모리 경기가 크게 둔화
         하자 재고량 축소에 나선 것이다. 2일 복수의 삼성전자 관계...'
```

```
In [23]: entry['published']
Out[23]: 'Wed, 02 Jan 2019 17:52:49 +0900'
```

이제 전체 기사에 대해서 '은행'이라는 단어가 제목 혹은 요약에 있는 경우만 골라서 출력해보자.

```
In [24]: import feedparser

         d = feedparser.parse('http://file.mk.co.kr/news/rss/rss_30100041.xml')   # 경제 RSS
         for entry in d.entries:
             if '은행' in entry['title'] or '은행' in entry['summary']:
                 print('*', entry['title'], entry['link'])
```

Out[24]: * 국민은행, 금융상담 특화점 'KB디지털금융점' 오픈 http://news.mk.co.kr/newsRead.
php?no=4748&year=2019

* 김도진 기업은행장, 새해 첫 일정 내륙 최남단 영업현장 방문 http://news.mk.co.kr/newsRead.
php?no=4716&year=2019

* KEB하나은행, 새해 특판 '황금드림 정기예금' 한시판매 http://news.mk.co.kr/newsRead.
php?no=4524&year=2019

* [신년사] 박진회 씨티은행장 "지속가능한 성장 이뤄내야" http://news.mk.co.kr/newsRead.
php?no=3473&year=2019

* [신년사] 이순우 저축은행중앙회장 "업계에 대한 믿음 한 단계 더 회복하자" http://news.mk.co.
kr/newsRead.php?no=3298&year=2019

* [신년사] 윤종규 KB금융 회장 "M&A 추진 등으로 사업 확장할 터" http://news.mk.co.kr/
newsRead.php?no=3214&year=2019

* 이주열 한은 총재 올해는 금리 '인상'보다는 '동결' 시사 http://news.mk.co.kr/newsRead.
php?no=3213&year=2019

* [신년사] 허인 KB국민은행장 "초격차 KB의 확고한 초석 다질 터" http://news.mk.co.kr/
newsRead.php?no=3071&year=2019

* 산은, "기업 세대교체, 혁신성장 지원에 올인" http://news.mk.co.kr/newsRead.
php?no=3043&year=2019

* [신년사] 위성호 신한은행장 "52시간 근로제 본격시행...'관점의 대전환' 실천해야" http://news.
mk.co.kr/newsRead.php?no=2929&year=2019

* [신년사] 김도진 기업은행장 "소상공인·자영업자의 동반자 돼야" http://news.mk.co.kr/
newsRead.php?no=2847&year=2019

* Sh수협은행, 2019 맞이 위안화 송금이벤트 실시 http://news.mk.co.kr/newsRead.
php?no=2707&year=2019

RSS 리더는 상당히 단순한 개념이다. RSS 피드 주소만 알고 있으면 수많은 다양한 정보
제공자로부터 새로운 소식을 가져올 수 있다.

**1.** '중앙아트'라는 음악 출판사 사이트에서는 "http://joongangart.co.kr/mp3/shinsangwoo/hymn1/1.mp3"과 같은 주소 형식으로 악보에 대한 음원 파일을 제공한다. 1.mp3부터 10.mp3까지 파일을 가져와서 저장해보자.

**2.** 연합뉴스는 RSS를 지원한다. https://news.einfomax.co.kr/rss/ 페이지에 가면 RSS 주소를 확인할 수 있다. 여기에서 인기기사 목록과 그 링크 주소를 출력해보자.

**3.** TTime(http://www.ttimes.co.kr)에서는 이미지로 된 흥미로운 뉴스 기사들을 배포한다. 이 기사에 사용된 이미지들을 내려받아 보자. '저소득층 자존감을 높여주는 슈퍼마켓'이란 기사는 http://www.ttimes.co.kr/view.html?no=2019052209127722340에서 볼 수 있고, 이미지 url 주소는 http://menu.mt.co.kr/ttimes/img/201905/20190522091277223 40_50331_0.png에서 시작해 http://menu.mt.co.kr/ttimes/img/201905/201905220912 7722340_50331_14.png로 마친다. 이 15장의 이미지들을 모두 내려받아 파일로 저장해보자.

# Work 3

# HTML 문서
# 정보 추출

공개된 HTML 문서 저장 방법은 Work 2에서 살펴보았고 로그인이 필요하거나 인증이 필요한 경우의 HTML 문서 저장 방법은 Work 4에서 확인해 볼 것이다. 여기에서는 다양한 방법으로 저장된 HTML 문서에서 필요한 정보를 추출하는 방법을 알아보기로 한다. 정보를 추출하려면 HTML 문서의 구조를 분석해주는 도구가 필요한데, BeautifulSoup라고 하는 훌륭한 모듈을 이용하기로 한다. BeautifulSoup는 다양한 XML 파서를 이용하여 문서를 분석하며, 일단 문서가 분석되면 직관적으로 이해할 수 있는 간단한 메서드를 통하여 정보를 추출할 수 있다. 따라서 HTML 및 XML 문서를 분석하는 데 파이썬 이용자들이 가장 많이 애용하는 모듈이다.

 **학습 포인트**

- BeautifulSoup를 이용해서 HTML 문서 읽어내기

- HTML 문서에서 내가 원하는 정보 찾아내기

- 도전 과제를 통해 실습해보기

HTML, XML 문서의 해석과 필요한 정보 추출을 도와주는 beautifulsoup4 모듈을 설치한다.

```
pip install beautifulsoup4
```

이 모듈의 문서는 다음 사이트에서 확인할 수 있다.

**beautifulsoup4**

- https://www.crummy.com/software/BeautifulSoup/bs4/doc/

# HTML 문서 분석 시작하기

먼저 HTML 문서를 분석하기 위한 모듈을 가져와야 하는데, 보통은 다음과 같이 bs4 패키지 안의 BeautifulSoup라는 클래스를 사용한다.

```
In [1]: from bs4 import BeautifulSoup
```

BeautifulSoup의 기능을 익히기 위해 준비한 간단한 HTML 문서 샘플은 다음과 같다.

```
In [2]: html = """
        <html><head><title>FREELEC</title></head>

        <body>
        <H1 class="title">Short history of freelec</H1>

        <p class="story">프리렉은 가속화되는 기술 흐름과 시대 변화 속에서 짧게만 느껴지는 지난 시간을 되
        짚으며 '지식 가공 및 유통' 회사라는 아이덴티티를 확고히 하려고 합니다.</p>

        <div class="book python">
        <a href="https://freelec.co.kr/python" class="python" name="python" id="link1">열혈
        강의 파이썬</a>,
        <a href="https://freelec.co.kr/bible" class="python" name="bible" id="link1">바이블
        파이썬</a>,
        </div>
        <div class="book etc">
        <a href="https://freelec.co.kr/time" class="physics" id="link2">시간여행</a>,
        <a href="https://freelec.co.kr/physics" class="physics" id="link3">재미있는 물리</a>,
        <a href="https://freelec.co.kr/business" class="learning python">머신러닝</a>
```

```
    </div>
   </body>
  </html>
  """
```

HTML 문서를 BeautifulSoup 클래스로 전달해 객체를 만든다. HTML, XML 문서 파서도 함께 지정해야 하는데, 기본적으로 함께 제공되는 외부 C 모듈인 'lxml' 파서는 HTML 문서를 효과적으로 분석한다.

```
In [3]: soup = BeautifulSoup(html, 'lxml')
        soup
Out[3]: <html><head><title>FREELEC</title></head>
        ...(중간 생략)
        </body>
        </html>
```

여기서 생성된 soup의 출력은 HTML 문서처럼 보이지만 사실은 BeautifulSoup 객체다.

```
In [4]: type(soup)
Out[4]: bs4.BeautifulSoup
```

들여쓰기를 적용해 보기 좋게 출력하려면 prettify( ) 메서드를 이용한다.

```
In [5]: print(soup.prettify())
Out[5]: <html>
         <head>
          <title>
           FREELEC
          </title>
         </head>
         ...(이후 생략)
```

BeautifulSoup 객체에서 하위 태그는 온점(.)을 이용하여 접근할 수 있다.

```
In [6]:  soup.html.head.title, soup.title
Out[6]:  (<title>FREELEC</title>, <title>FREELEC</title>)
```

이때 같은 종류의 태그가 여러 개 있다면 첫 번째 태그만 선택된다.

```
In [7]:  soup.a
Out[7]:  <a class="python" href="https://freelec.co.kr/python" id="link1" name="python">열혈
         강의 파이썬</a>
```

태그 내의 속성을 참조할 때는 tag.attrs['name'] 형식을 사용한다. name은 태그 내의 name 속성을 의미한다. tag.text 표현식은 태그가 가지고 있는 하위 텍스트 문자열을 반환한다.

```
In [8]:  tag = soup.a
         print(tag.name)       # 'name'이라는 하위 태그
         print(tag.attrs['name'])    # tag의 'name' 속성값
         print(tag.text)       # tag의 하위 텍스트 문자열
         print(tag.attrs['href'])    # tag의 'href' 속성값
         print(tag.attrs)      # 속성값 전체
Out[8]:  a
         python
         열혈강의 파이썬
         https://freelec.co.kr/python
         {'href': 'https://freelec.co.kr/python', 'class': ['python'], 'name': 'python',
         'id': 'link1'}
```

find_next( ) 메서드로 어떤 노드(예: <a>)의 다음 노드를 찾을 수 있다.

```
In [9]: soup.a.find_next()
Out[9]: <a class="python" href="https://freelec.co.kr/bible" id="link1" name="bible">바이블
        파이썬</a>
```

<a> 노드의 다음다음 노드(<div>)의 예이다.

```
In [10]: soup.a.find_next().find_next()
Out[10]: <div class="book etc">
         <a class="physics" href="https://freelec.co.kr/time" id="link2">시간여행</a>,
         <a class="physics" href="https://freelec.co.kr/physics" id="link3">재미있는 물리</a>,
         <a class="learning python" href="https://freelec.co.kr/business">머신러닝</a>
         </div>
```

조금 더 구체적인 조건에 따른 노드를 검색할 수도 있다. find( ) 메서드는 하나의 노드를 검색하며, find_all( ) 메서드는 조건에 맞는 노드들을 모두 검색해준다. find( ) 메서드를 이용한 노드 검색의 예는 다음과 같다.

```
In [11]: soup.find('h1')    # soup.h1과 동일하다
Out[11]: <h1 class="title">Short history of freelec</h1>
```

다음은 h1 태그 중 클래스 이름이 'title'인 태그를 검색한다. 같은 검색을 수행하는 두 가지 예를 살펴보면 다음과 같다.

```
In [12]: soup.find('h1', 'title')
Out[12]: <h1 class="title">Short history of freelec</h1>
```

또는 다음과 같이 attrs 인수를 이용할 수도 있다.

```
In [13]: soup.find('h1', attrs={'class': 'title'})
Out[13]: <h1 class="title">Short history of freelec</h1>
```

정규식을 이용하면 단순한 문자열이 아닌, 규칙을 기반으로 한 문자열을 포함한 태그를 선택할 수도 있다. 다음 예는 <p> 노드 중에서 '프리렉'으로 시작하는(^) 문자열을 포함하는 노드를 의미한다.

```
In [14]: import re
         soup.find('p', string=re.compile("^프리렉"))
Out[14]: <p class="story">프리렉은 가속화되는 기술 흐름과 시대 변화 속에서 짧게만 느껴지는 지난 시간을
         되짚으며 '지식 가공 및 유통' 회사라는 아이덴티티를 확고히 하려고 합니다.</p>
```

첫 인수 없이 string 옵션만 지정하면 조건에 맞는 문자열을 포함하는 텍스트 정보만 추출할 수도 있다.

```
In [15]: import re
         soup.find(string=re.compile("파이썬"))
Out[15]: '열혈강의 파이썬'
```

조건에 맞는 하나 이상의 모든 결과를 찾아내려면 find_all( ) 메서드를 이용할 수 있다. 결과는 항상 리스트로 반환된다.

```
In [16]: import re
         soup.find_all(string=re.compile("파이썬"))
Out[16]: ['열혈강의 파이썬', '바이블 파이썬']
```

다음 예는 모든 <a> 태그를 찾아낸다.

```
In [17]: soup.find_all('a')
Out[17]: [<a class="python" href="https://freelec.co.kr/python" id="link1" name="python">열
         혈강의 파이썬</a>, <a class="python" href="https://freelec.co.kr/bible" id="link1"
         name="bible">바이블 파이썬</a>, <a class="physics" href="https://freelec.co.kr/
         time" id="link2">시간여행</a>, <a class="physics" href="https://freelec.co.kr/
         physics" id="link3">재미있는 물리</a>, <a class="learning python" href="https://
         freelec.co.kr/business">머신러닝</a>]
```

find( ) 메서드와 동일하게 속성값을 지정하여 검색할 수도 있다.

```
In [18]: soup.find_all('a', attrs={'class':'python', 'name': 'bible'})
Out[18]: [<a class="python" href="https://freelec.co.kr/bible" id="link1" name="bible">바이
         블 파이썬</a>]
```

또한 여러 종류의 태그를 검색할 수도 있다.

```
In [19]: soup.find_all(['a', 'h1'])    # a 혹은 h1 태그 검색
Out[19]: [<h1 class="title">Short history of freelec</h1>, <a class="python" href="https://
         freelec.co.kr/python" id="link1" name="python">열혈강의 파이썬</a>, <a
         class="python" href="https://freelec.co.kr/bible" id="link1" name="bible">바이블
         파이썬</a>, <a class="physics" href="https://freelec.co.kr/time" id="link2">시간여
         행</a>, <a class="physics" href="https://freelec.co.kr/physics" id="link3">재미있
         는 물리</a>, <a class="learning python" href="https://freelec.co.kr/business">머신
         러닝</a>]
```

전체 태그에 대한 처리를 원한다면 인수 없이 find_all( ) 메서드를 실행한다. 출력 결과를 유심히 살펴보기 바란다. 첫 번째 결과는 <html> 태그이며, 두 번째 결과는 <head>, 세 번째 결과는 <title>이다. 이런 노드 탐색 방법을 DFS(depth-first search, 깊이 우선 탐색)라고 부른다. <html> 태그가 선택되면 그 하위의 모든 태그가 함께 표시되므로 첫 번째 결과는 문서 전체와 동일하게 된다. 출력 내용이 혼동될 수 있어 출력 형식을 줄을 바꾸거나 첫 시작을 굵은 체로 하여 구분 가능하도록 다시 정리했다.

```
In [20]: soup.find_all()

Out[20]: [<html><head><title>FREELEC</title></head>
         <body>
         ...(중간 생략)
         </body>
         </html>,
         <head><title>FREELEC</title></head>,
         <title>FREELEC</title>,
         <body>
         <h1 class="title">Short history of freelec</h1>
         ...(중간 생략)
         </body>,
         <h1 class="title">Short history of freelec</h1>,
         <p class="story">프리렉은 가속화되는 기술 흐름과 시대 변화 속에서 짧게만 느껴지는 지난 시간을
         되짚으며 '지식 가공 및 유통' 회사라는 아이덴티티를 확고히 하려고 합니다.</p>,
         <div class="book python">
          <a class="python" href="https://freelec.co.kr/python" id="link1" name="python">열
         혈강의 파이썬</a>, <a class="python" href="https://freelec.co.kr/bible" id="link1"
         name="bible">바이블 파이썬</a>, </div>,
         <a class="python" href="https://freelec.co.kr/python" id="link1" name="python">열
         혈강의 파이썬</a>,
         <a class="python" href="https://freelec.co.kr/bible" id="link1" name="bible">바이블
         파이썬</a>,
         <div class="book etc">
          <a class="physics" href="https://freelec.co.kr/time" id="link2">시간여행</a>, <a
         class="physics" href="https://freelec.co.kr/physics" id="link3">재미있는 물리</a>,
         <a class="learning python" href="https://freelec.co.kr/business">머신러닝</a>
          </div>,
         <a class="physics" href="https://freelec.co.kr/time" id="link2">시간여행</a>,
         <a class="physics" href="https://freelec.co.kr/physics" id="link3">재미있는 물리</a>,
         <a class="learning python" href="https://freelec.co.kr/business">머신러닝</a>]
```

select( ) 메서드는 find_all( ) 메서드와 유사한 기능을 제공하지만, 보다 검색에 유연하게 활용할 수 있다. find_all( ) 메서드로 할 수 있는 대부분의 일은 select( ) 메서드로 가능하지만, 그 반대는 그렇지 않다. 개인적으로 find_all( ) 메서드보다는 select( ) 메서드를 주로 활용하는 편이다. select( ) 메서드는 CSS 선택자(selector)의 형식에 따라 태그를 검색한다.

**CSS 선택자(selector) 형식이란?**

CSS(Cascading Style Sheets) 언어는 HTML과 같은 마크업 문서가 어떻게 보일 것인지를 기술하는 데 사용한다. HTML 문서에 표현된 예를 들면 다음과 같다. 다음 예는 p 태그가 어떻게 표현되어야 하는지를 나타내고 있다.

```
<style>
p {
  text-align: center;
  color: red;
}
</style>
```

여기에서 선택자는 p에 해당한다. 즉, 문서의 수많은 태그 중에서 내가 원하는 태그만을 선택하는 언어인 것이다. BeautifulSoup에서도 태그(노드, 요소)를 선택하는 방법으로 이 문법을 따르겠다는 말이다.

선택자에 대한 자세한 내용은 다음 사이트에서 확인할 수 있다.

https://www.w3schools.com/cssref/css_selectors.asp

BeautifulSoup에서 허용하는 CSS 선택자의 주요 문법을 정리하면 다음 표와 같다.

표 3-1 선택자 문법

| 선택자 | 예 | 설명 |
| --- | --- | --- |
| * | * | 모든 요소 |
| .class | .python | class="python"인 모든 요소 |
| #id | #python | id="python"인 모든 요소 |
| element | p | 모든 <p> 요소 |
| element,element | div, p | 모든 <div> 와 모든 <p> 요소 |
| element element | div p | <div> 안에 포함된 <p> 요소 (여러 단계 허용) |
| element>element | div > p | 부모가 <div>인 <p> 요소 |
| element+element | div + p | <div> 바로 다음 <p> 요소 |
| element1~element2 | p ~ ul | <p> 뒤의 <ul> 요소 |
| [attribute] | [name] | name 속성을 갖는 모든 요소 |
| [attribute=value] | [target=_blank] | 속성값 target="_blank"인 모든 요소 |
| [attribute~=value] | [title~=flower] | "flower"를 title 속성에 포함하는 요소 |
| [attribute\|=value] | [lang\|=en] | lang 속성값이 "en"으로 시작하는 요소 |
| [attribute^=value] | a[href^="https"] | href 값이 "https"로 시작하는 <a> 요소 |
| [attribute$=value] | a[href$=".pdf"] | href 값이 ".pdf"로 끝나는 <a> 요소 |
| [attribute*=value] | a[href*="w3schools"] | href 속성값이 "w3schools" 문자열을 포함하는 <a> 요소 |
| :nth-of-type(n) | p:nth-of-type(2) | 부모의 자식 중 두 번째 <p> 요소 |

다음에 select( ) 메서드를 사용하는 몇 가지 예를 보인다. 예제에 대한 설명은 코드 오른쪽의 주석을 참고하기 바란다. select( ) 메서드가 반환하는 결과는 항상 리스트다.

```
In [21]: soup.select('#link1')    # id가 link1인 요소들 검색
Out[21]: [<a class="python" href="https://freelec.co.kr/python" id="link1" name="python">열
         혈강의 파이썬</a>, <a class="python" href="https://freelec.co.kr/bible" id="link1"
         name="bible">바이블 파이썬</a>]
```

```
In [22]: soup.select('.story')   # class가 story인 요소들 검색
```

Out[22]: [<p class="story">프리렉은 가속화되는 기술 흐름과 시대 변화 속에서 짧게만 느껴지는 지난 시간을 되짚으며 '지식 가공 및 유통' 회사라는 아이덴티티를 확고히 하려고 합니다.</p>]

물론 두 속성을 결합해서 사용할 수도 있다.

```
In [23]: soup.select('.python #link1')   # class가 python이고 id가 link1인 요소 검색
```

Out[23]: [<a class="python" href="https://freelec.co.kr/python" id="link1" name="python">열혈강의 파이썬</a>, <a class="python" href="https://freelec.co.kr/bible" id="link1" name="bible">바이블 파이썬</a>]

```
In [24]: soup.select('p')   # p 요소들
```

Out[24]: [<p class="story">프리렉은 가속화되는 기술 흐름과 시대 변화 속에서 짧게만 느껴지는 지난 시간을 되짚으며 '지식 가공 및 유통' 회사라는 아이덴티티를 확고히 하려고 합니다.</p>]

```
In [25]: soup.select('a.python')   # 태그 a 중 클래스가 python인 요소들
```

Out[25]: [<a class="python" href="https://freelec.co.kr/python" id="link1" name="python">열혈강의 파이썬</a>, <a class="python" href="https://freelec.co.kr/bible" id="link1" name="bible">바이블 파이썬</a>, <a class="learning python" href="https://freelec.co.kr/business">머신러닝</a>]

```
In [26]: soup.select('a.python.learning')   # 태그 a 중 클래스가 python 및 learning인 요소들
```

Out[26]: [<a class="learning python" href="https://freelec.co.kr/business">머신러닝</a>]

```
In [27]: soup.select('p, a')   # p 및 a 요소
```

Out[27]: [<p class="story">프리렉은 가속화되는 기술 흐름과 시대 변화 속에서 짧게만 느껴지는 지난 시간을 되짚으며 '지식 가공 및 유통' 회사라는 아이덴티티를 확고히 하려고 합니다.</p>, <a class="python" href="https://freelec.co.kr/python" id="link1" name="python">열혈강의 파이썬</a>,

...(출력 생략)]

```
In [28]: soup.select("body a")     # body 태그 내부에 있는 a 태그를 찾는다. 여러 단계의 포함관계도 허용된다.
Out[28]: [<a class="python" href="https://freelec.co.kr/python" id="link1" name="python">열
         혈강의 파이썬</a>,
         ...(출력 생략)]
```

```
In [29]: soup.select('p + div')     # p 태그 바로 다음에 위치한 div 태그를 검색한다.
Out[29]: [<div class="book python">
         <a class="python" href="https://freelec.co.kr/python" id="link1" name="python">열
         혈강의 파이썬</a>,
         <a class="python" href="https://freelec.co.kr/bible" id="link1" name="bible">바이블
         파이썬</a>,
         </div>]
```

직접적인 내포 관계에 있는 경우만을 검색하려면 > 기호를 사용한다. body와 a는 여러 단계에 걸친 내포 관계이므로 결과는 없다.

```
In [30]: soup.select("body > a")
Out[30]: []
```

하지만 div 바로 아래의 a 태그는 검색된다.

```
In [31]: soup.select("div > a")
Out[31]: [<a class="python" href="https://freelec.co.kr/python" id="link1" name="python">열
         혈강의 파이썬</a>, <a class="python" href="https://freelec.co.kr/bible" id="link1"
         name="bible">바이블 파이썬</a>, <a class="physics" href="https://freelec.co.kr/
         time" id="link2">시간여행</a>, <a class="physics" href="https://freelec.co.kr/
         physics" id="link3">재미있는 물리</a>, <a class="learning python" href="https://
         freelec.co.kr/business">머신러닝</a>]
```

select( ) 메서드를 이용하면 복잡한 경우도 가능하다. 이와 같은 처리를 find_all( ) 메서드로 하려면 상당히 번거로울 수 있다. 하지만 select( ) 메서드를 잘 활용하면 간략하면서

도 효율적으로 검색할 수 있다. 다음 예는 a 태그 중에서 상위 태그가 순서대로 클래스가 etc인 div 태그, body 태그, html 태그인 것들만 선택한다.

```
In [32]: soup.select("html > body > div.etc > a")
Out[32]: [<a class="physics" href="https://freelec.co.kr/time" id="link2">시간여행</a>, <a
         class="physics" href="https://freelec.co.kr/physics" id="link3">재미있는 물리</a>,
         <a class="learning python" href="https://freelec.co.kr/business">머신러닝</a>]
```

또한 속성값을 지정하여 태그를 선택할 수 있다. 다음은 name 속성값이 bible인 태그를 모두 선택한다.

```
In [33]: soup.select("[name=bible]")
Out[33]: [<a class="python" href="https://freelec.co.kr/bible" id="link1" name="bible">바이
         블 파이썬</a>]
```

다음은 a 태그 중에서 name 속성값이 bible인 태그를 모두 선택한다.

```
In [34]: soup.select("a[name=bible]")
Out[34]: [<a class="python" href="https://freelec.co.kr/bible" id="link1" name="bible">바이
         블 파이썬</a>]
```

다음 예는 href 속성이 http:로 시작하는 a 태그를 모두 찾는다.

```
In [35]: soup.select('a[href^=http:]')     # http:로 시작하는 a 요소
Out[35]: []
```

다음 예는 href 속성이 https:로 시작하는 a 태그를 모두 찾는다.

```
In [36]: soup.select('a[href^=https:]')    # https:로 시작하는 a 요소
```

```
Out[36]: [<a class="python" href="https://freelec.co.kr/python" id="link1" name="python">열
         혈강의 파이썬</a>, <a class="python" href="https://freelec.co.kr/bible" id="link1"
         name="bible">바이블 파이썬</a>, <a class="physics" href="https://freelec.co.kr/
         time" id="link2">시간여행</a>, <a class="physics" href="https://freelec.co.kr/
         physics" id="link3">재미있는 물리</a>, <a class="learning python" href="https://
         freelec.co.kr/business">머신러닝</a>]
```

검색 결과에서 원하는 순위를 선택할 수도 있다. 다음 예는 a 태그로 검색한 결과 중 첫
번째만을 선택한다.

```
In [37]: soup.select("a:nth-of-type(1)")   # 첫 번째
Out[37]: [<a class="python" href="https://freelec.co.kr/python" id="link1" name="python">열
         혈강의 파이썬</a>]
```

다음 예는 a 태그로 검색한 결과 중 세 번째 것만을 선택한다.

```
In [38]: soup.select("a:nth-of-type(3)")   # 세 번째
Out[38]: [<a class="physics" href="https://freelec.co.kr/time" id="link2">시간여행</a>]
```

요소의 속성값은 get( ) 메서드를 이용하여 얻어낸다. 텍스트 추출은 get_text( ) 메서드를
이용한다. 다음 예는 href 속성이 https:로 시작하는 a 태그를 찾아서 링크 텍스트와 링크
정보를 출력한다.

```
In [39]: for ele in soup.select('a[href^=https:]'):
             print(ele.get_text(), ele.get('href'))
Out[39]: 열혈강의 파이썬 https://freelec.co.kr/python
         바이블 파이썬 https://freelec.co.kr/bible
         시간여행 https://freelec.co.kr/time
         재미있는 물리 https://freelec.co.kr/physics
         머신러닝 https://freelec.co.kr/business
```

# 03 도전 과제

## 자동 네이버 검색

네이버 검색 작업을 자동화해 보기로 하자. 우리가 원하는 질의어(예: 작은 집)를 이용해 검색하고, 그 결과 중에서 포스트와 블로그 섹션의 검색 결과를 출력하기로 한다. 도전 작업 내용은 다음과 같다.

1. 네이버 질의어 형식(https://search.naver.com/search.naver?sm=top_hty&fbm=1&ie=utf8&query=검색질의어)에 맞춰 url 주소를 작성한다.

2. Work 2에서 배운 requests 모듈을 이용하여 문서를 검색한다.

3. 그 결과로 얻은 HTML 문자열을 BeautifulSoup 객체로 만든다.

4. 게시물 제목을 포함하는 태그를 추출한다.

5. 제목과 간단한 내용 그리고 링크를 추출하여 출력한다.

태그 정보를 확인하기 위해 우선은 수동으로 네이버에서 '작은 집' 키워드로 검색해보자. 검색 결과에서 포스트 영역부터 캡처한 결과는 다음과 같다.

검색 결과 중 포스트 영역의 HTML 태그를 분석하기 위해 [F12] 키를 누른다. 그러면 (크롬인 경우) 화면이 좌우로 분할되면서 오른쪽에 개발자 화면이 나타난다.

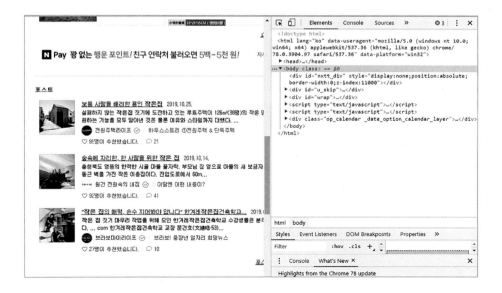

여기에서 오른쪽 창 상단의 화살표를 클릭하고(❶), 왼쪽 창에서 포스트 제목을 선택하면(❷), 제목에 해당하는 태그가 오른쪽 창에 표시된다.

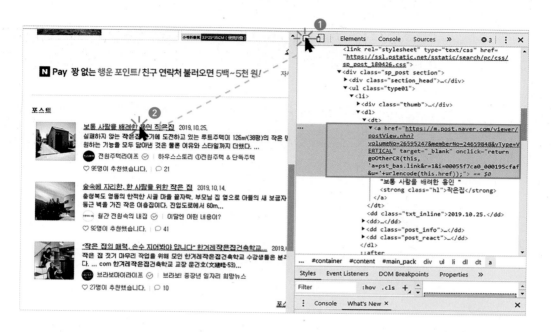

이 태그를 잘 살펴보면 포스트 섹션의 글 목록은 'sp_post' 클래스로 지정되어 있고, 블로그 글 목록은 'blog' 클래스로 지정되어 있다. 따라서 포스트 섹션의 제목과 링크를 위한 태그의 CSS 선택자는 'div.sp_post ul li dl dt a'이고, 본문 CSS 선택자는 'div.sp_post ul li dl dd' 중 두 번째다. 블로그 섹션의 제목과 링크도 같은 구조로 되어 있어 선택자는 'div.blog ul li dl dt a'이고 본문 CSS 선택자는 'div.blog ul li dl dd'이다. 두 선택자는 'div.blog ul li dl'까지 동일하므로 두 단계의 select( ) 메서드로 처리할 수 있다. 이제 이러한 정보를 가지고 프로그래밍을 한 결과는 다음과 같다. 여기서는 포스트 목록과 블로그 글 목록을 모으기 위해 soup.select('div.sp_post ul li dl')+soup.select('div.blog ul li dl')와 같은 리스트 연결 기능을 사용했다.

도전 과제

```
import requests
from bs4 import BeautifulSoup
from urllib.parse import urlparse, parse_qs
import webbrowser

search = '작은 집'
r = requests.get('https://search.naver.com/search.naver?sm=top_
hty&fbm=1&ie=utf8&query=' + search)  # 단계 1-2
soup = BeautifulSoup(r.text, 'lxml')  # 단계 3

for i, li in enumerate(soup.select('div.sp_post ul li dl') + soup.select('div.blog
ul li dl')):
    a = li.select('dt a')[0]  # 이하 단계 4-5
    print(i+1, a.text, '-', li.select('dd')[1].text, a.attrs['href'])
    print()
```

1 보통 사람을 배려한 용인 작은집 - 실패하지 않는 작은집 짓기에 도전하고 있는 루트주택이 126㎡(38평)의 작은 땅에 건축주가 원하는 기능을 모두 담아낸 것은 물론 여유와 스타일까지 더했다. ...
https://m.post.naver.com/viewer/postView.nhn?volumeNo=26595247&memberNo=24659848&vType=VERTICAL

2 숲속에 자리한, 한 사람을 위한 작은 집 - 충청북도 영동의 한적한 시골 마을 끝자락. 부모님 집 옆으로 아들의 새 보금자리가 놓였다. 둥근 벽을 가진 작은 이층집이다. 진입도로에서 60m... https://m.post.naver.com/viewer/postView.nhn?volumeNo=26348361&memberNo=954004&vType=VERTICAL

3 "작은 집의 매력, 손수 지어봐야 압니다" 한겨레작은집건축학교... - 작은 집 짓기 마무리 작업을 위해 모인 한겨레작은집건축학교 수강생들은 분주히 움직였다. ... com 한겨레작은집건축학교 교장 문건호(文建晧·53)... https://m.post.naver.com/viewer/postView.nhn?volumeNo=23443484&memberNo=25128306&vType=VERTICAL

4 작은집 투룸 신혼집인테리어~♥ - [작은집 투룸 신혼집인테리어~♥] 오늘은 작은집 투룸 신혼집 인테리어 편이심 먼저... 컴퓨터방(작은방)은 보여지게 유리도어가들어가고 슬라이딩 도어가 들어갔음 주방... https://blog.naver.com/lali8122?Redirect=Log&logNo=221654303329

5 13평 작은평수아파트와 작은집인테리어 취향에 맞게 꾸미기 - 공사의뢰사항 / 필요하신 부분에 체크 및 기재바랍니다. 샤시 전체교체 내부교체 외부교체 부분교체 ※ 부분교체의 경우... dualdesign. co.kr #작은평수아파트작은집인테리어 https://blog.naver.com/hyekyoung30?Redirect=Log&logNo=221649993950

6 대형창문이 있는 13평 작은집 화이트인테리어 - 작은집..작은평수에 있어 화이트는 진리인것 같습니다...ㅎㅎㅎ 시원시원한 오픈플랜형의 구조와 대형창문으로 인해 평수에 비해 넓어보이는 13평 작은집의... https://blog.naver.com/julian1366?Redirect=Log&logNo=221685621166

## 웹 페이지의 이미지 모두 내려받기

인테리어 집 꾸미기 서비스 홈페이지인 https://ohou.se의 첫 페이지에 올라온 일정 크기 이상의 이미지들을 모두 내려받아 보자. 처리 순서는 다음과 같다.

1. https://ohou.se에 접속해서 문서를 가져온다.

2. 문서를 BeautifulSoup 객체로 만든다.

3. data-src 속성을 갖는 〈img〉 이미지 태그를 찾는다.

4. data-src 속성값을 추출한다. 값은 다음과 같다. "https://image.ohou.se/image/central_crop/ bucketplace-v2-development/uploads-product_category-0.png/320/320"

5. 여기서 이미지 주소와 가로/세로 정보를 추출한다.

6. 가로 이미지 크기가 640 이상이고 jpg인 이미지만 추린다.

7. 파일 이름을 추출하고 만든다.

8. 이미지를 가져온다.

9. 파일에 저장한다.

이미지 태그를 확인하는 과정은 앞선 도전 과제에서 보여준 **[F12]** 키를 누르고 개발자 화면을 통해 태그의 속성을 추적해가는 과정과 동일하므로 자세한 내용을 생략하기로 한다. 홈페이지는 언제든 변경될 수 있으므로 앞선 단계 3에서 이미지 태그가 data-src 속성을 여전히 가지고 있는지는 독자 여러분이 점검해야 한다.

```
In [41]: import requests
         from bs4 import BeautifulSoup
         from urllib.parse import urlparse, parse_qs
         import webbrowser
         import re


         r = requests.get('https://ohou.se')  # 단계 1
         soup = BeautifulSoup(r.text, 'lxml')  # 단계 2
         for tag in soup.select('img[data-src]'):  # 단계 3
             datasrc = tag.get('data-src')  # 단계 4
             m = re.match('(.*?)/(\d+)/(\d+)', datasrc)  # 단계 5 : url/가로/세로 형식에 맞는지 검사
             if not m:
                 continue
             url, w, h = m.groups()  # 단계 5
             width = int(w)       # 단계 5
             height = int(h)      # 단계 5
             if width < 640 or not url.endswith('.jpg'):  # 단계 6
                 continue
             fname = 'ohou_' + url.split('/')[-1]  # 단계 7
             print(fname)
             r = requests.get(datasrc)  # 단계 8
             open(fname, 'wb').write(r.content)  # 단계 9
```

```
Out[41]: https://image.ohou.se/image/central_crop/bucketplace-v2-development/uploads-
         projects-cover_images-1543918098080_tKj1pi.jpg/640/426
         https://image.ohou.se/image/central_crop/bucketplace-v2-development/uploads-
         projects-cover_images-1543764465770_jkle.jpg/640/426
```

https://image.ohou.se/image/central_crop/bucketplace-v2-development/uploads-advices-cover_images-1543471242602_Uq1XRgm.jpg/640/426

https://image.ohou.se/image/central_crop/bucketplace-v2-development/uploads-exhibitions-cover_image-1544602171844_nnt1qJ.jpg/640/426

https://image.ohou.se/image/central_crop/bucketplace-v2-development/uploads-exhibitions-cover_image-1543906068143_JMvbV.jpg/640/426

https://image.ohou.se/image/central_crop/bucketplace-v2-development/uploads-exhibitions-cover_image-1541749250779_yP457IB.jpg/640/426

https://image.ohou.se/image/central_crop/bucketplace-v2-development/uploads-exhibitions-cover_image-1543929034218_ivPyxAxXKn.jpg/640/426

https://image.ohou.se/image/central_crop/bucketplace-v2-development/uploads-exhibitions-cover_image-1544434718469_m.jpg/640/426

https://image.ohou.se/image/central_crop/bucketplace-v2-development/uploads-exhibitions-cover_image-1543825862488_N2eJHfqH.jpg/640/426

https://image.ohou.se/image/central_crop/bucketplace-v2-development/uploads-exhibitions-cover_image-1542615516295_WblmNORmg.jpg/640/426

https://image.ohou.se/image/central_crop/bucketplace-v2-development/uploads-exhibitions-cover_image-1543316612716_CQ8.jpg/640/426

https://image.ohou.se/image/central_crop/bucketplace-v2-development/uploads-exhibitions-cover_image-1543571767712_ZDG1VrceTq.jpg/640/426

https://image.ohou.se/image/central_crop/bucketplace-v2-development/uploads-exhibitions-cover_image-1543221791488_Str5.jpg/640/426

도전 과제

**1.** https://news.naver.com/에 접속해서 분야별 오늘의 뉴스 제목과 링크 목록을 출력해보자.

**2.** 환율 정보 사이트를 검색해보고, 해당 사이트의 환율 정보 문서를 가져온 후, 필요한 정보를 추출하는 방법을 생각해보자.

**3.** 다음(daum)에서 키워드를 입력하고 검색한 결과의 텍스트를 추출해보자. 예를 들면 다음과 같은 검색이 가능하다.
http://search.daum.net/search?w=tot&DA=YZR&t__nil_searchbox=btn&sug=&sugo=&sq=&o=&q=프리렉

**4.** https://www.hankyung.com/tag/신설법인 페이지에 연결된 신설법인 페이지를 열고 신설법인 정보만 추출 정리해서 파일로 저장해보자.

**5.** 부동산114(https://www.r114.com)에 접속하고 실제 매물 페이지를 연다. 해당 페이지를 가져와서 실제 매물 정보를 추출해보자.

**6.** http://www.weather.go.kr/weather/climate/past_cal.jsp에 접속하면 과거 날씨 정보를 얻을 수 있다. 관측지점 108에 대해서 과거 년, 월, 일이 주어졌을 때 해당 일자의 날씨만을 추출해보자.

# Work 4

# 웹 브라우저 자동화

셀레니움(Selenium)이라는 도구가 있다. 이 도구는 원래 번거로운 웹 테스트에 시달리는 개발자들을 위해 웹 브라우저를 이용하여 웹 테스트를 자동으로 하기 위해 만들어졌지만, 브라우저 조작을 자동화할 수 있기 때문에 테스트 이외에도 다양한 용도로 활용할 수 있다. 파이썬 및 다양한 언어로 웹 브라우저를 제어할 수 있으며, 마우스 클릭과 키보드 입력, 자동 로그인 등 사람이 수작업으로 해야 하는 많은 번거로운 일들을 자동화할 수 있다.

HTML 문서를 가져오는 한 방법으로 Work 2에서 언급한 requests 모듈은 자바 스크립트 실행이 어려우므로 동적인 로딩 페이지에서는 제대로 된 정보를 얻기 어렵다. 하지만 셀레니움은 직접 브라우저를 제어하기 때문에 자바 스크립트 및 모든 동적 활동에 대응할 수 있다. 셀레니움은 Internet Explorer, Chrome, Opera, Safari 등 주요 웹 브라우저를 모두 지원한다. 실행 속도가 느린 것을 제외하면 아주 훌륭한 도구다.

이번 Work에서는 셀레니움의 기본 사용법을 익힌 후, 이를 이용해서 다양한 웹 페이지에 접근하고 정보를 추출하는 과제에 도전해보기로 한다.

 **학습 포인트**

- 셀레니움으로 웹 브라우저를 자동으로 동작시키는 방법을 익힌다.

- 웹 페이지에서 원하는 요소(태그) 정보를 찾는 방법을 익힌다.

- 웹 페이지에서 원하는 정보를 추출하고 내려받는다.

Selenium을 사용하려면 다음 명령으로 모듈을 설치 혹은 업데이트해야 한다.

```
pip install selenium       # 설치
pip install -U selenium    # 업데이트
```

셀레니움과 관련한 정보는 다음 사이트에서 확인할 수 있다.

**Selenium** - https://www.selenium.dev/, https://selenium.dev/documentation/

또한, 이것과는 별도로 자동화용 최신 웹 브라우저 드라이버를 내려받아야 한다. 드라이버는 웹 브라우저를 중간에서 제어하는 역할을 하므로 반드시 설치해야 한다. 웹 브라우저마다 해당 브라우저를 제어할 드라이버가 별도로 필요하다. 또한 브라우저 버전마다 사용할 수 있는 웹 드라이버 버전이 다를 수 있으니 주의해서 선택해야 한다. 압축 파일 안에는 하나의 실행 파일이 있으며, 원하는 폴더에 압축을 해제하면 된다. 파이썬 스크립트를 실행할 폴더에 복사해 두면 별도의 위치 지정 옵션을 지정하지 않아도 되니 편리하다.

- **크롬 드라이버:** https://sites.google.com/a/chromium.org/chromedriver/downloads

크롬 드라이버인 경우 우선 크롬 브라우저에서 **[도움말(E)] → [Chrome 정보(G)]**에서 크롬 버전을 확인해야 한다.

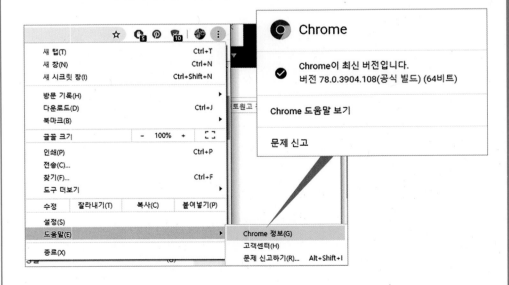

앞의 버전 숫자(78)와 일치하는 크롬 드라이버를 설치해야 동작한다는 것에 주의해야 한다. 예를 들어 다음과 같이 크롬 버전이 78.xxx인 경우 크롬 드라이버도 78.으로 시작하는 버전을 내려받아야 한다.

## ChromeDriver 78.0.3904.105

Supports Chrome version 78

Includes the following change over version 78.0.3904.70:

- Fixed incorrect calculation of element coordinates

For more details, please see the release notes.

파일을 내려받고 압축을 풀어 chromedriver.exe 파일을 작업 디렉터리에 복사한다.

- **IE 드라이버**: https://selenium.dev/downloads/에 접속해서 The Internet Explorer Driver Server의 다운로드 링크에서 파일을 내려받아 설치하면 된다. 압축을 풀어 IEDriverServer.exe 파일을 작업 디렉터리에 복사한다.

### The Internet Explorer Driver Server

This is required if you want to make use of the latest and greatest features of the WebDriver InternetExplorerDriver.
Please make sure that this is available on your $PATH (or %PATH% on Windows) in order for the IE Driver to work as expected.

Download version 3.150.1 for:
32 bit Windows IE (recommended) 64 bit Windows IE
CHANGELOG

- **Edge 드라이버**: https://developer.microsoft.com/en-us/microsoft-edge/tools/webdriver/를 참고한다.
- **Firefox 드라이버**: https://github.com/mozilla/geckodriver/releases를 참고한다.

Work 4. 웹 브라우저 자동화

이제 먼저 selenium을 불러와야 하는데, import selenium이 아닌 from selenium import webdriver와 같은 방식으로 사용한다. 이때 키보드 자동 입력을 위해서 Keys도 불러온다.

```
In [1]: from selenium import webdriver
        from selenium.webdriver.common.keys import Keys


        driver = webdriver.Chrome()   # 크롬 브라우저가 실행된다
```

브라우저에 따른 웹 드라이버 구동 방법은 다음과 같다.

```
driver = webdriver.Chrome()

driver = webdriver.Ie()

driver = webdriver.Firefox()

driver = webdriver.Safari()

driver = webdriver.Opera()
```

드라이버를 구동하려면 실행 탐색 경로에 웹 드라이버가 있어야 한다. 만일 앞선 명령이 실패한다면 웹 드라이버가 제대로 설치되어 있는지 확인해야 한다. 현재 작업 경로가 웹 드라이버의 위치와 다르다면 다음과 같이 해당 웹 드라이버의 경로를 정확하게 기술해 준다.

```
In [2]: driver = webdriver.Chrome('data/chromedriver.exe')
        # driver = webdriver.Ie('data/IEDriverServer.exe')
```

문제가 없다면 Driver 객체가 반환된다. Driver 객체의 close( ) 메서드는 테스트 브라우저를 닫는다.

```
In [3]: driver.close()
```

여기에서는 크롬을 이용하여 실행한 예를 살펴보기로 한다.

## 옵션 설정

브라우저를 실행시킬 때 옵션을 설정할 수 있다. 크롬이면 ChromeOptions의 add_argument( ) 메서드를 이용하여 브라우저 옵션을 그대로 입력할 수 있다. 이렇게 설정한 옵션은 chrome_options 인수로 전달된다. 다음 예를 통해 간단한 사용법을 알아보자.

```
In [4]: from selenium import webdriver

        options = webdriver.ChromeOptions()
        options.add_argument('--disable-extensions')    # 확장 프로그램 구동을 정지
        options.add_argument("--start-maximized")       # 최대 크기 윈도우로 시작
        # options.add_argument('window-size=1200x600')  # 윈도우 크기 지정
        # options.headless = True      # 윈도우가 눈에 보이지 않게 실행

        # 실행 파일이 현재 경로에 없다면 executable_path로 드라이버 경로를 지정해줘야 한다.
        driver = webdriver.Chrome(options=options, executable_path='d:\\chromedriver.exe')
```

옵션은 웹 드라이버마다 설정 방법이 다르므로 다른 브라우저에 해당하는 사항은 별도로 인터넷에서 검색하기 바란다.

이제 모든 준비가 끝났으니 간단한 웹 서핑 테스트를 해보자.

Selenium으로 웹 브라우저를 띄우고 http://www.pytohn.org에 접속해보자. URL 주소로 접속할 때는 드라이버 객체의 **get( )** 메서드를 이용한다.

```
In [5]: from selenium import webdriver
        from selenium.webdriver.common.keys import Keys


        driver = webdriver.Chrome()


        driver.get("http://www.python.org")
```

앞선 코드를 실행하면 크롬 웹 브라우저가 실행되고 http://www.python.org로 연결된다.

**실행 결과**

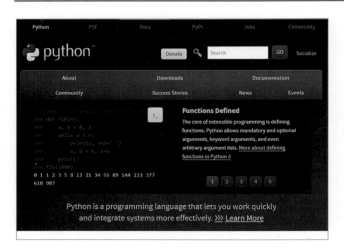

접속이 완료되었으면 웹 페이지의 제목을 나타내는 title 속성을 읽어보자.

```
In [6]: driver.title
Out[6]: 'Welcome to Python.org'
```

이번에는 질의어를 입력하고 그 결과를 받아보자. driver는 요소를 찾는 메서드를 여러 개 가지고 있다. 우선 웹 페이지에서 질의어를 어떤 태그가 받아서 처리하는지 확인해야 한다. 웹 브라우저에서 [F12] 키를 눌러 개발자 도구를 활성화한 후에 도구들을 이용하여 확인하면 된다. 질의어는 input 태그가 받는데, 소스를 보면 다음과 같다.

```
<input id="id-search-field" name="q" type="search" role="textbox" class="search-field"
placeholder="Search" value="" tabindex="1">
```

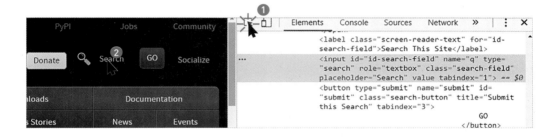

driver에서 이 태그를 찾아서 질의어를 타이핑해 주어야 한다. 이 태그를 찾는 방법은 여러 가지가 있지만, 지금은 name이 q인 요소(element, tag)를 찾는 것이 간단하다. find_element_by_name( ) 메서드를 이용해서 찾아보자.

```
In [7]: elem = driver.find_element_by_name("q")
        elem
Out[7]: <selenium.webdriver.remote.webelement.WebElement (session="8516e437b47afaff279395a9
        868fd722", element="0.026697098424059096-1")>
```

find_element_by_name( ) 메서드가 실패하면 예외를 발생시킨다. 검색 결과로 반환되는 elem은 WebElement 객체인데, get_attribute( ) 메서드를 이용하면 이 요소가 갖는 속성값을

Work 4. 웹 브라우저 자동화

확인해볼 수 있다.

```
In [8]: elem.get_attribute('id'), elem.get_attribute('name'), elem.get_attribute('class')
Out[8]: ('id-search-field', 'q', 'search-field placeholder')
```

태그 이름은 tag_name으로 확인할 수 있다.

```
In [9]: elem.tag_name    # 태그 이름
Out[9]: 'input'
```

태그가 가지고 있는 텍스트 정보는 text 속성으로 확인할 수 있다.

```
In [10]: elem.text    # 태그의 텍스트
Out[10]: ''
```

이제 찾은 elem, 즉 input 태그에 pycon이라는 검색어를 키보드로 입력해보자.

input 태그에 입력하는 키보드 시뮬레이션은 send_keys( ) 메서드로 수행할 수 있다. 그러려면 먼저 키보드에서 사용 가능한 키를 정의하고 있는 Keys를 불러와야 한다.

```
from selenium.webdriver.common.keys import Keys
```

이제 Keys.RETURN을 이용해 [Enter] 키까지 입력해보자.

```
In [11]: elem.send_keys("pycon" + Keys.RETURN)
```

**실행 결과**

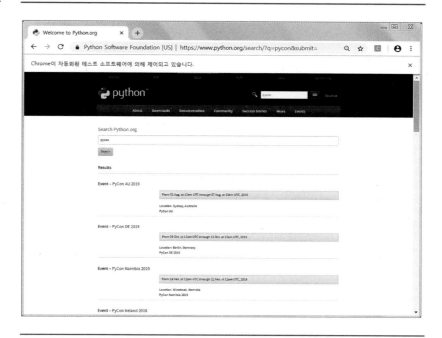

이제 웹 브라우저에 검색 결과가 나타날 것이다. 검색 결과의 HTML 문서 문자열은 page_source 속성으로 얻을 수 있다.

```
In [12]: html = driver.page_source
         html[:100]   # 일부 내용만 확인
Out[12]: '<!DOCTYPE html><!--[if lt IE 7]>     <html class="no-js ie6 lt-ie7 lt-ie8 lt-ie9">
         <![endif]--><!--['
```

이제 요소(element)를 찾기 위한 드라이버의 메서드에는 어떤 것들이 있는지 정리해보자. 메서드는 `find_element_*` 형태와 `find_elements_*` 형태 두 종류가 있는데, `find_element_*`는 조건에 맞는 첫 요소 한 개만을 찾는 반면, `find_elements_*`는 모든 요소를 리스트에 담아서 반환한다. 태그 이름이나 속성값으로 요소들을 찾을 수도 있지만, CSS 선택자 형식(Work 3 참고) 혹은 xpath 형식을 지원하는 메서드도 있다.

- find_element(s)_by_class_name(name) : 클래스 name을 갖는 요소를 찾는다.
- find_element(s)_by_css_selector(selector) : CSS selector와 일치하는 요소를 찾는다(Work 3의 **표 3-1** 참고).
- find_element(s)_by_xpath : xpath 언어로 요소를 찾는다(뒤에 나오는 표 참고).
- find_element(s)_by_id(id) : id 속성값과 일치하는 요소를 찾는다.
- find_element(s)_by_link_text(text) : 태그의 링크 텍스트가 text인 요소를 찾는다.
- find_element(s)_by_partial_link_text(text) : 태그의 링크 텍스트의 일부가 text인 요소를 찾는다.
- find_element(s)_by_name(name) : name 속성의 값과 일치하는 요소를 찾는다.
- find_element(s)_by_tag_name(name) : 태그 이름이 name인 요소를 찾는다.

검색 결과로 찾은 각 요소는 다음의 메서드 혹은 속성을 갖는다.

- tag_name: 태그 이름
- get_attribute(name): name 속성의 값
- text: 태그 안에 표현된 텍스트
- clear(): 텍스트 필드나 텍스트 영역 요소의 텍스트를 삭제한다.
- is_displayed(): 요소가 보이면 True를 반환한다.
- is_enabled(): 요소가 활성화되어 있으면 True를 반환한다.

- is_selected(): 요소가 선택되었으면 True를 반환한다.
- location: x, y 좌표 정보를 갖는 사전
- click(): 마우스 클릭을 실행한다.
- send_keys(s): 키보드 입력을 받는 요소에 키를 전달한다.

send_keys( ) 메서드에 사용할 수 있는 문자열은 일반 문자열과 함께 다음과 같은 문자들을 사용할 수 있다. 사용할 때는 Keys.DOWN, Keys.BACK_SPACE와 같이 표현한다.

- DOWN, UP, LEFT, RIGHT
- HOME, END, PAGE_UP, PAGE_DOWN
- ENTER, RETURN
- ESCAPE, BACK_SPACE, DELETE
- F1, F2, …, F12
- TAB

앞의 여러 메서드 중에서 find_elements_by_css_selector( )의 예를 살펴보며 이해해보자. 이 메서드에 Work 3 BeautifulSoup에서 사용했던 CSS 선택자 문법을 사용하면 매우 유연하게 검색할 수 있다. 예를 들어 다음은 list-recent-events 클래스 속성을 갖는 태그들을 찾아낸다.

```
In [13]: driver.find_elements_by_css_selector('.list-recent-events')
Out[13]: [<selenium.webdriver.remote.webelement.WebElement (session="73049dc76a5e794477ede4
         902f44511b", element="0.7070760803732417-1")>]
```

브라우저에서 **[F12]** 키를 눌러 코드를 직접 확인해 보는 것이 좋다.

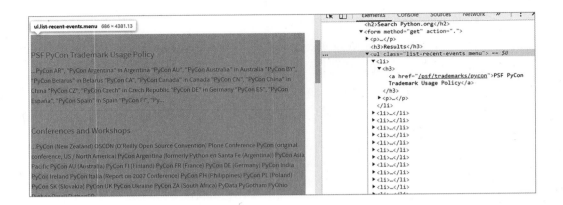

제목과 링크 태그는 ul 요소 하위의 li 요소로 다음과 같이 구성되어 있다.

```
<li>
        <h3>Event - <a href="/events/python-events/776/">PyCon AU 2019</a></h3>
</li>
```

따라서 이러한 구조의 h3 요소를 추출하려면 다음과 같은 계층적인 표현으로 가능하다. 즉, 클래스 이름이 list-recent-events인 요소 안의 li 요소, 또 그 속의 h3 요소를 찾는다(다음 그림 참고).

요소를 찾는 메서드

```
In [14]: driver.find_elements_by_css_selector('.list-recent-events li h3')

Out[14]: [<selenium.webdriver.remote.webelement.WebElement (session="73049dc76a5e794477ede4
         902f44511b", element="0.7070760803732417-22")>, <selenium.webdriver.remote.
         webelement.WebElement (session="73049dc76a5e794477ede4902f44511b", eleme
         nt="0.7070760803732417-23")>, <selenium.webdriver.remote.webelement.WebElement (se
         ssion="73049dc76a5e794477ede4902f44511b", element="0.7070760803732417-24")>,
         <selenium.webdriver.remote.webelement.WebElement (session="73049dc76a5e794477ede49
         02f44511b", element="0.7070760803732417-25")>,

          ... (결과 중간 생략)

         <selenium.webdriver.remote.webelement.WebElement (session="73049dc76a5e794477ede4
         902f44511b", element="0.7070760803732417-41")>]
```

```
▼<div id="content" class="content-wrapper">
    <!-- Main Content Column -->
  ▼<div class="container">
    ▼<section class="main-content " role="main">
        <h2>Search Python.org</h2>
      ▼<form method="get" action=".">
        ▶<p>…</p>
          <h3>Results</h3>
        ▼<ul class="list-recent-events menu">
          ▼<li>
            ▼<h3>
                "Event - "
                <a href="/events/python-events/776/">PyCon AU 2019</a> == $0
              </h3>
              <!-- Different start and end dates -->
            ▶<p class="single-event-date">…</p>
              <p>Location: Sydney, Australia</p>
              <p>PyCon AU</p>
            </li>
          ▶<li>…</li>
          ▶<li>…</li>
          ▶<li>…</li>
          ▶<li>…</li>
```

이제 'pycon' 검색어로 검색한 결과 페이지에서 추출된 제목과 링크를 출력해보자.

```
In [15]: for tag in driver.find_elements_by_css_selector('.list-recent-events li h3'):
             print(tag.text, '-', tag.find_element_by_tag_name('a').get_attribute('href'))
Out[15]: Event - PyCon AU 2019 - https://www.python.org/events/python-events/776/
         Event - PyCon DE 2019 - https://www.python.org/events/python-events/781/
         Event - PyCon Namibia 2019 - https://www.python.org/events/python-events/790/
         Event - PyCon Ireland 2016 - https://www.python.org/events/python-events/429/
         Event - PyCon Australia 2013 - https://www.python.org/events/python-events/57/
         … (결과 생략)
```

## XPath

XPath는 HTML, XML 문서에서 노드를 찾는 데 사용하는 언어다. XPath는 id 또는 name과 같은 속성값으로 노드를 찾는 간단한 방법을 넘어 복잡한 구조 안에 있는 요소를 쉽게 찾아주는 문법을 제공한다. xpath는 /로 구분된 단계(step)로 표현한다. 각 단계는 axis::nodename[predicate expression] 형식으로 표현된다. 축(axis)은 노드를 찾아나가는 방향을 결정하며, nodename은 찾고자 하는 노드 이름 혹은 모든 노드를 나타내는 *를 사용할 수 있다. 마지막으로 술어부(predicate expression)는 찾고자 하는 조건을 더 자세히 표현해주는 식이며 참의 결과를 내는 것들만 취한다. 예를 들면 다음과 같은 형식이다.

```
/child::books/child::book/child::wine[1]
(/descendant::wine/attribute::code)[4]
```

여기서 첫 /는 루트를 의미하며 나머지는 단계를 구분 짓는 구분자이다. axis::에서 child::는 생략할 수 있다. attribute::는 @로, descendant::는 //로 줄여서 표기하기도 한다. 앞의 식을 줄여서 표현하면 다음과 같다.

```
/books/book/wine[1]
(//wine/@code)[4]
```

첫 식의 의미는 루트 아래 books, 그 아래 book, 그 아래가 wine인 노드들 중에서 첫 번째 노드다. 두 번째 식의 의미는 루트의 자손들 가운데 wine 노드 아래의 노드들 중 code 속성을 가지고 있는 노드들 중에서 네 번째다.

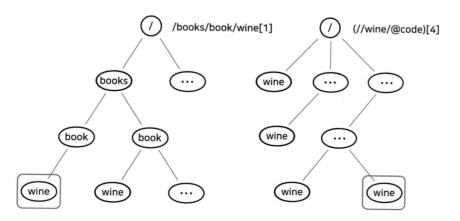

요소를 찾는 메서드

xpath의 검색 방향을 나타내는 지시자인 축(axis)의 종류는 다음 표와 같다.

| 축(axis) | 설명 | 축(axis) | 설명 |
|---|---|---|---|
| child | 현재 노드의 자식 노드들 | parent | 현재 노드의 부모 노드 |
| attribute | 속성값들 | ancestor | 현재 노드의 조상 노드들 |
| descendant | 현재 노드의 자손 노드들 | ancestor-or-self | 현재 노드 또는 현재 노드의 조상 노드들 |
| descendant-or-self | 현재 노드 또는 자손 노드들 | preceding | 현재 노드 이전에 등장하는 모든 노드 |
| following | 현재 노드의 단말 노드 이후에 등장하는 모든 노드 | preceding-sibling | 현재 노드 이전에 위치하는 형제 노드 |
| following-sibling | 현재 노드 이후에 위치하는 형제 노드들 | | |

다음 그림의 트리를 살펴보자. 각 노드의 번호는 트리의 노드 탐색 순서다. 8번 노드를 현재 노드라 할 때 검색 방향 지시자와 노드와의 관계를 보여준다.

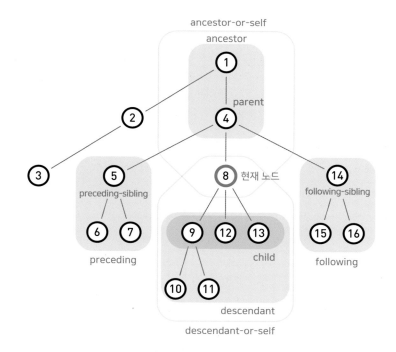

위치 경로는 절대 경로와 상대 경로로 나뉘는데, 절대 경로는 / 기호로 시작한다. 노드 선택에 사용하는 기본 표현은 다음과 같다.

| 경로 연산자 | 설명 |
|---|---|
| nodename | child::nodename의 줄인 표현. 해당 'nodename'과 일치하는 모든 노드 |
| / | 루트 노드 혹은 단계 구분자. /a는 /child::a의 줄인 표현이며, 루트 노드 바로 아래의 a 노드를 의미 |
| // | /descendant::의 줄인 표현. 즉 //a는 /descendant::a와 동일 |
| . | 현재 노드 |
| .. | 현재 노드의 부모 노드 |

각 단계는 줄임 표현식을 주로 많이 사용하는데, 몇 가지 예를 살펴보면 다음과 같다.

| 경로 표현 | 결과 |
|---|---|
| div | 자식 노드가 div인 노드 선택 child::div |
| /div | 루트 노드 바로 아래의 div 노드 선택. /child::div |
| div/p | 자식 노드가 div이고 그 자식이 p인 노드 p 선택. child::div/child::p |
| //div | 문서의 위치에 상관없이 모든 div 노드 선택. /descendant::div |
| div//p | 자식 노드가 div이고 자손이 p인 노드 p 선택. child::div/descendant::p |

[ ] 기호 안에 술어부(predicates)라고 불리는 표현을 사용할 수 있다. 술어부는 조건을 표현하며 추가적인 노드 필터링을 수행한다.

| 경로 표현 | 결과 |
|---|---|
| //*[@id] | id 속성이 있는 모든 노드 선택 |
| //li[@id="downloads"] | id 속성값이 'downloads'인 li 노드 선택 |
| //a[contains(@href, "youtube")] | a 노드의 href 속성값에 youtube를 포함하는 노드 선택 |
| //li[a>1] | li 노드의 자식인 a 노드의 (텍스트) 값이 1보다 큰 모든 li 노드 |
| //li[a>1]/img | li 노드의 자식 a 노드의 (텍스트) 값이 1보다 큰 모든 li 노드의 자식 img 노드 |
| //ol/li[1] | ol 노드의 자식 li 노드 중 첫 번째 노드(첨자는 1부터 시작한다) |
| //ol/li[last( )] | ol 노드의 자식 li 노드 중 마지막 노드 |
| //ol/li[last( )-1] | ol 노드의 자식 li 노드 중 끝에서 두 번째 노드 |
| //ol/li[position( )<3] | ol 노드의 자식 li 노드 중 앞 두 개의 노드 |

pycon이란 검색어로 검색한 결과에서 제목과 링크를 find_elements_by_xpath( ) 메서드를 이용해서 찾을 수도 있다. 노드의 구조를 이용해서 검색한 결과는 다음과 같다.

```
In [16]:  for tag in driver.find_elements_by_xpath('//form/ul/li/h3'):
              print(tag.text, '-', tag.find_element_by_tag_name('a').get_attribute('href'))
Out[16]:  Event - PyCon AU 2019 - https://www.python.org/events/python-events/776/
          Event - PyCon DE 2019 - https://www.python.org/events/python-events/781/
          Event - PyCon Namibia 2019 - https://www.python.org/events/python-events/790/
          Event - PyCon Ireland 2016 - https://www.python.org/events/python-events/429/
          Event - PyCon UK 2013 - https://www.python.org/events/python-events/29/
          ...(결과 생략)
```

다음은 어떤 조건으로 검색한 노드 elem의 조상 노드들을 출력하는 예다.

```
In [17]:  elem = driver.find_element_by_xpath('//li/h3')   # 어떤 조건으로 검색한 노드를 얻는다
          for tag in elem.find_elements_by_xpath('ancestor-or-self::*'):   # 조상 노드들을 출력한다
              print(tag.tag_name)
Out[17]:  html
          body
          div
          div
          div
          section
          form
          ul
          li
          h3
```

## 화면 캡처

get_screenshot_as_png( ) 메서드를 이용하면 화면을 캡처할 수 있다. 이렇게 캡처한 화면은 다양한 목적으로 활용할 수 있다.

다음 코드는 브라우저 화면을 캡처하고 screen_capture.png 파일로 이미지를 저장한다.

```
In [18]: png = driver.get_screenshot_as_png()
         open('screen_capture.png', 'wb').write(png)
```

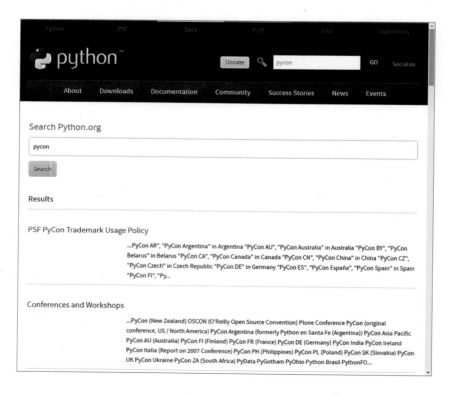

## 스크롤

웹 화면을 스크롤하기 원한다면 execute_script( ) 메서드를 이용하여 window.scrollTo(0, 100)과 같은 자바스크립트 명령을 수행해야 한다. 문서의 마지막은 document.body. scrollHeight로 알 수 있다. 다음은 웹 페이지에서 문서의 마지막을 보여주는 예다.

```
In [19]: driver.get('http://comic.naver.com/webtoon/detail.nhn?titleId=644112&no=10')

         driver.execute_script("window.scrollTo(0, document.body.scrollHeight);")
```

다음은 화면을 천천히 스크롤 다운하는 예다.

```
In [20]: for i in range(0, 10000, 10):
             driver.execute_script("window.scrollTo(0, {})".format(i))
```

팝업 창은 주로 광고 및 홍보용으로 메인 창 이외에 별도로 띄우는 창으로, 팝업 창을 강제로 닫기를 원한다면 다음 코드를 활용할 수 있다. 방법은 윈도우 핸들을 이용하는 것인데, 각 창마다 별도의 윈도우 핸들을 지니고 있으므로, 메인 윈도우 핸들을 저장하고 있다가 메인 윈도우 핸들이 아닌 모든 핸들의 창은 닫아버리면 그만이다.

```python
In [21]: from selenium import webdriver
         from selenium.webdriver.common.keys import Keys


         driver = webdriver.Chrome()
         main_window = driver.window_handles[0]
         driver.get("http://www.kw.ac.kr")


         for handle in driver.window_handles:
             if handle != main_window:
                 driver.switch_to.window(handle)
                 driver.close()
```

팝업 창과 유사하지만 모달(modal) 창이란 것이 있다. 모달 창은 현재 페이지 안에 존재하는 하나의 레이어 형태를 띠기 때문에 다른 요소들과 잘 어울려 디자인이 가능하다. 그러므로 모달 창은 하나의 윈도우 핸들을 가지고 있다. 대부분은 닫지 않아도 다음 진행이 가능하지만, 닫으려면 닫는 요소(태그)를 찾아서 클릭 액션을 취해주어야 한다.

# 06 경고 창 닫기

경고(alert) 창은 사용자에게 중요한 내용을 고지하거나 경고를 띄울 때 주로 사용하는 창이다. 여러 가지 창 중에서 사용 빈도가 높은 기본적인 형태의 창이다.

경고 창을 닫으려면 다음과 같은 형태의 코드를 이용할 수 있다.

```
In [22]: alert = driver.switch_to_alert()
         try:
             alert.accept()
         except:
             print('no alert to close')
```

iframe은 어떤 웹 페이지 안에 또 다른 웹 페이지를 포함하여 표시할 때 사용하는 태그다. 즉, 별도로 존재하는 페이지를 어떤 웹 페이지 안에 포함시키는 것이므로 다음과 같은 형식으로 페이지를 지정해 주면 그만이다.

```
<iframe src="URL"></iframe>
```

이와 같은 iframe 사용 예로 w3schools 웹 사이트를 참고해보자. 다음 그림은 https://www.w3schools.com/html/tryit.asp?filename=tryhtml_styles_intro 페이지를 표시한 것인데, 왼쪽은 HTML 코드 에디터, 오른쪽은 그 코드를 실행한 결과를 확인할 수 있는 iframe 창으로 구성되어 있다. driver.switch_to.frame(elem)을 통해서 해당 프레임을 선택할 수 있으며, 해당 페이지를 다루는 방법은 앞서 살펴본 바와 같다.

여기에서는 예제 페이지의 오른쪽 창에 있는 본문 텍스트를 추출해보도록 하자. 먼저 페이지에 접속해보자.

```
In [23]:  from selenium import webdriver
          from selenium.webdriver.common.keys import Keys


          driver = webdriver.Chrome()
          url = 'https://www.w3schools.com/html/tryit.asp?filename=tryhtml_styles_intro'
          driver.get(url)
```

사실 이 페이지는 동적으로 생성되는 iframe을 여러 개 가지고 있다. 일정 시간 이후에 iframe이란 태그가 몇 개 있는지 확인해보자.

```
In [24]:  from selenium import webdriver
          len(driver.find_elements_by_tag_name("iframe"))
Out[24]:  11
```

이 중에서 내가 원하는 것은 iframeResult라는 id를 갖고 있는 iframe이다.

```
▶<div id="textareacontainer">…</div>
▼<div id="iframecontainer">
  ▼<div id="iframe">
    ▼<div id="iframewrapper">
      ▼<iframe frameborder="0" id="iframeResult" name="iframeResult"> == $0
        ▼#document
            <!doctype html>
          ▼<html>
            <head></head>
            ▼<body contenteditable="false">
              <p>I am normal</p>
              <p style="color:red;">I am red</p>
              <p style="color:blue;">I am blue</p>
              <p style="font-size:50px;">I am big</p>
            </body>
          </html>
        </iframe>
```

driver.switch_to.frame( ) 메서드를 이용하여 이 프레임으로 대상 문서를 변경한다.

```
In [25]:  driver.switch_to.frame(driver.find_element_by_id("iframeResult"))
```

나머지는 앞서 배운 기법들을 이용하여 지정된 프레임의 문서에서 원하는 정보를 추출해 낼 수 있다.

```
In [26]: elem = driver.find_element_by_tag_name('body')
         print(elem.text)
Out[26]: I am normal
         I am red
         I am blue
         I am big
```

## Gmarket 자동 로그인

이번에는 지마켓 로그인에 도전해 보자. 앞에서와 같은 방법으로 개발자 화면에서 관련 태그를 찾아서 처리해보도록 하자. 우선은 셀레니움을 이용해 gmarket 사이트에 접속한다.

```
In [27]: from selenium import webdriver
         from selenium.webdriver.common.keys import Keys


         driver = webdriver.Chrome()
         # driver = webdriver.Chrome('data/chromedriver.exe')
         driver.get("http://gmarket.co.kr")
```

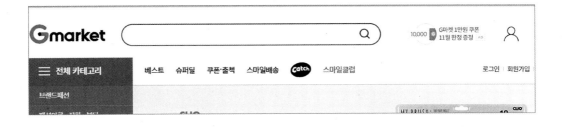

'로그인'이라는 링크 텍스트를 갖는 요소를 찾아 클릭하면 로그인 페이지로 이동한다.

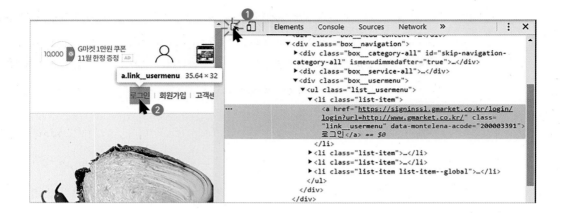

```
In [28]: ele = driver.find_element_by_link_text('로그인')

         ele.click()
```

로그인 페이지에서 아이디와 비밀번호 요소를 찾는다. 각각 id가 'id'와 'pwd'로 확인된다.
여기에 미리 설정해 둔 아이디와 패스워드 문자열을 전송한다.

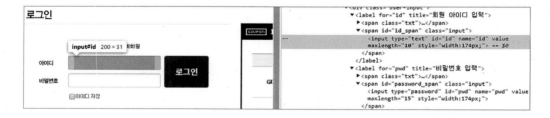

```
In [29]: uid = 'myuserid'

         pw = 'mypassword'


         driver.find_element_by_id('id').send_keys(uid)

         driver.find_element_by_id('pwd').send_keys(pw)
```

도전 과제

이제 로그인 버튼을 클릭한다.

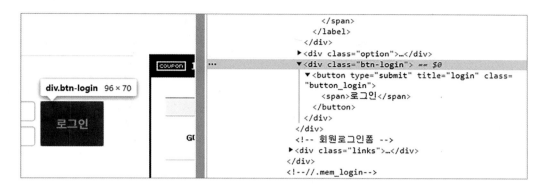

```
In [30]: driver.find_element_by_class_name('btn-login').click()
```

로그인이 성공하고 초기 화면으로 전환된다. 그러면 이제 '컴퓨터'란 단어로 상품 검색을 해보자.

```
In [31]: elem = driver.find_element_by_name('keyword')
         elem.send_keys('컴퓨터')
         elem.send_keys(Keys.RETURN)
```

페이지가 이동하고 상품 목록이 나타날 것이다.

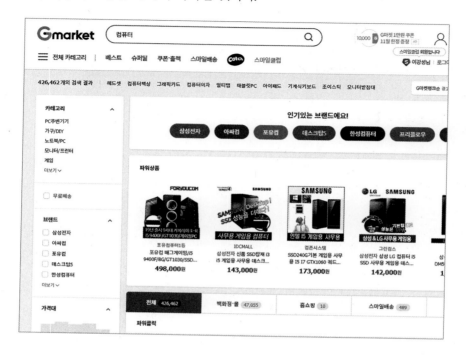

현재 페이지의 url 주소는 current_url 속성으로 얻을 수 있다.

```
In [32]: cur_url = driver.current_url
```

소스 분석이 필요하다면 HTML 페이지를 얻어서 BeautifulSoup과 같은 도구를 사용하여
정보를 추출할 수도 있다.

```
In [33]: html = driver.page_source
```

## YouTube 검색

이번에는 유튜브에 접속해서 'stand by me'라는 음악을 검색해 보자. 여러 검색 결과 중
첫 번째 결과의 링크만 가져오도록 하자. 이번에는 이전 도전과는 색다르게 헤드리스 크롬
(headless chrome)을 이용해보자. 헤드리스 크롬은 웹 브라우저가 실행되기는 하는데 화면으

로 보이지 않도록 실행하는 것이다. 이것의 장점은 브라우저를 통하지 않고 실행되는 것처럼 보일 수 있다는 것이고, 화면에 표시할 필요가 없으니 속도도 당연히 더 빠르다. 하지만 실행 과정이 눈에 보이지 않으므로 요소의 속성값을 중간에 확인한다든가 하는 것이 불가능하다. 따라서 모든 작업이 순조롭게 진행되도록 코딩을 끝낸 후에 헤드리스로 동작시키도록 하자. 요소의 아이디나 다른 속성값을 찾는 방법은 앞의 도전 과제와 동일하니 자세한 과정을 생략하기로 한다. 결과 코드를 살펴보면 다음과 같다.

```
In [34]: from selenium import webdriver
         from selenium.webdriver.common.keys import Keys
         import requests
         import time


         qstr = 'stand by me'    # 검색 질의어


         # headless chrome 실행
         options = webdriver.ChromeOptions()
         options.headless = True
         driver = webdriver.Chrome(options=options)


         driver.get('https://www.youtube.com/')


         driver.find_element_by_id('search').send_keys(qstr)    # 질의어 입력
         driver.find_element_by_id('search-icon-legacy').click()    # 검색 버튼 클릭
         time.sleep(3)        # 검색 결과가 나올 때까지 약간 대기
         for elem in driver.find_elements_by_css_selector('a#video-title'):
             if qstr in elem.text.lower():
                 print(elem.text)
                 break
         url = elem.get_attribute('href')    # 결과 중에서 처음 것의 url만 얻는다
         driver.close()    # 헤드리스 크롬을 종료한다
         print(url)
Out[34]: Stand By Me, Ben E King, 1961
         https://www.youtube.com/watch?v=hwZNL7QVJjE
```

**1.** 다음(http://www.daum.net)에 로그인해보자.

**2.** 다음에 로그인한 후, '제목없음'이란 제목을 지닌 모든 메일을 삭제해보자.

**3.** 11번가(http://www.11st.co.kr)에 접속해서 로그인해보자.

**4.** 환율 자료를 수집해보자. 다음 사이트에 접속하면 과거 환율 정보를 알 수 있다. 2015년 1월 1일부터 12월 31일까지의 USD 환율을 조회하고 CSV 파일에 저장해보자.
https://www.standardchartered.co.kr/np/kr/pl/et/ExchangeRateP2.jsp?link=2

**5.** 금주의 신설 법인 페이지(https://www.hankyung.com/tag/신설법인)에 접속해서 금주의 신설 법인 목록을 추출해서 정리해보자.

**6.** 간혹은 유튜브 음악을 오프라인에서 듣고 싶을 때가 있다. 유튜브에서 직접 음악을 추출하는 것은 어렵지만, 유튜브 동영상에서 mp3를 추출해주는 여러 온라인 서비스가 있으니 그 중 하나를 이용해볼 수 있다. 예를 들면 https://ytmp3.cc/서비스가 있다. ytmp3에서는 유튜브 동영상 링크를 입력 받아 mp3만 추출해준다. ytmp3 홈페이지의 input 요소(id: input)에 url을 입력해주고 [Convert] 버튼(id: submit)을 눌러주면 변환이 이루어지며, 변환이 끝나면 [Download] 버튼이 생긴다. 따라서 [Download] 버튼이 생겼는지를 주기적으로 검사하고 있다가 이 버튼이 생기면 클릭해서 내려받으면 된다. 저장 경로는 지정할 수 없고, 웹 브라우저 기본 다운로드 폴더에 mp3 파일이 저장된다.

**7.** 유튜브 동영상을 저장해보자. 이것도 유튜브 동영상을 추출해주는 온라인 서비스를 이용할 수 있다. 유사한 기능을 여러 사이트가 제공하고 있는데 http://www.ssyoutube.com을 이용해보자. 방법은 일단 유튜브에서 동영상을 재생하고 해당 url을 복사한다. 이 동영상 url에서 www.youtube.com을 www.ssyoutube.com으로만 변경한 주소로 접속하면, 곧바로 해당 동영상에 대한 변환 페이지로 접근할 수 있다. 예를 들어 유튜브에서 https://www.youtube.com/watch?v=hwZNL7QVJjE 주소를 얻었다고 하자. 주소를 https://www.ssyoutube.com/watch?v=hwZNL7QVJjE 로 수정해 접속하면 해당 동영상 변환 페이지로 바로 접속할 수 있다. 거기서 [다운로드(Download)] 버튼 태그의 href 속성에 저장된 URL을 가져오면 파일 경로를 얻어낼 수 있다.

참고로 이렇게 유튜브 음원이나 동영상을 내려받을 때는 저작권에 꼭 주의해야 한다. 저작권에 제약이 없고 무료 이용이 가능해서 내려받는 데 문제가 없는 경우에만 이용하도록 하자.

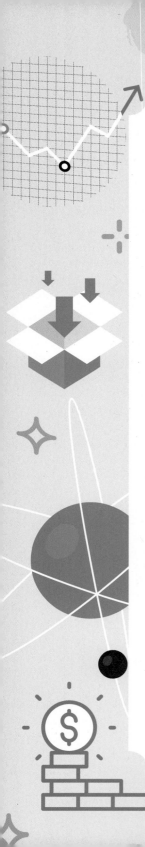

# Work 5

# 자동으로 이메일 보내기

이번 Work에서는 파이썬 프로그래밍으로 gmail이나 naver, daum 등의 기존 이메일 시스템을 이용해 메일을 보내고 받는 방법을 소개한다. 이들 이메일 계정은 웹 메일이 아닌 SMTP(Simple Mail Transfer Protocol)와 IMAP(Internet Message Access Protocol)이라는 프로토콜을 통해 이메일 계정을 다룰 수 있도록 허용한다. 이번 Work에서는 텍스트 이메일을 보내는 방법, 첨부 파일 메일을 보내는 방법 등을 소개하고, 다음 Work에 이어서 IMAP을 이용하여 메일을 자동으로 읽고 첨부 파일을 내려받는 법 등을 소개한다.

 **학습 포인트**

- SMTP 서버에 접속해서 로그인하는 방법을 배운다.

- 텍스트 이메일과 HTML 이메일을 발송하는 법을 배운다.

- 첨부 파일이 있는 이메일을 보내는 법을 배운다.

- 도전 과제를 통해 대량의 이메일을 개인별로 발송하는 법을 배운다.

## SMTP(Simple Mail Transfer Protocol)/
## SMTPs(Simple Mail Transfer Protocol Secure)

SMTP는 여러분의 이메일을 SMTP 서버로 전송하는 데 사용하는 프로토콜이며, 사용자를 인증하고 메일을 전송하는 명령들로 이루어져 있다. 여러분의 이메일을 수신한 SMTP 서버는 다시 SMTP를 이용하여 수신자의 이메일 서버로 전송한다. 수신된 이메일은 사용자가 로그인 후 POP 또는 IMAP 프로토콜을 이용하여 가져가거나 웹 메일을 통해 접속할 때까지 서버에서 보관하고 있게 된다. SMTP는 TCP 프로토콜상에서 작동하여 이메일이 제대로 전달되는 것을 보증한다. 따라서 제대로 전달되지 못한 이메일은 반송 처리된다.

# SMTP

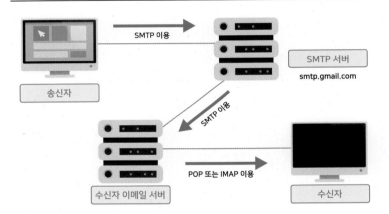

SMTP는 초기에는 TCP 인터넷 포트 25번을 사용하였으나(1982, RFC-821) 현재는 거의 사용하지 않고 있으며, 기존 프로토콜을 확장하여 새로운 정책과 보안 요구를 수용한 587번 인터넷 포트를 사용하도록 정의했다(1998, RFC-2476). 따라서 대부분의 이메일 서버와 클라이언트는 587 포트를 사용하고 있다. IANA(Internet Assigned Numbers Authority)에서는 SSL(Secure Sockets Layer)을 사용하는 465 포트를 SMTPS로 등록한다. 일부 업체는 465 포트를 사용하고 있다.

이메일을 보내기 위해 설치해야 할 모듈은 특별히 없다. 파이썬 기본 모듈인 smtplib을 이용한다. 다만 gmail이나 네이버, 다음 같은 포털 업체의 웹 메일을 사용한다면, 사용 전에 다음에 안내하는 바와 같이 프로그램을 통한 이메일 계정 접근을 허용해야 한다. 기본적으로는 해킹이나 스팸 메일을 방지하기 위해서 프로그램을 통한 SMTP 접근은 막혀 있다. 여기서는 우선 첨부 파일을 보낼 때 사용할 모듈을 설치해두자. chardet는 텍스트 파일의 인코딩 정보를 파악하기 위한 모듈이다.

```
pip install chardet
```

### • gmail 설정

**https://myaccount.google.com/lesssecureapps**에 접속해서 로그인 후 다음과 같이 Allow less secure apps: ON으로 설정해야만 프로그램을 통한 접속이 가능해진다.

### • naver 메일 설정

네이버는 웹 메일 설정 페이지에서 접근을 허용하도록 설정해야 한다. 로그인 후, 메일 페이지로 이동한다. 여기서 환경 설정 아이콘(기어 모양)을 클릭한다. **[IMAP/SMTP 설정]** 탭 클릭하고 **[IMAP/SMTP 사용]** 란을 **[사용함]**으로 선택한다.

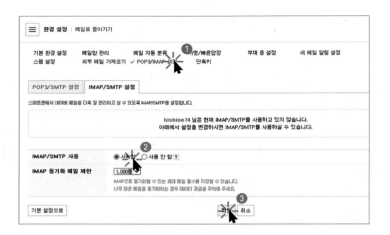

### · daum 메일 설정

다음 메일도 네이버 메일의 설정과 거의 동일하다. 로그인 후, 메일 페이지로 이동한다. 여기서 환경 설정 아이콘 (기어 모양)을 클릭한다.

[IMAP/SMTP 설정] 탭 클릭하고 [IMAP/SMTP 사용]을 [사용함]으로 선택한다.

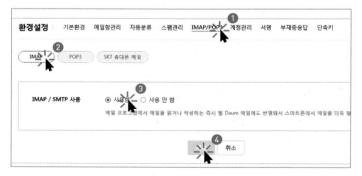

가장 먼저 할 일은 SMTP 서버에 접속하고 자신의 계정에 로그인하는 것이다. 주요 업체의 SMTP 서버 주소와 포트는 다음과 같다(서버를 방송국이라 한다면 포트는 방송 채널과 유사한 개념이다). 포트가 587인 경우는 TLS(Transport Layer Security)를 사용하고 포트가 465인 경우는 SSL(Secure Sockets Layer)를 사용한다. TLS와 SSL은 암호화와 인증을 제공하는 프로토콜로 안전하지 않은 네트워크에 암호화된 데이터를 보낼 수 있게 해준다. 두 가지 형식의 접속 방법은 서로 다르다.

- 구글 : smtp.gmail.com, 포트 587
- 구글 : smtp.gmail.com, 포트 465
- 네이버 : smtp.naver.com, 포트 587
- 네이트온: smtp.mail.nate.com, 포트 465
- 다음 메일 : smtp.daum.net, 포트 465
- Hotmail, Outlook : smtp-mail.outlook.com, 포트 587
- 야후 : smtp.mail.yahoo.com, 포트 587

## 포트 587을 통한 연결

로그인 절차를 단계적으로 확인해보자. 우선 smtplib 모듈을 가져온다.

```
In [1]: import smtplib
```

gmail인 경우 SMTP를 위해 smtp.gmail.com 서버의 587 포트를 사용하고 있으므로 다음과 같이 접속한다.

```
In [2]: smtp = smtplib.SMTP('smtp.gmail.com', 587)
```

접속 이후에 가장 먼저 보내야 할 명령은 ehlo( )이다. EHLO(Extended Helo)는 클라이언트가 서버와 대화하겠다는 인사를 먼저 보내는 것이다.

```
In [3]: smtp.ehlo()
Out[3]: (250,
        b'smtp.gmail.com at your service, [182.214.138.8]\nSIZE 35882577\n8BITMIME\
nSTARTTLS\nENHANCEDSTATUSCODES\nPIPELINING\nCHUNKING\nSMTPUTF8')
```

앞의 예와 같이 반환되는 값이 250이면 성공이다. 다음으로, 보안을 위해서 암호화 단계로 들어간다고 서버에게 알린다. 접속 포트가 587이면 TLS를 이용한 암호화를 사용한다. starttls( ) 메서드를 호출해준다.

```
In [4]: smtp.starttls()
Out[4]: (220, b'2.0.0 Ready to start TLS')
```

앞서와 같이 반환되는 값이 220이면 서버가 준비되었다는 것을 의미한다. 이제 로그인이 가능하다.

```
In [5]: smtp.login('my_account_id', 'mypassword_here')
Out[5]: (235, b'2.7.0 Accepted')
```

로그인에 성공한다면 반환값 235를 돌려준다.

주의 네이버인 경우에는 앞선 절차의 각 단계 사이의 시간 간격이 내부 조건에 맞지 않으면 로그인을 거부한다. 따라서 다음과 같이 코드를 한꺼번에 실행하여 지연 시간이 발생하지 않게 해야 한다.

```
In [6]: import smtplib

        smtp = smtplib.SMTP('smtp.naver.com', 587)
        smtp.ehlo()
        smtp.starttls()

        smtp.login('my_account_id', 'mypassword_here')
Out[6]: (235, b'2.7.0 Accepted bcnYXD1DT7m6H5HXH0dLaA - nsmtp')
```

## 포트 465를 통한 연결

포트 465를 사용하는 방법도 587을 사용하는 방법과 거의 유사하지만, 첫 접속부터 SSL(Secure Socket Layer) 보안 레벨을 사용하는 SMTP_SSL( )을 이용해야 한다. 따라서 starttls( ) 단계는 필요하지 않다.

```
In [7]: import smtplib

        smtp = smtplib.SMTP_SSL('smtp.gmail.com', 465)
        smtp.ehlo()
        smtp.login('my_account_id', 'mypassword_here')
Out[7]: (235, b'2.7.0 Accepted')
```

로그인 후에는 메일을 보낼 수 있다. 첨부 파일 없는 텍스트 메일을 보내는 것은 비교적 간단하며 다음과 같은 코드로 보낼 수 있다. 이메일의 본문은 MIME(Multipurpose Internet Mail Extensions) 형식으로 구성되어야 한다. MIME은 아주 초기에 사용되던 이메일 형식을 확장한 것으로, 영문자가 아닌 문자를 표현할 수 있고, 텍스트 및 비디오 파일과 같은 다양한 형식의 파일을 여러 개 첨부할 수 있도록 확장된 형식이다.

```python
In [8]: import smtplib
        from email.mime.text import MIMEText
        from email.header import Header

        # SMTP 서버에 로그인 한다(gmail인 경우)
        smtp = smtplib.SMTP('smtp.gmail.com', 587)
        smtp.ehlo()
        smtp.starttls()
        smtp.login('myid', 'mypassword')

        # 보낼 자료를 준비한다
        me = 'myid@gmail.com'   # 송신자 이메일 주소
        you = 'your_email_address@email.com' # 수신자 이메일 주소
        subject = '제목...'
        message = '본문 내용..'
        msg = MIMEText(message.encode('utf-8'), _subtype='plain', _charset='utf-8')
        msg['Subject'] = Header(subject.encode('utf-8'), 'utf-8')
        msg['From'] = me
        msg['To'] = you
```

```
# 메일을 보낸다
smtp.sendmail(me, you, msg.as_string( ))
smtp.quit()
```

만일 message가 HTML 문서 문자열이라면 MIMEText를 다음과 같이 _subtype만 'html'로 설정하면 HTML 메일로 전송된다.

```
msg = MIMEText(message.encode('utf-8'), _subtype='html', _charset='utf-8')
```

기본적인 동작 방법을 익혔으니 여러 SMTP 서버와 여러 수신자에 대응할 수 있도록 코드를 확장해보자. 다음에 작성된 send_text_email( ) 함수는 발신자, 수신자, 제목, 본문 내용, 패스워드를 인수로 받아 텍스트 이메일을 보낸다. 이 함수의 첫 번째 sender_tup 인수의 형식은 (표시 이름, 이메일 주소)이고, 두 번째 receivers 인수는 (표시 이름, 이메일 주소)들의 리스트. 나머지 인수들은 모두 문자열이다. 튜플 (표시 이름, 이메일 주소)은 formataddr( ) 함수를 통해 이메일 형식에 맞는 문자열로 변환된다. 예를 들어 ('GangSeong Lee', 'gslee0115@gmail.com')은 '"GangSeong Lee" <gslee0115@gmail.com>'로 변환된다. 이렇게 구성된 자료들은 smtp.sendmail( ) 함수를 통해 메일로 전송된다. 나머지는 앞에서 설명한 내용이므로 코드를 파악할 수 있을 것이다.

```
In [9]: import smtplib
        from email.utils import formataddr
        from email.mime.text import MIMEText
        from email.header import Header

        smtp_info = {        # SMTP 서버
            'gmail.com': ('smtp.gmail.com', 587),
            'naver.com': ('smtp.naver.com', 587),
            'daum.net': ('smtp.daum.net', 465),
            'hanmail.net': ('smtp.daum.net', 465),
            'nate.com': ('smtp.mail.nate.com', 465),
```

```python
    'hotmail.com': ('smtp-mail.outlook.com', 587),
    'outlook.com': ('smtp-mail.outlook.com', 587),
    'yahoo.com': ('smtp.mail.yahoo.com', 587),
    }


def send_text_email(sender_tup, receivers, subject, message, passwd,
subtype='plain'):
    '''
    sender_tup: (display_name, email_address)
    receivers: [(display_name, email_address), (display_name, email_address), ...]
    subject: str
    message: str
    passwd: str
    '''
    # 보내는 사람 주소를 'Hong <hong@gmail.com>' 형식으로 변환
    # 예: ('Hong', 'hong@somemail.com') -> 'Hong <hong@gmail.com>'
    sender_form = formataddr(sender_tup)
    # 수신인들 주소 정리
    mail_to = [formataddr(rec) for rec in receivers]

    # SMTP 서버 선택
    host = sender_tup[1].split('@')[1]   # gmail.com
    smtp_server, port = smtp_info[host] # smtp.gmail.com, 587

    # 서버 연결
    if port == 587:
        smtp = smtplib.SMTP(smtp_server, port)
        rcode1, _ = smtp.ehlo()
        rcode2, _ = smtp.starttls()
    else: # if port == 465:
        smtp = smtplib.SMTP_SSL(smtp_server, port)
        rcode1, _ = smtp.ehlo()
        rcode2 = 220
```

```python
        if rcode1 != 250 or rcode2 != 220:
            smtp.quit()
            return 'conection failed'


    # 로그인
    rcode3, _ = smtp.login(sender_tup[1], passwd)
    if rcode3 != 235:
        smtp.quit()
        return 'login failed'


    # 메일 구성 및 전송
    msg = MIMEText(message.encode('utf-8'), _subtype=subtype, _charset='utf-8')
    msg['Subject'] = Header(subject.encode('utf-8'), 'utf-8')
    msg['From'] = sender_form
    msg['To'] = ','.join(mail_to)

    smtp.sendmail(sender_form, mail_to, msg.as_string( ))
    smtp.quit()
```

다음은 send_text_email( ) 함수를 호출하여 텍스트 이메일을 보내는 예제다.

```python
In [10]: myemail = ('이강성', 'my_email@hanmail.net')      # 내 주소
        receivers = [('이강성 교수', 'my_email@mail.kw.ac.kr'), ('하늘길 대장', 'my_email@
        naver.com')]   # 수신자의 메일 주소
        subject = 'I love 파이썬'
        message = '''
        메일 시험 중..
        파이썬으로 보내는 메일임..
        '''

        send_text_email(myemail, receivers, subject, message, 'my_password')
```

다음은 HTML 메일을 보내는 예제다.

```
In [11]: myemail = ('이강성', 'my_email@hanmail.net')     # 내 주소
         receivers = [('이강성 교수', 'my_email@mail.kw.ac.kr'), ('하늘길 대장', 'my_email@
         naver.com')]    # 수신자의 메일 주소
         subject = 'HTML 본문 테스트'
         message = '''\
         <html>
           <head></head>
           <body>
             <p>안녕하세요<br>
                HTML 메일 시험 중...<br>
                파이썬 홈페이지 링크는 <a href="http://www.python.org">여기</a>입니다.
             </p>
           </body>
         </html>
         '''

         send_text_email(myemail, receivers, subject, message, 'my_passwd', subtype='html')
```

이번에는 첨부 파일과 함께 이메일을 보내는 예를 살펴보자. 텍스트 이메일을 보내는 것과 다른 점은 형식을 멀티파트(multipart) 메일로 구성하는 것이다. 멀티파트 메일은 메일에 여러 개의 분리된 본문 혹은 첨부 파일을 계층적으로 구성한 뒤 하나로 모으는 메일 형식이다. 멀티파트 메일은 MIMEBase를 중심으로 메시지를 필요한 만큼 추가한다. 각 첨부 파일은 그 형식에 따른 객체(MIMEText, MIMEImage, MIMEAudio, MIMEApplication)로 구성된다. 텍스트, 이미지, 오디오 형식 파일과 같이 잘 알려진 파일 형식이 아닌 경우는 모두 MIMEApplication 객체가 된다.

텍스트 파일을 첨부하는 경우에는 텍스트를 해석하기 위한 인코딩 정보도 함께 필요한데, 이것은 chardet 모듈의 도움을 받아 입력된 텍스트가 어떤 형식으로 인코딩되어 있는지 자동으로 정보를 추출하도록 했다. 자세한 내용은 다음 코드를 살펴보며 파악하기 바란다.

```python
In [12]: import smtplib
         import mimetypes
         import os
         import chardet      # pip install chardet로 설치

         from email.utils import formataddr
         from email.header import Header
         from email.message import Message
         from email.mime.base import MIMEBase
         from email.mime.audio import MIMEAudio
         from email.mime.image import MIMEImage
         from email.mime.text import MIMEText
         from email.mime.application import MIMEApplication
```

```python
smtp_info = {          # SMTP 서버
    'gmail.com': ('smtp.gmail.com', 587),
    'naver.com': ('smtp.naver.com', 587),
    'daum.net': ('smtp.daum.net', 465),
    'hanmail.net': ('smtp.daum.net', 465),
    'nate.com': ('smtp.mail.nate.com', 465),
    'hotmail.com': ('smtp-mail.outlook.com', 587),
    'outlook.com': ('smtp-mail.outlook.com', 587),
    'yahoo.com': ('smtp.mail.yahoo.com', 587),
}


def send_email(sender_tup, receivers, subject, message, attach_files=(), passwd=''
, subtype='plain'):
    # 보내는 사람 주소 정리
    sender = formataddr(sender_tup)
    # 수신인들 주소 정리
    mail_to = [formataddr(rec) for rec in receivers]

    outer = MIMEBase('multipart', 'mixed')
    outer['Subject'] = Header(subject.encode('utf-8'), 'utf-8')
    outer['From'] = sender
    outer['To'] = ', '.join(mail_to)      # 수신자 문자열 만들기
    outer.preamble = 'This is a multi-part message in MIME format.\n\n'
    outer.epilogue = ''    # 이렇게 하면 멀티파트 경계 다음에 줄바꿈 코드가 삽입됨
    msg = MIMEText(message.encode('utf-8'), _subtype=subtype, _charset='utf-8')
    outer.attach(msg)    # 본문

    for fpath in attach_files:
        folder, file_name = os.path.split(fpath)
        ctype, _ = mimetypes.guess_type(file_name)    # 파일 종류 추측
        if ctype is None:
            ctype = 'application/octet-stream'
        maintype, subtype = ctype.split('/', 1)
        with open(fpath, 'rb') as f:
```

```python
            body = f.read()
    if maintype == 'text':
        encoding = chardet.detect(body)['encoding'] # 인코딩 정보 자동 추출
        msg = MIMEText(body, _subtype=subtype, _charset=encoding)
    elif maintype == 'image':
        msg = MIMEImage(body, _subtype=subtype)
    elif maintype == 'audio':
        msg = MIMEAudio(body, _subtype=subtype)
    else:
        msg = MIMEApplication(body, _subtype=subtype)
    msg.add_header('Content-Disposition', 'attachment',
                   filename=(Header(file_name, 'utf-8').encode()))
    outer.attach(msg) # 파일 첨부


# SMTP 서버를 통해서 메일 보내기
_, host = sender_tup[1].rsplit('@', 1)
smtp_server, port = smtp_info[host]


if port == 587:
    smtp = smtplib.SMTP(smtp_server, port)
    rcode1, _ = smtp.ehlo()
    rcode2, _ = smtp.starttls()
else: # if port == 465:
    smtp = smtplib.SMTP_SSL(smtp_server, port)
    rcode1, _ = smtp.ehlo()
    rcode2 = 220


if rcode1 != 250 or rcode2 != 220:
    smtp.quit()
    return 'conection failed'


smtp.login(sender_tup[1], passwd)
smtp.sendmail(sender, mail_to, outer.as_string())
smtp.quit()
```

이렇게 첨부 파일을 메일 보내는 함수 send_email( )의 호출 예제는 다음과 같다.

```
In [13]: me = ('이강성', 'my_email@daum.net')    # 내 주소
         receivers = [('이강성 교수', 'my_email@mail.kw.ac.kr'), ('하늘길 대장', 'my_email@
         naver.com')]   # 수신자의 메일 주소

         subject = '첨부 파일 메일 보내기 테스트'
         message = '''
         이 첨부 파일을 보냅니다.
         잘 받았는지 확인 바랍니다.

         감사합니다.
         '''
         attach_files = ['test.png']   # 첨부 파일 경로들을 잘 지정한다
         send_email(me, receivers, subject, message, attach_files, passwd='my_password',
         subtype='plain')
```

## 대량 개별메일 발송

많은 사람을 대상으로 하는 업무를 수행할 때 대량의 메일을 발송할 일이 종종 있다. 예를 들어 통신회사는 매달 사용 요금을 이메일로 안내해준다. 개인별 고지서를 파일로 첨부해서 말이다. 이처럼 고객이 많고 개인별로 보내야 할 내용이 다른 경우는 메일을 개인별로 만들어서 보내야 하는데, 이와 같은 작업은 양이 많아 수작업으로 처리하기 어렵다. 이번 과제는 이와 같은 상황에 대한 간단한 예로, 고객 명단과 각 고객에게 보내야 할 파일이 준비되어 있다고 할 때, 고객마다 개인별 메일을 자동 발송하는 것이다.

고객의 회원번호, 이름 그리고 이메일 주소가 엑셀 파일(회원명단.xlsx)에 정리되어 있다고 하자. 데이터는 첫 번째 시트에 저장되어 있으며 다음과 같은 형식으로 저장되어 있다. 여기 이름과 이메일 주소는 가상이므로 테스트를 위해서는 여러분이 직접 회원명단.xlsx 파일 정보를 작성해야 한다.

| 회원번호 | 이름 | 이메일 |
|---|---|---|
| 10000 | 홍길동 | hong@hanmail.net |
| 10001 | 김찬례 | rye@naver.com |
| 10002 | 홍길순 | soon@gmail.com |
| ... | ... | ... |

각 고객에게 첨부할 파일도 준비되어 있으며 파일 이름 형식은 '고지서_회원번호_201901.pdf'이다.

즉, 앞의 고객들의 첨부 파일 이름은 각각 다음과 같다. 이 파일도 필요하다면 준비한다. 다른 pdf 파일에서 복사하면 된다.

- 고지서_10000_201901.pdf
- 고지서_10001_201901.pdf
- 고지서_10002_201901.pdf

고지서가 있는 모든 회원에게 각각 이메일을 보내기로 하자. 필요하다면 다음과 같이 pandas 모듈을 설치한다(아나콘다에는 기본적으로 설치되어 있다).

```
pip install pandas
```

우선 고객 데이터를 읽어보자. 엑셀 파일에 저장된 고객 데이터는 pandas 모듈의 read_excel( ) 함수를 이용하면 테이블을 한 번에 간단히 읽을 수 있다. 옵션 중 sheet_name은 엑셀 파일의 시트 이름 혹은 순서 번호를 의미하고, index_col은 테이블에서 인덱스로 사용할 열의 위치(회원번호 열 0)를 지정한다.

```
In [14]: import pandas as pd

         df = pd.read_excel('src/회원명단.xlsx', sheet_name=0, index_col=0)
         df
```

**실행 결과**

|  | 이름 | 이메일 |
|---|---|---|
| **회원번호** |  |  |
| 10000 | 홍길동 | hong@hanmail.net |
| 10001 | 김찬례 | rye@naver.com |
| 10002 | 홍길순 | soon@gmail.com |

변수 df는 DataFrame이라는 pandas 모듈의 자료형이다. 여기서는 df에 저장된 각 행의 정보가 필요하다. 따라서 iterrows( ) 메서드를 이용해서 각 행의 정보를 추출한다. iterrows( )

메서드는 행의 인덱스 정보(회원번호)와 행 정보를 반환한다.

```
In [15]: for index, row in df.iterrows():
             print(index, row['이름'], row['이메일'])
Out[15]: 10000 홍길동 hong@hanmail.net
         10001 김찬례 rye@naver.com
         10002 홍길순 soon@gmail.com
```

수신자, 이메일, 첨부 파일 이름은 다음과 같이 정리할 수 있다.

```
In [16]: for index, row in df.iterrows():
             receiver = (row['이름'], row['이메일'])
             fname = f'고지서_{index}_201901.pdf'
             print(receiver, fname)
Out[16]: ('홍길동', 'hong@hanmail.net') 고지서_10000_201901.pdf
         ('김찬례', 'rye@naver.com') 고지서_10001_201901.pdf
         ('홍길순', 'soon@gmail.com') 고지서_10002_201901.pdf
```

이제 이메일을 발송해보자. 전체 코드를 살펴보면 다음과 같다.

```
In [17]: # 앞선 In [12]의 코드를 여기에 복사한다.


         import pandas as pd


         sender = ('이강성', 'my_email@daum.net')   # 송신자 정보 변경
         subject = '2019년 1월 고지서'  # 제목 변경
         message_fmt = '''
         회원번호:{0}
         이름:{1}
         이메일:{2}


         {0} 고객님,


         이번 달 고지서를 보내드립니다.
```

감사합니다.

상상기업 드림
'''

```python
df = pd.read_excel('src/회원명단.xlsx', sheet_name=0, index_col=0)


for index, row in df.iterrows():
    receiver = (row['이름'], row['이메일'])
    attach_files = [f'고지서_{index}_201901.pdf']
    if not os.path.exists(attach_files[0]):    # 첨부 파일이 없으면 메일을 보내지 않는다
        continue
    msg = message_fmt.format(index, row['이름'], row['이메일'])
    print(receiver, attach_files)
#   print(msg)
    send_email(sender, [receiver], subject, msg, attach_files, passwd='my_
    password')
```

```
Out[17]: ('홍길동', 'hong@hanmail.net') ['고지서_10000_201901.pdf']
         ('김찬례', 'rye@naver.com') ['고지서_10001_201901.pdf']
         ('홍길순', 'soon@gmail.com') ['고지서_10002_201901.pdf']
```

이렇게 발송된 메일 결과를 살펴보면 다음과 같다.

**실행 결과**

A 기업에서는 종종 이벤트성 이메일을 회원들에게 보낸다. 회원정보는 '회원명단.xlsx' 파일에 저장되어 있으며 형식은 다음과 같다.

| 회원번호 | 이름 | 이메일 | 메일수신동의 |
|---|---|---|---|
| 10000 | 홍길동 | hong@hanmail.net | T |
| 10001 | 김찬례 | rye@naver.com | |
| 10002 | 홍길순 | soon@gmail.com | T |
| ... | ... | ... | ... |

이 엑셀 파일은 수시로 갱신된다. 새 회원이 추가되기도 하고 메일수신동의 여부가 변경되기도 한다.

이번에 대량 할인에 대한 홍보 메일을 보내고자 한다. 메일 수신을 동의한 회원들을 대상으로만 홍보 메일을 보내보도록 하자.

엑셀 파일은 pandas 모듈로 쉽게 읽을 수 있다.

```
In [18]: import pandas as pd

         df = pd.read_excel('회원명단.xlsx', sheet_name=0, index_col=0)
         df
```

|  | 이름 | 이메일 | 메일수신동의 |
|---|---|---|---|
| 회원번호 |  |  |  |
| 10000 | 홍길동 | hong@hanmail.net | T |
| 10001 | 김찬례 | rye@naver.com | NaN |
| 10002 | 홍길순 | soon@gmail.com | T |

여기서 NaN(Not A Value)는 값이 없는 필드란 의미다.

앞선 테이블에서 메일수신동의를 한 사람만 추려내 보자. 메일수신동의에 'T'라고 표기된 행만 추출하는 코드는 다음과 같다.

```
In [19]: df[df['메일수신동의'] == 'T']
```

실행 결과

|  | 이름 | 이메일 | 메일수신동의 |
|---|---|---|---|
| 회원번호 |  |  |  |
| 10000 | 홍길동 | hong@hanmail.net | T |
| 10002 | 홍길순 | soon@gmail.com | T |

반대로 메일수신동의 열에 값이 표기되어 있지 않은 경우를 버릴 수도 있다.

```
In [20]: df.dropna(subset=['메일수신동의'])
```

**실행 결과**

|  | 이름 | 이메일 | 메일수신동의 |
|---|---|---|---|
| 회원번호 |  |  |  |
| 10000 | 홍길동 | hong@hanmail.net | T |
| 10002 | 홍길순 | soon@gmail.com | T |

이렇게 정리된 명단을 가지고 이메일을 보내보자. 다음은 회원번호, 이름, 이메일을 추출한 코드를 나타낸 것이다. 나머지는 여러분이 완성해보기 바란다.

```
In [21]: df2 = df.dropna(subset=['메일수신동의'])

         for index, row in df2.iterrows():
             receiver = (row['이름'], row['이메일'])
             print(index, receiver)
Out[21]: 10000 ('홍길동', 'hong@hanmail.net')
         10002 ('홍길순', 'soon@gmail.com')
```

# Work 6

# 이메일 읽고 관리하기

우리는 이메일 홍수 시대에 살고 있다. 메일함 용량은 점점 차오르고 메모리를 확보하기 위한 메일 삭제는 끝이 없다. 원하지 않는 이메일이 메일함에 너무 많이 쌓여서 관리하기가 쉽지 않다. 이제 이메일 계정에서 원치 않는 이메일을 일괄 삭제해보자. 혹은 쌓인 이메일에서 유용한 정보를 추출할 수도 있겠다.

이메일을 가져오는 기술적인 방법에는 POP3 프로토콜을 이용하거나 IMAP4 프로토콜을 이용하는 방법이 있다. 여기서는 POP3보다는 좀 더 발전한 프로토콜인 IMAP4(Internet Message Access Protocol Version 4)를 이용해보기로 한다.

 **학습 포인트**

- IMAP 서버에 접속해서 로그인하는 방법을 배운다.

- 메일함에서 메일을 필터링한다.

- 메일의 헤더 정보를 확인해본다.

- 필요 없는 메일을 지운다.

- 첨부 파일을 내려받는 법을 배운다.

- 메일 본문을 해석하는 방법을 배운다.

## POP3(Post Office Protocol 3), IMAP(Internet Message Access Protocol)

POP3와 IMAP은 이메일 서버에서 메일을 가져오기 위해서 사용하는 프로토콜이다. POP3는 배달을 위한 단순한 프로토콜로서 POP3를 이용해서 이메일을 가져오라는 요청을 보내면 서버는 클라이언트로 이메일을 보내준다. 한 번 내려받은 이메일은 기본적으로 서버에서 삭제되고 서버가 더 이상 관리하지 않는다. 따라서 POP3를 이용하여 집과 회사 두 군데에서 동일한 이메일을 동기화하고 관리하는 것은 불가능하다.

반면에 IMAP은 여러 군데에서 서버에 있는 이메일을 읽는 것을 허용한다. 이메일은 기본적으로 서버에 보관되어 있으며 사용자 컴퓨터에 사본이 복사되는 개념이다. 이때 여러 컴퓨터에서 연결하는 이메일 클라이언트들은 서버와 동기화한다. 따라서 한 클라이언트에서 메일을 삭제하면 서버에서도 삭제되고 다른 클라이언트 컴퓨터에서도 동기화하게 된다. 하나의 계정으로 여러 장치에서 메일을 접속하고 관리하는 현대 사회에서는 POP3보다는 IMAP을 이용하는 것이 더 일반적이다.

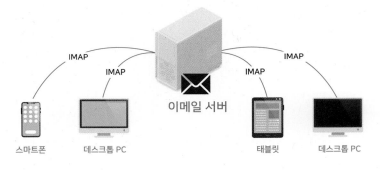

파이썬으로 이메일을 가져와 읽는 방법은 여러 가지가 있지만 여기서는 쉽게 읽고 관리하기 위한 모듈로 imapclient와 pyzmail을 이용해보자. imapclient는 IMAP4 프로토콜로 이메일 계정에 연결해서 메일을 찾거나 삭제한다든지 혹은 본문을 읽는 데 사용한다. 이렇게 가져온 본문은 복잡한 MIME 형식으로 되어 있어 우리가 바로 읽을 수 있는 형식은 아니므로 pyzmail을 이용해 읽어온 본문을 해석한다. pyzmail은 버전에 따른 설치 방법에 차이가 있을 수 있으므로, 설치가 되지 않는다면 다음 방법을 사용하거나 'pyzmail install'이란 키워드로 인터넷 검색을 해본다.

```
pip install imapclient
pip install pyzmail
# 또는 파이썬 3.6을 사용할 경우
pip install pyzmail36
```

제대로 설치되었는지 확인해보자.

```
In [1]: import imapclient
        import pyzmail
```

**145**

# 01 이메일 계정 연결하기

한 번 배운 파이썬, 나만의 활용 스킬 | **Work 6.** 이메일 읽고 관리하기

IMAP 프로토콜을 이용해 이메일 계정에 연결하려면 각 업체별로 제공하는 IMAP 서버를 알아야 한다. 다음은 대표적인 서버 목록을 나타낸 것이다. 이러한 정보는 해당 이메일의 메일 환경 설정 등의 정보를 확인하면 쉽게 얻을 수 있다.

- 구글: imap.gmail.com
- 네이버: imap.naver.com
- 다음: imap.daum.net
- 야후: imap.mail.yahoo.com
- Outlook(hotmail): imap-mail.outlook.com
- 네이트온: imap.nate.com

다른 서버도 마찬가지지만 여기서는 gmail IMAP 서버에 접속해 보기로 한다. 보안 접속을 위해 ssl은 True로 한다.

146

이메일 계정 연결하기

```
In [2]: import imapclient

        imap = imapclient.IMAPClient('imap.gmail.com', ssl=True)
```

만일 처리 과정 중에 메모리 에러가 발생한다면 메모리 제한을 늘려야 한다. 기본 값은 10,000바이트이다. 10,000,000(10M)바이트까지 늘릴 수 있다.

```
imaplib._MAXLINE      # 10000
imaplib._MAXLINE = 10000000
```

접속에 성공했으면 로그인을 할 수 있다.

```
In [3]: imap.login('my_email', 'my_password')   # id, password
Out[3]: b'my_email@gmail.com authenticated (Success)'
```

로그아웃은 logout( ) 함수를 이용할 수 있다(일단은 다음 작업을 위해서 지금은 로그아웃하지 않는다).

```
In [4]: imap.logout()
```

메일은 폴더별로 관리하게 되어 있어, 작업 전에 폴더를 선택해야 한다. 로그인되어 있는 상태에서 list_folders( ) 메서드로 폴더 목록을 얻어낼 수 있다.

```
In [5]: imap.list_folders()[1:10]   # 폴더가 너무 많아 대표 폴더만 표시한다
Out[5]: [((b'\\HasNoChildren',), b'/', 'INBOX'),
         ((b'\\HasChildren', b'\\Noselect'), b'/', '[Gmail]'),
         ((b'\\Flagged', b'\\HasNoChildren'), b'/', '[Gmail]/별표편지함'),
         ((b'\\HasNoChildren', b'\\Sent'), b'/', '[Gmail]/보낸편지함'),
         ((b'\\HasNoChildren', b'\\Junk'), b'/', '[Gmail]/스팸함'),
         ((b'\\Drafts', b'\\HasNoChildren'), b'/', '[Gmail]/임시보관함'),
         ((b'\\All', b'\\HasNoChildren'), b'/', '[Gmail]/전체보관함'),
         ((b'\\HasNoChildren', b'\\Important'), b'/', '[Gmail]/중요'),
         ((b'\\HasNoChildren', b'\\Trash'), b'/', '[Gmail]/휴지통')]
```

작업할 폴더의 선택은 select_folder( ) 메서드를 사용하는데, 이 메서드의 readonly 인수 가 True이면 메일을 읽기만 할 수 있고 False이면 읽기와 삭제가 가능하다. readonly가 True인 경우, 파이썬으로 메일을 읽어도 실제 메일함에는 '읽은 메일'로 표시되지 않는다. gmail에 서 '받은 편지함'의 이름은 'INBOX'이며 '[Gmail]/전체보관함'은 '전체 메일함'을 의미한다.

```
In [6]: imap.select_folder('INBOX', readonly=False);
```

# 02 메일 검색하기

이제 메일함에서 다양한 검색 조건으로 원하는 메일들만 검색해보자. search( ) 함수는 검색 기준을 리스트나 튜플과 같은 시퀀스 형식의 인수로 받고, 처리 결과로 메시지 아이디(정수)의 리스트를 반환한다. 다음 예는 ['ALL']을 인수로 처리하고 그 결과로 전체 메일에 대한 메시지 아이디 목록을 얻는다.

```
In [7]: mids = imap.search(['ALL'])    # 전체 메시지
```

반환된 결과 일부분을 확인해보자.

```
In [8]: len(mids)
Out[8]: 8152
```

```
In [9]: mids[:5]    # 결과는 메시지 아이디 리스트 (정수)
Out[9]: [10, 11, 12, 13, 14]
```

search( ) 함수의 검색 기준에 사용할 수 있는 값들은 다음과 같다.

| 사용 예 | 설명 |
| --- | --- |
| ['ALL'] | 해당 폴더의 모든 메시지 목록 |
| ['BEFORE', 날짜] | 지정된 날짜 이전의 메일들 |
| ['ON', 날짜] | 지정된 날짜의 메일들 |
| ['SINCE', 날짜] | 지정된 날짜부터의 메일들 |
| ['SUBJECT', '파이썬'] | 제목으로 찾기 |
| ['BODY', '파이썬'] | 본문으로 찾기 |
| ['TEXT', 'IoT'] | 제목 혹은 본문으로 찾기 |
| ['FROM', 'sender@some.com'] | 발신자로 검색 |
| ['TO', 'receiver@some.com'] | 수신자로 검색 |
| ['CC', 'receiver@some.com'] | cc로 검색 |
| ['BCC', 'receiver@some.com'] | bcc로 검색 |
| ['SEEN'] | 읽은 메일 목록 |
| ['UNSEEN'] | 읽지 않은 메일 목록 |
| ['DELETED'] | 삭제로 표시된 메일 목록 |
| ['UNDELETED'] | 삭제로 표시되지 않은 메일 목록 |
| ['ANSWERED'] | 응답한 메일 목록 |
| ['UNANSWERED'] | 응답하지 않은 메일 목록 |
| ['DRAFT'] | 임시 보관된 메일 |
| ['UNDRAFT'] | 'DRAFT'가 아닌 메일 |
| ['FLAGGED'] | 플래그가 붙은 메일들 |
| ['UNFLAGGED'] | 플래그가 붙지 않은 메일들 |
| ['LARGER', 100000] | 전체 메시지 크기가 100,000바이트보다 큰 메일들 |
| ['SMALLER', 100000] | 전체 메시지 크기가 100,000바이트 보다 작은 메일들 |
| ['NOT', 'search-key'] | search-key와 일치하지 않는 메일들 |
| ['OR', 'search-key1', 'search-key2'] | search-key1 혹은 search-key2와 일치하는 메일들 |

앞선 검색 기준을 활용한 예를 몇 개 살펴보자. 날짜는 문자열로 직접 입력할 수 있다.

```
In [10]: mids = imap.search(['ON', '16-Dec-2016'])   # 문자열 날짜로 검색
```

또한 날짜를 datetime 모듈을 이용하여 지정할 수도 있다.

```
In [11]: from datetime import date, timedelta
         mids = imap.search(['ON', date.today()]) # 오늘 받은 메일 얻기
```

지난 7일 동안 받은 메일 목록을 얻을 수도 있다.

```
In [12]: mids = imap.search(['SINCE', date.today() - timedelta(days=7)])
```

조건을 여러 가지로 지정할 수도 있다. 다음은 두 날짜 사이의 모든 메일을 얻는다.

```
In [13]: mids = imap.search(['SINCE', date(2019, 10, 3), 'BEFORE', date(2019, 11, 3)]) # 지
         정된 날짜 범위로 검색
```

송신자로 이메일을 검색할 수 있다.

```
In [14]: mids = imap.search(['FROM', 'Pinterest'])   # 보내는 사람 이름으로 검색
```

보내는 사람 이메일 주소로 검색한다.

```
In [15]: mids = imap.search(['FROM', 'learn@codecademy.com'])   # 보내는 사람 이메일 주소로 검색
```

제목으로도 검색해 본다.

```
In [16]: mids = imap.search(['SUBJECT', 'IoT'])   # 'IoT'를 제목에 포함하는 메일 검색
```

한글 검색인 경우도 확인해 본다. 한글인 경우는 인코딩을 지정해야 한다.

```
In [17]: mids = imap.search(['SUBJECT', '사물인터넷'], 'utf-8')   # 한글 검색인 경우 인코딩 설정
```

아직 읽지 않은 메일, 중요 플래그가 붙은 메일을 검색한다.

```
In [18]: mids = imap.search(['UNSEEN'])   # 읽지 않은 메일
```

```
In [19]: mids = imap.search(['FLAGGED'])   # '중요' 플래그(별표)가 붙은 메일
```

다음은 100K바이트 이상 크기의 메일을 검색한다.

```
In [20]: mids = imap.search(['LARGER', 100000])   # 메시지 크기로 검색
```

여러 가지 조건을 조합해서 검색하는 것도 가능하다. 다음 검색은 2018년 1월 1일 이후 메일 중에서 제목에 'Python'이 포함되어 있고, 메일 크기가 100K바이트보다 작으며 'learn@codecademy.com'에서 보내온 메일 중 중요 표시가 된 메일의 메시지 아이디 목록을 반환한다. 여기 나열하는 조건들은 모든 조건을 만족해야 하는 'AND' 관계다.

```
In [21]: mids = imap.search(['FROM', 'learn@codecademy.com', 'SUBJECT', 'Python', 'SINCE',
            date(2018, 1, 1), 'SMALLER', 100000, 'FLAGGED'])
```

'OR'나 'NOT' 관계는 중첩 리스트로 표현한다. 다음 예에서는 100,000보다 작거나 500,000보다 큰 메일의 메시지 아이디를 얻는다.

```
In [22]: mids = imap.search(['NOT', ['LARGER', 100000, 'SMALLER', 500000]])
```

앞선 표현을 'OR' 관계로 다시 표현하면 다음과 같다.

```
In [23]: mids = imap.search(['OR', ['SMALLER', 100000], ['LARGER', 500000]])
```

Gmail은 검색 연산자라고 부르는 단어나 기호를 사용해 검색 결과를 필터링할 수 있다. 예를 들어 다음은 learn@codecademy.com에서 보내온 메일을 필터링한 결과다.

Gmail인 경우, 이처럼 웹 브라우저에서 사용 가능한 검색 질의 문자열을 gmail_search() 메서드에 직접 사용할 수 있다. 다음은 gmail_search() 메서드의 인수로 사용할 수 있는 검색 연산자와 간단한 사용 예를 나타낸 것이다. 더 자세한 내용은 https://support.google.com/mail/answer/7190 혹은 'Search operators you can use with Gmail'이란 제목의 문서를 통해서 확인할 수 있다.

| 검색 연산자 | 설명 | 예 |
|---|---|---|
| from: | 송신자 | from:learn@codecademy.com |
| to: cc: bcc: | 수신자, 참조, 숨은 참조 | to:hanulgil |
| subject: | 제목 | subject:과제 |
| OR, {} | 여러 논리합 조건 | from:hojun19 OR from:learn, {from:hojun19 from:learn} |
| - | 검색 제외 | subject:과제 -글쓰기과제 |
| a AROUND b | a 단어 다음 몇 단어 근처에 b가 나타나야 하는지 표현 | Purchase AROUND 10 Order |
| label: | 레이블 | label:friends |
| has:attachment | 첨부 파일이 있는 메일 | has:attachment |
| has:drive | 구글 드라이브 링크가 포함되어 있는 메일 | has:drive |
| has:document | 구글 Docs 링크가 포함되어 있는 메일 | has:document |
| has:spreadsheet | 스프레드시트가 포함되어 있는 메일 | has:spreadsheet |
| has:presentation | 슬라이드가 포함되어 있는 메일 | has:presentation |
| has:youtube | 유튜브 링크가 포함되어 있는 메일 | has:youtube |
| filename: | 특정 이름의 파일 혹은 확장자 파일이 첨부된 메일 | filename:pdf |

| "" | 정확한 단어 검색 | "dinner and movie tonight" |
|---|---|---|
| after: before:<br>older: newer: | 날짜 설정 | after:2004/04/16 |
| older_than: newer_<br>than: | d (day), m (month), y (year)를 이용한 이전<br>(older_than) 혹은 최근(newer_than) 메일 | newer_than:2d |
| larger: smaller: | 메시지 크기 | larger:10M |
| is:starred<br>is:snoozed<br>is:unread is:read | 메일 상태(starred: 별표 표시된 메일 ★,<br>snoozed: 다시 알림 항목, unread: 읽지 않은 메일,<br>read: 읽은 메일) | is:read is:starred |
| is:important | (자동으로) 중요 표시된 메일 ▶▶▶ | |

몇 가지 활용 예를 살펴보면 다음과 같다. 관련 설명은 주석을 참고하기 바란다.

```
In [24]: imap.select_folder('[Gmail]/전체보관함', readonly=False)
         mids = imap.gmail_search('from:learn@codecademy.com')  # 송신자를 이
         용한 검색
         len(mids)
Out[24]: 42
```

```
In [25]: mids = imap.gmail_search('{from:교수학습센터 from:learn}')  # OR 관계,
         즉 교수학습센터 혹은 learn에서 온 메일 검색
         len(mids)
Out[25]: 106
```

```
In [26]: mids = imap.gmail_search('from:교수학습센터 OR from:learn')  # 또 다른
         OR 관계 표현
         len(mids)
Out[26]: 106
```

```
In [27]: mids = imap.gmail_search('to:hojun19@gmail.com')  # 수신자를 이용한 검색
         len(mids)
Out[27]: 22
```

```
In [28]: mids = imap.gmail_search('subject:과제')    # '과제'란 제목을 포함한 메일 검
         색
         len(mids)
Out[28]: 338
```

```
In [29]: mids = imap.gmail_search('subject:글쓰기과제')    # '글쓰기과제'란 제목을 포
         함한 메일 검색
         len(mids)
Out[29]: 3
```

```
In [30]: mids = imap.gmail_search('subject:과제 -글쓰기과제')    # '과제'를 포함한 메
         일 중, '글쓰기과제'를 제외한 메일 검색
         len(mids)
Out[30]: 335
```

```
In [31]: mids = imap.gmail_search('과제 -from:교수학습센터')    # 제목이나 내용에 '
         과제'를 포함한 메일 중 교수학습센터에서 보낸 메일을 제외
         len(mids)
Out[31]: 934
```

메일 검색하기

## 특정 발신자 메일 삭제

특정 발신자로부터 받은 모든 메일을 삭제하고 싶다고 하자. 먼저 발신자를 이용하여 검색한 후, 검색된 메일을 delete_messages( ) 메서드를 이용해서 삭제한다. 하지만 delete_messages( ) 메서드 호출은 메일을 실제로 삭제하는 것은 아니고, 메일에 삭제되었다는 표시만 해둔다. 따라서 나중에 expunge( ) 메서드를 호출하여 실제로 삭제해야 한다. (Gmail인 경우는 delete_messages( ) 메서드로 메일이 실제로 삭제된다.)

```
In [32]: mids = imap.search(['FROM', 'sendmail@credit.co.kr'])   # 송신자 이메일 주소로부터 받은 메일 삭제
         print('deleting {} messages'.format(len(mids)))
         imap.delete_messages(mids)
         imap.expunge()
Out[32]: deleting 33 messages
```

```
In [33]: mids = imap.search(['FROM', 'YouTube'], 'utf-8')   # 송신자 이름으로부터 받은 메일 삭제
         print('deleting {} messages'.format(len(mids)))
         imap.delete_messages(mids)
         imap.expunge()
Out[33]: deleting 89 messages
```

## 광고 메일 삭제

이번에는 광고 메일을 삭제해보자. 원칙상 이메일 마케팅을 할 때는 꼭 지켜야 할 네 가지 규칙이 있다.

1. 수신자의 명시적인 동의를 받아야 한다.

2. 제목이 시작되는 부분에 "(광고)"를 표시해야 한다.

3. 본문에 전송자의 명칭, 이메일 주소, 전화번호 및 주소를 표시해야 한다.

4. 수신거부에 대한 안내문을 본문에 명시하고 즉시 수신거부를 할 수 있는 기술적 조치를 해야 한다.

이러한 규칙을 지키지 않으면 불법 스팸 메일로 처벌받을 수 있다(여전히 이 규칙을 지키지 않는 메일이 너무 많다). 이 규칙에 근거하여 제목에 '(광고)'라고 표시된 이메일을 일괄 삭제해 보자.

```
In [34]: import imapclient

         imap = imapclient.IMAPClient('imap.naver.com', ssl=True)
         imap.login('my_email', 'my_password')

         imap.select_folder('카페메일함', readonly=False)  # 메일함은 적절하게 변경
         mids = imap.search(['SUBJECT', '(광고)'], 'utf-8')
         print('deleting {} messages'.format(len(mids)))
         imap.delete_messages(mids)
         imap.expunge()
         imap.logout()
Out[34]: deleting 104 messages
```

  search( ) 메서드가 이메일 아이디 목록을 반환한다면, fetch( ) 메서드는 메일 본문 내용을 읽을 수 있게 해준다. fetch( ) 메서드는 주어진 여러 메시지 아이디의 메일을 한꺼번에 읽을 수 있다.

  fetch(message_set, message_parts) 메서드의 첫 인수 message_set는 메시지 아이디의 리스트이고, 두 번째 인수 message_parts는 메시지 부분으로 이메일에서 어떤 정보(제목, 본문 등)를 가져올지를 지시하는 문자열이다. fetch( ) 메서드를 통해 이메일의 모든 정보를 가져와서 후처리를 할 수도 있지만, 가져올 메일 자료의 구체적인 필터링과 선택은 search( ) 메서드를 통해서도 이루어질 수 있기 때문에 여기서는 본문과 관련된 본문 정보를 가져오는 예를 중심으로 살펴보기로 한다. 두 번째 인수의 message_parts에 사용할 수 있는 항목의 예 몇 가지는 다음과 같다.

- BODY[]는 메일 본문을 의미한다.
- RFC822.SIZE는 메일의 크기(바이트 수)다.
- FLAGS는 메일의 상태다.

fetch( ) 메서드에 대해 더 자세히 알고 싶다면 https://tools.ietf.org/html/rfc1730의 fetch 절을 참고하기 바란다.

이제부터 mids라는 변수에 저장된 아이디의 메일들을 읽어오는 예를 살펴보자. 우선 제목을 이용해서 이메일 필터링을 해보자.

```
In [35]: import imapclient

         imap = imapclient.IMAPClient('imap.gmail.com', ssl=True)
         imap.login('my_email', 'my_password')   # id, password
         imap.select_folder('[Gmail]/전체보관함', readonly=True)

         mids = imap.search(['SUBJECT', '학습부진학생 지도/스마트교수기법/글쓰기과제/외국인학생 지도
         교수법 등 안내'], 'utf-8')
```

검색된 메일은 한 개다.

```
In [36]: mids
Out[36]: [41942]
```

검색된 전체 메일의 본문과 플래그 정보를 읽어온다.

```
In [37]: rmsgs = imap.fetch(mids, ['BODY[]', 'FLAGS'])
```

반환된 변수 rmsgs는 키(key)가 메시지 아이디인 사전형이며, 값은 메일 메시지로 구성
된다.

```
In [38]: type(rmsgs)
Out[38]: collections.defaultdict
```

rmsgs의 키 값을 확인해보자. 메시지 집합에 주어진 이름들이 키로 등록되어 있다.

```
In [39]: rmsgs[41942].keys()
Out[39]: dict_keys([b'SEQ', b'FLAGS', b'BODY[]'])
```

여기서 'SEQ'는 메시지의 순서를 나타낸다.

```
In [40]: rmsgs[41942][b'SEQ']
Out[40]: 13440
```

'FLAGS'는 메일의 읽은 상태를 나타낸다. 이 메일은 읽었음(Seen)으로 되어 있다.

```
In [41]: rmsgs[41942][b'FLAGS']
Out[41]: (b'\\Seen',)
```

본문 내용도 살펴볼 수 있다.

```
In [42]: rmsgs[41942][b'BODY[]']
Out[42]: b'Delivered-To: my_email@gmail.com\r\nReceived: by 2002:ae9:c117:0:0:0:0:0 with
         SMTP id z23-v6csp3560047qki;\r\n          Sun, 30 Sep 2018 23:59:21 -0700 (PDT)\r\
         nX-Google-Smtp-Source: ACcGV63HqxYtdB5slHZLmFEEXMmluM5GKTXBzwBMEQ9KUiMdGuaur/7X6IF
         ma2Qs2ZSymgQxLHV4\r\nX-Received: by 2002:a9d:4384:: with SMTP id t4-v6mr5673739o
         te.336.1538377161238;\r\n          Sun, 30 Sep 2018 23:59:21 -0700 (PDT)\r\nARC-
         Seal: i=1; a=rsa-sha256; t=1538377161; cv=none;\r\n          d=google.com; s=arc-
         20160816;\r\n          b=Oxl0Sr5i8PmVRLe6o1QbDwaWHcBS1XgnpcgRirONyV1OGKmksXcYf1xe/
         xPj27fJEv\r\n          XpGo69gvC9baXH4ljFxhd/0pgZq9NBU54dU4kk7fR7dDmGxOa+4yd7M9c+Oe
         fr9dT7uj\r\n          U+vdPMhFvXgYVhuOQsTDqWY+SOOZHL6zhrpfUcOjb8wzmw20uXv7FqmINN1rw
         KXk+JFJ\r\n
         ...(중간 생략)
```

복잡한 MIME 형식의 본문을 그대로 가져오기는 했지만, 아무래도 본문 해석을 도와주는 도구가 필요할 것 같다. 도우미 모듈로 앞서 언급한 pyzmail을 이용하기로 한다. pyzmail (https://pypi.org/project/pyzmail/)은 메일 본문을 분석하고, 메일을 작성하고, 메일을 보내는 기능의 함수와 클래스를 제공한다. 여기서는 메일 본문을 해석하는 데 이용해보기로 한다.

```
In [43]: import pyzmail

         message = pyzmail.PyzMessage.factory(rmsgs[mids[0]][b'BODY[]'])    # 본문 내용을 해석하자
         message
Out[43]: <pyzmail.parse.PyzMessage at 0x67c6f60>
```

pyzmail로 메일의 MIME 문서를 체계적으로 잘 분석해두었으므로, 이제 **PyzMessage** 객체를 이용하여 본문에 대한 여러 정보를 추출할 수 있다. 먼저 제목을 얻어낸다.

```
In [44]: message.get_subject()  # 제목
Out[44]: '학습부진학생 지도/스마트교수기법/글쓰기과제/외국인학생 지도 교수법 등 안내'
```

발신자를 확인한다.

```
In [45]: message.get_addresses('from')   # 발신자 정보
Out[45]: [('교수학습센터', 'kwctl@kw.ac.kr')]
```

수신자를 확인한다.

```
In [46]: message.get_addresses('to')   # 수신자 정보
Out[46]: [('이강성 - 수신그룹: 교수 전체(비전임교수 포함) > 전체', 'my_email@gmail.com')]
```

CC는 없다.

```
In [47]: message.get_addresses('cc')   # 참조
Out[47]: []
```

이메일을 보낸 시간도 확인한다.

```
In [48]: message.get('Date')   # 메일 보낸 시간
Out[48]: 'Mon, 1 Oct 2018 15:59:10 +0900'
```

### 시간 정보 해석

날짜와 시간을 나타내는 헤더의 'Date' 문자열 'Mon, 1 Oct 2018 15:59:10 +0900'을 해석하는 방법은 표준 파이썬 모듈 datetime 클래스를 이용할 수도 있지만 dateutil 모듈을 이용하는 편이 더 간편하다. dateutil 모듈의 parser를 이용하면 날짜/시간 문자열을 datetime 자료형으로 자동 변환해준다.

```
In [49]: from dateutil import parser

         date = parser.parse('Mon, 1 Oct 2018 15:59:10 +0900')
         date
Out[49]: datetime.datetime(2018, 10, 1, 15, 59, 10, tzinfo=tzoffset(None,
         32400))
```

멤버 값들은 다음과 같다. 요일은 0이 월요일이다.

```
In [50]: date.year, date.month, date.day, date.hour, date.minute, date.
         second, date.weekday()
Out[50]: (2018, 10, 1, 15, 59, 10, 0)
```

strftime() 메서드를 이용하여 원하는 형식의 날짜/시간을 구성할 수 있다.

```
In [51]: datetime.strftime(date, '%Y-%m-%d %H:%M:%S') # 포맷 문자열은 datetime
         도움말 참고
Out[51]: '2018-10-01 15:59:10'
```

정리하는 의미에서 메일을 검색하고 제목과 발신자를 읽는 코드를 종합해 보면 다음과 같다. 서버, 계정, 패스워드, 폴더 등은 각자 필요에 맞게 변경해서 사용하기 바란다.

```
In [52]:  import imapclient

          imap = imapclient.IMAPClient('imap.gmail.com', ssl=True)
          imap.login('my_email', 'my_password')   # id, password
          imap.select_folder('[Gmail]/전체보관함', readonly=False)

          mids = imap.search(['SUBJECT', '글쓰기과제'], 'utf-8')

          rmsgs = imap.fetch(mids, ['BODY[]'])
          for mid in mids:
              message = pyzmail.PyzMessage.factory(rmsgs[mid][b'BODY[]'])
              print(message.get_subject())
              print(message.get_addresses('from'), message.get('Date'))
              print()

          imap.logout();
Out[52]:  학습부진학생 지도/스마트교수기법/글쓰기과제/외국인학생 지도 교수법 등 안내
          [('교수학습센터', 'kwctl@kw.ac.kr')] Mon, 1 Oct 2018 15:59:10 +0900

          "학습부진학생 지도/스마트교수기법/글쓰기과제/외국인학생 지도" 교수법 특강 안내
          [('교수학습센터', 'kwctl@kw.ac.kr')] Mon, 8 Oct 2018 16:16:03 +0900

          "학습부진학생 지도/스마트교수기법/글쓰기과제/외국인학생 지도" 교수법 특강 안내
          [('교수학습센터', 'kwctl@kw.ac.kr')] Mon, 15 Oct 2018 14:47:32 +0900
```

본문 텍스트 내용은 message.text_part 혹은 message.html_part로 확인할 수 있다.

　message.text_part는 단순한 텍스트 본문(plain text)를 의미하고, message.html_part는
HTML로 된 본문을 의미한다.

　만일 단순한 텍스트 본문이 있을 경우는 다음과 같이 본문을 가져올 수 있다.

```
In [53]:  # .. 본문이 텍스트인 메일을 읽어와서
          # 다음과 같이 message를 준비한다.
          # message = pyzmail.PyzMessage.factory(rmsgs[mid][b'BODY[]'])
```

```
        print(message.get_subject())

        if message.text_part:

            print(message.text_part.get_payload().decode(message.text_part.charset))
```

Out[53]: Fwd: 미디어아트 중간과제 제출관련 문의드립니다!

---------- Forwarded message ---------


From: 홍길동 < tmdrgo@naver.com>


Date: 2018년 12월 6일 (목) 오전 12:49


Subject: 미디어아트 중간과제 제출관련 문의드립니다!


To: <my_email@gmail.com>


...(중간 생략)


그동안 고생하셨습니다

HTML 형식의 본문을 가지고 있을 경우는 다음과 같이 문서를 읽을 수 있다.

```
In [54]: # .. 본문이 HTML인 메일을 읽어와서

         # 다음과 같이 message를 준비한다.

         # message = pyzmail.PyzMessage.factory(rmsgs[mid][b'BODY[]'])


         if message.html_part:

             html = message.html_part.get_payload().decode(message.html_part.charset)


In [55]: html[:200]    # 지면 관계상 일부만 표시한다.

Out[55]: '<title></title>\r\n<meta http-equiv="Content-Type" content="text/html;
         charset=utf-8">\r\n\r\n\r\n<table border="0" cellpadding="0" cellspacing="0"
         width="700">\r\n<tbody><tr>\r\n\t<td height="15"></td>\r\n</tr>\r\n\t'
```

## 첨부 파일

첨부 파일이 추가된 메일은 멀티파트(multipart) 형식으로 만들어진다. 멀티파트 형식의 메일은 본문 이외의 추가적인 정보 혹은 첨부 파일 등을 함께 보낼 때 사용하는 형식이다.

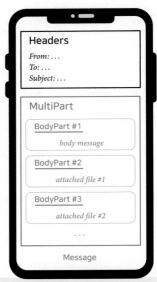

pyzmail로 변환된 메시지의 mailparts 속성으로 구성 요소를 확인할 수 있다. mailparts는 리스트이며, 보통 1~2개의 본문과 추가적인 첨부 파일로 구성된다. 예를 들어 다음 메일은 3개의 파트로 구성되어 있다.

```
In [56]: rmsgs = imap.fetch([12], ['BODY[]'])
         message = pyzmail.PyzMessage.factory(rmsgs[12][b'BODY[]'])
         len(message.mailparts)
Out[56]: 3
```

첫 파트는 형식이 text/plain인 본문이다.

```
In [57]: part = message.mailparts[0]
         part
Out[57]: MailPart<*text/plain charset=euc-kr len=364>
```

본문 텍스트는 일반 텍스트로 구성되어 있다.

```
In [58]: part.type
Out[58]: 'text/plain'
```

문자열 인코딩을 확인해본다.

```
In [59]: part.charset
Out[59]: 'euc-kr'
```

본문 내용은 get_payload( ) 메서드로 읽어온다. 한글이면 디코딩을 해야 읽을 수 있는데, 디코딩 정보는 part.charset 값을 활용한다.

```
In [60]: part.get_payload().decode(part.charset)
Out[60]: '안녕하세요,\r\n\r\n어제 간단한 테스트를 해 본 결과를 첨부합니다. 보시고 의견주시면 감사하겠습니
         다.\r\n선형 chirp신호(20~20000, 100ms)와, 시간 축으로 뒤집은 신호를 컨볼루션해서 정규화한 결
         과입니다.\r\n이론상으로는 델타함수가 나와야 하지만 다소 노이지한 결과가 나왔는데,\r\n\r\n\r\n시간축
         으로 뒤집은 신호를 인버스 필터로 볼 수 있는지에 대한 의심이 생겨서입니다.\r\n\r\n\r\n이강성드
         림\r\n\r\n \r\n'
```

두 번째 파트를 확인해보자.

```
In [61]: part = message.mailparts[1]
         part
Out[61]: MailPart<*text/html charset=euc-kr len=643>
```

이 두 번째 파트는 첫 번째 파트(본문)와 동일한 내용의 HTML 버전이다. 이처럼 메일에는 텍스트 본문과 HTML 본문이 동시에 포함되는 경우가 많다.
이럴 때는 필요에 따라서 하나만 참조하면 그만이다.

```
In [62]: part.get_payload().decode(part.charset)
Out[62]: '<HTML>\r\n<HEAD>\r\n<META content="text/html; charset=euc-kr" http-equiv=Content-
         Type>\r\n<META content="OPENWEBMAIL" name=GENERATOR>\r\n</HEAD>\r\n<BODY
         bgColor=#ffffff>\r\n\r\n안녕하세요,\r\n\r\n<br />\r\n\r\n<br />어제 간단한 테스트를 해
         본 결과를 첨부합니다. 보시고 의견주시면 \r\n감사하겠습니다.\r\n\r\n<br />선형 chirp신호
         (20~20000, 100ms)와, 시간 축으로 뒤집은 신호를 컨볼루션해서 \r\n정규화한 \r\n결과입니
         다.\r\n\r\n<br />이론상으로는 델타함수가 나와야 하지만 다소 노이지한 결과가 \r\n나왔는데,\r\
         n\r\n<br />\r\n\r\n<br />시간축으로 뒤집은 신호를 인버스 필터로 볼 수 있는지에 대한 의심이
         \r\n생겨서입니다.\r\n\r\n<br />\r\n<br />이강성드림\r\n<br />\r\n\r\n<br />\r\n\r\
         n<br />\r\n</BODY>\r\n</HTML>\r\n\r\n'
```

이제 첨부 파일이 있는 세 번째 파트를 확인해보자.

```
In [63]: part = message.mailparts[2]
         part
Out[63]: MailPart<image/png filename=multiline.png len=16847>
```

파일 형식은 다음과 같다.

```
In [64]: part.type
Out[64]: 'image/png'
```

png 이미지이고 파일 이름도 주어져 있다. 첨부 파일 내용은 get_payload( ) 메서드로 가져올 수 있으며, 외부 파일로 저장할 때는 이진 파일이어야 하므로 'wb' 모드로 파일을 열어야한다.

```
In [65]: cont = part.get_payload()
         open(part.filename, 'wb').write(cont)
```

메일을 검색해서 첨부 파일을 저장하는 앞선 코드를 종합하면 다음과 같다. 여기서 로그인 정보와 검색 조건 등은 필요에 따라서 변경해야 한다.

```
In [66]: import imapclient
         import pyzmail


         imap = imapclient.IMAPClient('imap.gmail.com', ssl=True)
         imap.login('my_email', 'my_password')  # id, password
         imap.select_folder('INBOX', readonly=False)
         mids = imap.gmail_search('has:attachment')[:3]  # 첨부 파일이 있는 메일 3개만 검색

         for mid in mids:
             rmsgs = imap.fetch([mid], ['BODY[]'])
             message = pyzmail.PyzMessage.factory(rmsgs[mid][b'BODY[]'])
```

```python
        subject = message.get_subject()
        senders = message.get_addresses('from')

        print('제목:', message.get_subject())     # 제목 출력
        # 첨부 파일 저장
        for part in message.mailparts:
            if part.filename:
                print('saving..', part.filename, part.type)
                cont = part.get_payload()
                if part.type.startswith('text/'):
                    open(part.filename, 'w').write(cont)
                else:
                    open(part.filename, 'wb').write(cont)
        print()

imap.logout();
```

Out[66]: 제목: convolution 결과..
saving.. multiline.png image/png

제목: Re: Re: Fwd: 측정기_추가자료
saving.. spectrum.jpg image/jpeg

제목: Re: Re: Re: Fwd: 측정기_추가자료
saving.. inverse2.png image/png
saving.. output2.png image/png

이메일 포워딩(forwarding)은 내가 받은 메일을 그대로 또 다른 사람에게 전달해 주는 것이다. 이때 메일 내용은 그대로 전달하되 송신자는 내 이메일 주소로, 수신자는 전달받을 사람의 이메일 주소로 변경해야 한다.

보통은 제목에 'Fwd:'가 추가된다. 또한 원래 누가 보낸 메일인지를 식별하기 위해서 본문에 원래 송신자가 앞부분에 포함되는 것이 일반적인 상업 메일이다. 여기서는 메일 제목만 바꾸고 본문 내용은 그대로 전달해 보도록 하자.

이제 포워딩 절차를 단계적으로 살펴보자. 여러 개의 이메일을 포워딩하는 종합 코드는 연습문제로 남겨두겠다. 정리하는 차원에서 시도해보기 바란다.

우선 테스트를 위해서 이메일 한 개만 가져온다.

```python
In [67]: import imapclient
         import email
         from email.header import decode_header, Header

         imap = imapclient.IMAPClient('imap.gmail.com', ssl=True)
         imap.login('my_email', 'my_password')   # id, password
         imap.select_folder('INBOX', readonly=False)
         mids = imap.search(['SUBJECT', '정보영역'], 'utf-8')[:1]   # 메일을 하나 취한다

         rmsgs = imap.fetch(mids, ['BODY[]'])
         m = rmsgs[mid][b'BODY[]']

         imap.logout();
```

읽어온 본문 내용을 이메일 메시지로 구성한다. 변수 m에는 첨부 파일도 함께 포함되어 있다.

```
In [68]: message = email.message_from_bytes(m)
```

전달하는 메일임을 나타내기 위해서 'Fwd:'를 추가하여 제목을 변경하기로 한다. 우선 원래 제목을 얻어야 한다. 원래 제목은 subject 속성으로 읽어낼 수 있다.

```
In [69]: message.get('subject')
Out[69]: '=?UTF-8?B?7KCV67OO7JiB7JetIOyLoOyEpOq1kOqzvOuqqSjsu7Ttk6jtjIXsgqzqs6Ag67CPIO2UhOu
         hnOq3uOuemOuwjeq4sOy0iCkg7KeE7ZaJIOqxtCA=?='
```

이 메시지는 RFC2047 형식(https://tools.ietf.org/html/rfc2047.html)을 따른다. 형식은 다음과 같다.

```
"=? " charset "?" encoding "?" encoded-text "?="
```

즉, 앞의 예에서 제목은 utf-8 문자 집합을 이용하고 인코딩은 'B', 즉 base64를 이용한다는 뜻이다. 이 메시지를 디코딩하려면 decode_header( ) 함수를 이용한다.

## base64 인코딩

이메일 초기에는 인쇄 가능한 문자만 메일로 허용되었는데, 이진 파일이나 특수 문자들도 함께 보내기 위해서 인코딩이 필요하게 되었다. base64 인코딩은 알파벳 대소문자 52자와 숫자 10자 그리고 '+', '/' 64자 문자만으로 본문을 만드는 것이다. 방법은 간단하다. 인코딩 대상 문자열(8비트)을 3바이트씩 묶은 24비트는 6비트 네 그룹(총 24비트)으로 분할된다. 각 6비트는 64 문자로 표현된다.

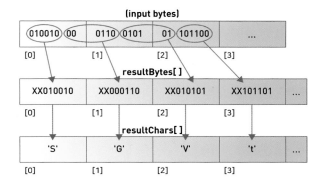

```
In [70]: subject, encoding = decode_header(message.get('subject'))[0]
         str(subject, encoding)
Out[70]: '정보영역 신설교과목(컴퓨팅사고 및 프로그래밍기초) 진행 건'
```

제목에 발신자 정보를 포함하도록 해보자. 발신자 정보는 'from' 속성으로 얻을 수 있다.

```
In [71]: message['from']
Out[71]: '=?UTF-8?B?7JaR7J6s6rec?= <jkyang@kw.ac.kr>'
```

같은 방법으로 decode_header( ) 함수를 이용하면 성분을 분리해낼 수 있다.

```
In [72]: decode_header(message['from'])
Out[72]: [(b'\xec\x96\x91\xec\x9e\xac\xea\xb7\x9c', 'utf-8'), (b' <jkyang@kw.ac.kr>',
         None)]
```

이들을 다시 하나의 문자열로 조합해보자.

```
In [73]: s = ''
         for text, encoding in decode_header(message['from']):
             if not encoding:
                 encoding='utf-8'
             s += str(text, encoding)
         s
Out[73]: '양재규 <jkyang@kw.ac.kr>'
```

이 결과를 제목에 포함하기로 한다.

```
In [74]: new_subject = 'Fwd({}): {}'.format(s, str(subject, encoding))
         new_subject
Out[74]: 'Fwd(양재규 <jkyang@kw.ac.kr>): 정보영역 신설교과목(컴퓨팅사고 및 프로그래밍기초) 진행 건'
```

이제 메일을 보낼 차례다. 메일을 전달하기 위해서 보내는 메일 주소, 받는 메일 주소를 변경한다. 참조 주소(cc, bcc) 항목은 삭제하도록 한다.

```
In [75]: from_addr = 'my_email@gmail.com'
         to_addr = 'my_email@naver.com'
         message.replace_header('from', from_addr)
         message.replace_header('to', to_addr)
         del message['cc']
         del message['bcc']
```

이제 제목을 변경한다.

```
In [76]: message.replace_header('subject', Header(new_subject.encode('utf-8'), 'utf-8'))
```

메일을 전송한다.

```
In [77]: import smtplib

         smtp = smtplib.SMTP('smtp.gmail.com', 587)
         smtp.starttls()
         smtp.login('my_email', 'my_password')
         smtp.sendmail(from_addr, to_addr, message.as_bytes())
         smtp.quit()
Out[77]: (221, b'2.0.0 closing connection q195sm41939921pgq.7 - gsmtp')
```

# 06 도전 과제

## 통신 요금 정리

1년 동안 사용한 스마트폰 통신 요금을 정리해보자. SKT에서는 매월 통신 요금을 이메일로 안내해주고 있으며, '받은편지함'에 잘 저장되어 있다. 2018년 한 해 사용한 스마트폰 요금을 정리해보고자 한다. 납부한 통신 요금을 알아보는 방법은 이메일을 확인하는 것 이외에도 여러 가지가 있겠으나 이메일에 저장된 데이터를 추출해서 나에게 의미 있는 정보로 전환해 보는 과제는 이메일을 읽는 기술의 다양한 활용에 좋은 연습이 된다.

SKT에서 보내온 이메일을 추려내기는 쉬운 일이다. 하지만 요금 정보가 들어 있는 첨부된 pdf 파일이 보안을 유지하고 있어 패스워드를 입력하지 않으면 확인할 수 없다. 따라서 자동으로 이메일을 읽고 그 내용을 정리하기가 쉽지만은 않다. 이번 도전 과제에서는 다음과 같은 중요한 작업들을 수행하게 된다.

1. 통신사에서 보낸 이메일을 검색한다.
2. 이메일에서 이용명세서 pdf 첨부 파일을 내려받는다.
3. 암호화된 pdf 파일을 푼다.
4. pdf 파일에서 필요한 정보를 추출한다.
5. 정리된 결과를 출력한다.

1-2번은 앞서 이미 설명했다. 3번의 암호화된 pdf 파일의 암호를 풀어 암호 없는 pdf 파일로 저장하는 것은 pikepdf 모듈을 이용할 수 있다. 이렇게 암호 해제된 pdf 파일에서 텍스트 정보를 읽어내는 것은 tika라는 또 다른 모듈을 이용한다. 따라서 작업 수행 전에 다음 모듈들을 설치해두자.

```
pip install pikepdf
pip install tika
```

 **단계 1**    이메일을 검색한다.

gmail에서 'SKTelecom 2018년'이란 문자열이 포함된 메일들만 검색한다.

```
In [78]: import imapclient
         import pyzmail
         import mailparser
         import base64
         import quopri

         imap = imapclient.IMAPClient('imap.gmail.com', ssl=True)
         imap.login('my_email', 'my_password')   # id, password
         imap.select_folder('INBOX', readonly=True)

         mids = imap.search(['SUBJECT', 'SKTelecom 2018년'], 'utf-8')
```

```
In [79]: len(mids)   # 12개의 이메일이 검색된다
Out[79]: 12
```

 **단계 2**    앞서 검색된 이메일에서 첨부 파일들을 내려받는다.

첨부 파일을 저장하는 파일 이름은 편의상 '년_월_요금명세서.pdf' 형식으로 변경하기로 한다.

원래의 파일 이름은 'SKT 이메일_201812_생년월일6자리.pdf'와 같은 형식으로 구성된다. 이러한 파일 이름 형식에서 년(숫자 네 자리), 월(숫자 두 자리)을 추출하기 위해서 정규식 모듈 re를 다음과 같이 이용한다.

```
In [80]: import re

         re.search('(\d{4})(\d{2})', 'SKT 이메일_201812_생년월일6자리.pdf').groups()
Out[80]: ('2018', '12')
```

이메일에서 첨부 파일을 저장하는 단계 2 코드는 다음과 같다.

```
In [81]: import re

         fnames = []

         for mid in mids:
             rmsgs = imap.fetch([mid], ['BODY[]'])
             m = rmsgs[mid][b'BODY[]']
             message = pyzmail.PyzMessage.factory(m)
             subject = message.get_subject()
             senders = message.get_addresses('from')

    #        print('제목:', message.get_subject())  # 제목 출력
             # 첨부 파일 저장
             for part in message.mailparts:
                 if part.filename and part.filename.endswith('.pdf'):
                     cont = part.get_payload()
                     year, month = re.search('(\d{4})(\d{2})', part.filename).groups()
                     filename = f'{year}_{month}_요금명세서.pdf'
                     print('[saving]', filename)
                     open(filename, 'wb').write(cont)
                     fnames.append(filename)

         imap.logout();
Out[81]: [saving] 2018_01_요금명세서.pdf
         [saving] 2018_02_요금명세서.pdf
         [saving] 2018_03_요금명세서.pdf
```

```
            [saving] 2018_04_요금명세서.pdf
            [saving] 2018_05_요금명세서.pdf
            [saving] 2018_06_요금명세서.pdf
            [saving] 2018_07_요금명세서.pdf
            [saving] 2018_08_요금명세서.pdf
            [saving] 2018_09_요금명세서.pdf
            [saving] 2018_10_요금명세서.pdf
            [saving] 2018_11_요금명세서.pdf
            [saving] 2018_12_요금명세서.pdf
```

 단계 3  pdf 파일의 암호를 풀어 저장한다.

암호화된 pdf 파일의 암호를 풀어 output.pdf 이름으로 저장한다. 여기에 이용하는 pikepdf 모듈은 암호화된 pdf 파일을 읽어내는 qpdf 라이브러리의 파이썬 모듈이다.

```
In [82]: import pikepdf

         pdf = pikepdf.open(filename, password='??????')  # 암호화된 파일을 읽어서
         pdf.save('output.pdf')  # 암호가 풀린 상태로 저장한다
```

단계 4  pdf 파일에서 필요한 정보를 추출한다.

이렇게 암호를 풀어 output.pdf로 저장한 pdf 파일의 구조를 분석해서 텍스트 내용을 추출해주는 모듈 tika를 이용하여 내용을 뽑아낸다. 본문 내용은 다음의 형식으로 금액이 표시된다.

'납부하실 금액은 통신서비스 요금 31,690원을 포함한 총 31,690원 입니다.'

다음의 정규식으로 총 금액만 뽑아낼 수 있다.

```
In [83]: content = '납부하실 금액은 통신서비스 요금 31,690원을 포함한 총 31,690원 입니다.'
         m = re.search('총(.*)?원 입니다', content)    # 필요한 총액만 추출한 다
         int(m.groups()[0].replace(',', ''))

Out[83]: 31690
```

이제 전체 pdf 파일에 대해서 매월의 통신 요금을 추출해보자.

```
In [84]: import pikepdf
         from tika import parser


         for filename in fnames:
             year, month = re.search('(\d{4})_(\d{2})', filename).groups()
             pdf = pikepdf.open(filename, password='640115')   # 암호화된 파일을 읽어서
             pdf.save('output.pdf')    # 암호가 풀린 상태로 저장한다
             raw = parser.from_file('output.pdf')    # tika 모듈로 pdf 파일을 분석한다
             content = raw['content']                 # 본문 text 내용을 읽어낸다
             m = re.search('총(.*)?원 입니다', content)   # 필요한 총액만 추출한다
             charge = int(m.groups()[0].replace(',', ''))
             print('{}년 {}월 요금: {}'.format(year, month, charge))

Out[84]: 2018년 01월 요금: 31690
         2018년 02월 요금: 31680
         2018년 03월 요금: 31680
         2018년 04월 요금: 30590
         2018년 05월 요금: 27060
         2018년 06월 요금: 29700
         2018년 07월 요금: 29700
         2018년 08월 요금: 41150
         2018년 09월 요금: 29700
         2018년 10월 요금: 29700
         2018년 11월 요금: 29700
         2018년 12월 요금: 29700
```

**1.** gmail 혹은 다른 이메일에서 특정한 도메인에서 보내진 모든 이메일을 스팸으로 간주하고 삭제해보자. 예를 들어 simple@example.com에서 도메인 이름은 example.com에 해당한다.

**2.** 여러분의 메일함에서 제목에 특정한 문자열이 포함되어 있는 모든 메일을 어떤 한 이메일 주소로 전달해보도록 하자. 앞의 '이메일 포워딩' 절을 참고하면서 코드를 작성해보자.

**3.** 나에게 보낸 이메일 송신자들 전체 목록을 얻어내 보자.

**4.** 어떤 송신자가 스팸 발송자인지 구분하기 위해서 내가 그로부터 받은 이메일 중에서 읽지 않은 이메일들을 골라내고, 읽지 않은 메일이 보내진 메일에 비해서 일정 비율 이상으로 많은 경우 스팸으로 간주하여 스팸 발송자를 찾아내는 코드를 작성해보자.

# 파일 및 폴더 관리

업무를 하다 보면 수많은 파일을 만들게 된다. 시간이 지나면서 파일들이 쌓이게 되면 관리가 점점 어려워진다. 이번에는 복잡하게 널려 있는 파일과 폴더(디렉터리)들을 정리하거나 파일 이름을 일괄적으로 바꾸는 등의 작업을 해보자. 이번 작업에는 특별히 추가로 준비할 내용은 없다.

 **학습 포인트**

- 파일 목록을 얻는다.

- 파일 속성을 확인하거나 변경한다.

- 파일과 디렉터리의 이름을 변경, 복사, 삭제한다.

- 다양한 예제를 통해 파일과 디렉터리를 다루는 법을 익힌다.

# 파일 목록 얻기

## 파일 목록 얻기

파이썬으로 어떤 디렉터리 안에 있는 파일 목록을 얻는 첫 번째 방법은 glob 모듈의 glob(pathname) 함수를 사용하는 것이다. 이 함수는 결괏값으로 파일 경로의 리스트를 반환한다. 인수 pathname에 와일드카드 문자(wildcard character)를 사용할 수도 있다. 와일드카드 문자는 여러 파일을 한 번에 찾으려 할 때 사용할 수 있는 메타 문자를 의미한다. glob( ) 함수에 사용 가능한 와일드카드 문자는 다음과 같다.

- ?는 임의의 문자 1개와 일치한다.
- *는 임의의 개수(0개 포함)의 모든 문자와 일치한다.
- [...]는 괄호 안의 임의의 1개 문자와 일치한다.

와일드카드를 사용하는 몇 가지 예를 살펴보자. 다음은 [C:₩Windows] 폴더 안의 확장자가 .exe인 모든 파일을 골라낸다.

```
In [1]: import glob

        glob.glob("C:\\Windows\\*.exe")
Out[1]: ['C:\\Windows\\AsScrPro.exe',
         ...(출력 생략)
         'C:\\Windows\\Wiainst64.exe',
         'C:\\Windows\\winhlp32.exe',
         'C:\\Windows\\write.exe']
```

[bc]는 b 혹은 c를 의미하므로 다음 코드는 b 혹은 c로 시작하는 모든 파일 이름을 가져온다. 윈도우에서는 대소문자를 구별하지 않는다.

```
In [2]: glob.glob('C:\\Windows\\[bc]*.*')  # b 혹은 c로 시작하는 파일들
Out[2]: ['C:\\Windows\\BFB627D8035A76654C6101415631E58B7B3AD9CC_4.der',
         'C:\\Windows\\bfsvc.exe',
         'C:\\Windows\\bootstat.dat',
         'C:\\Windows\\Core.xml',
         'C:\\Windows\\csup.txt']
```

파일 이름이 두 글자(??)이고 확장자가 .exe인 파일들을 추출한다.

```
In [3]: glob.glob('C:\\Windows\\??.exe')
Out[3]: ['C:\\Windows\\hh.exe']
```

이들 외에도 다양한 조합이 가능하니 연습을 통해 익혀두자.

두 번째로 한 디렉터리의 파일 목록을 모두 얻을 수 있는 os.listdir(directory_path) 함수를 사용할 수도 있다. glob( ) 함수와의 차이점은 os.listdir( ) 함수는 디렉터리 경로만 지정한다는 것과 파일 경로가 아닌 파일 이름의 목록을 반환한다는 것이다.

```
In [4]: import os

        for fname in os.listdir('d:\\test'):
            print(fname)
Out[4]: chromedriver.exe
        img2pdf.py
        kindle.pdf
        kindle_capture.py
        reportlab-userguide.pdf
        youtube_down.py
```

## 하위 디렉터리 모두 방문하기 - os.walk()

os 모듈의 walk( ) 함수는 디렉터리의 하위 트리 구조를 재귀적으로 검색해 가면서 디렉터리 목록과 파일 목록을 전달해 준다. 다시 말하면 for 문과 함께 사용한다면 시작 디렉터리를 기준으로 아래에 있는 모든 디렉터리를 방문해볼 수 있다. 예를 들어 다음과 같은 구조의 디렉터리가 있을 때, 디렉터리 방문순서는 **[시작 디렉터리]** → **[data]** → **[btns]** → **[Photo]** → **[src]** → **[btns]**가 된다.

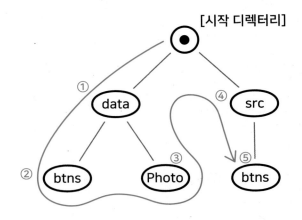

for 문에 사용되는 **os.walk( )** 함수는 매번 (현재 디렉터리, 디렉터리 목록, 파일 목록) 자료를 넘겨준다. 다음의 실행 결과를 살펴보자.

```
In [5]: import os

        for (curdir, dirs, files) in os.walk('.'):   # (방문 디렉터리 경로, 디렉터리 목록, 파일 목록)
            print('curdir=', curdir) # 현재 방문 중인 디렉터리
            print('dirs=', dirs[:2]) # 디렉터리 이름들, 지면 관계상 2개까지만
            print('files=', files[:2]) # 파일 이름들, 지면 관계상 2개까지만
            print('-'*60)
Out[5]: curdir= .
        dirs= ['data', 'src']
        files= ['00-차례.ipynb', '01장_컴퓨터프로그래밍의이해.docx']
        ------------------------------------------------------------
        curdir= .\data
        dirs= ['btns', 'Photo']
        files= ['20130226_dobong.gpx', 'access.zip']
        ------------------------------------------------------------
        curdir= .\data\btns
        dirs= []
        files= ['0.png', '1.png']
        ------------------------------------------------------------
        curdir= .\data\Photo
        dirs= []
        files= ['2013_12_31_14_39_37.jpg', '2014_05_04_02_16_32.jpg']
        ------------------------------------------------------------
        curdir= .\src
        dirs= ['btns']
        files= ['02-01.py', 'aaa.png']
        ------------------------------------------------------------
        curdir= .\src\btns
        dirs= []
        files= ['0.png', '1.png']
        ------------------------------------------------------------
```

파일 목록을 얻는 방법을 알았으니, 이제는 각 파일에 대한 상태 확인과 조작 방법을 익혀보자. 파일에 대해 어떤 작업을 하려면 파일 종류와 파일 크기, 접근 권한 등과 같은 속성 정보를 먼저 알아야 할 경우가 많다. 이러한 속성 정보는 os 및 os.path 모듈을 이용하여 어느 정도 파악할 수 있다.

```
In [6]: import os

        fpath = "C:\\Windows\\notepad.exe"
```

```
In [7]: os.path.isfile(fpath)    # 일반 파일인지 검사한다
Out[7]: True
```

```
In [8]: os.path.isdir(fpath)     # 디렉터리인지 검사한다
Out[8]: False
```

```
In [9]: os.path.exists(fpath)    # 주어진 경로의 파일이 존재하는지 검사한다
Out[9]: True
```

```
In [10]: os.path.getsize(fpath)  # 파일의 크기를 확인한다
Out[10]: 217600
```

파일에 대한 접근 권한은 os.access( ) 함수를 이용할 수 있는데, 권한의 검사는 다음 플래그를 이용한다. 실행 결과는 권한이 있을 때 True, 그렇지 않을 때 False를 돌려준다.

- F_OK: 파일이 존재하는지 검사한다.
- R_OK: 읽기 권한이 있는지 검사한다.
- W_OK: 쓰기 권한이 있는지 검사한다.
- X_OK: 실행 권한이 있는지 검사한다.

```
In [11]: os.access(fpath, os.X_OK)    # 파일의 실행 권한을 확인해본다
Out[11]: True
```

파일에 저장되어 있는 시간은 세 가지가 있다. 파일 생성 시간, 파일 수정 시간, 파일 참조 시간이다.

os.path 모듈의 getctime( ) 함수로 파일 생성 시간을, getmtime( ) 함수로 파일 수정 시간을 그리고 getatime( ) 함수로 파일 접근 시간을 알 수 있다. 이들 함수가 반환하는 시간은 하나의 숫자로 나타내는 시간(time stamp)이다. 이 시간의 단위는 초(second)이고 기점은 1970년 1월 1일 0시(UTC)이다.

```
In [12]: os.path.getctime(fpath)    # 파일 생성 시간
Out[12]: 1507245810.6208477
```

```
In [13]: os.path.getmtime(fpath)    # 파일 수정 시간
Out[13]: 1436464677.563
```

os.path 모듈의 getatime( ) 함수는 파일의 최근 접근 시간(access time)을 얻어낸다.

```
In [14]: os.path.getatime(fpath)    # 파일 접근 시간
Out[14]: 1507245810.6208477
```

## 시간의 해석

컴퓨터 내부에서 시간은 하나의 숫자로 표현된다. 단위는 초이고, 기준 시간은 1970년 1월 1일 0시(UTC 시간)이다. 이러한 시간을 다루는 모듈로 datetime이 있다.

```
In [15]: from datetime import datetime


         datetime.now()    # 현재 시간, datetime.today()와 동일하다
Out[15]: datetime.datetime(2019, 11, 26, 6, 39, 31, 668645)
```

앞서 얻은 숫자로 된 시간(time stamp)을 해석하려면 **fromtimestamp()** 함수를 이용할 수 있다.

```
In [16]: d = datetime.fromtimestamp(1507245810.6208477)
         d
Out[16]: datetime.datetime(2017, 10, 6, 8, 23, 30, 620848)
```

변수 d의 다양한 속성으로 시간 정보를 읽어낼 수 있다.

```
In [17]: d.year, d.month, d.day, d.hour, d.minute, d.second
Out[17]: (2017, 10, 6, 8, 23, 30)
```

요일 정보는 weekday(), isoweekday() 메서드로 확인할 수 있다. weekday() 메서드는 월요일이 0이고 isoweekday() 메서드는 월요일이 1이다.

```
In [18]: d.weekday()    # 월요일: 0, .. 일요일: 6
Out[18]: 4
In [19]: d.isoweekday()    # 월요일: 1, .. 일요일: 7
Out[19]: 5
```

자료 d를 우리가 일상적으로 보는 시간으로 다시 거꾸로 변환해보자.

```
In [20]: d.isoformat(' ')
Out[20]: '2017-10-06 08:23:30.620848'
```

혹은 직접 시간 형식을 지정해줄 수도 있다. strftime() 함수는 datetime 자료형을 지정된 형식의 문자열로 변환하는 함수다.

```
In [21]: d.strftime('%Y-%m-%d %H:%M:%S')
Out[21]: '2017-10-06 08:23:30'
```

더 많은 변환 기호에 대해서는 'strftime format string'으로 검색해보면 자세히 알 수 있다. 여기서 사용된 변환 기호의 의미는 다음과 같다.

- %Y : 4자리 년도
- %m : 2자리 월
- %d : 2자리 일
- %H : 2자리 시
- %M : 2자리 분
- %S : 2자리 초

```
In [22]: time.strftime('%Y-%m-%d %H:%M:%S', t)
Out[22]: '2015-11-11 06:56:00'
```

datetime 자료형을 다시 숫자 시간(time stamp)으로 변경하려면 timestamp() 메서드를 이용한다.

```
In [23]: d.timestamp()
Out[23]: 1507245810.620848
```

## 파일 수정/접근 시간 변경

os.utime(fpath, (atime, mtime)) 함수를 이용하면 파일의 수정 시간(mtime)과 접근 시간(atime)을 변경할 수 있다. 다음 예는 파일 test.txt의 파일 수정 시간을 원래의 파일 수정 시간에서 1시간(3,600초) 전으로 되돌린다.

```
In [24]: import os

         mtime = os.path.getmtime('test.png')
         atime = os.path.getatime('test.png')
         os.utime('test.png', (atime, mtime-60*60))
```

특정한 시간을 지정하려면 다음 예와 같이 생성한 시간(time stamp)을 이용할 수 있다.

```
In [25]: import os
         from datetime import datetime

         ts = datetime(year=2019, month=11, day=26, hour=6, minute=0, second=0).timestamp()
         os.utime('test.png', (ts, ts))
```

os 모듈의 rename( ) 함수는 파일 혹은 디렉터리의 이름을 바꾼다.

```
In [26]: os.rename('a.py', 'b.py')    # a.py --> b.py
         os.rename('src_dir', 'dst_dir')   # src_dir --> dst_dir
```

변경되는 파일(혹은 디렉터리) 이름에 디렉터리가 지정된다면 파일을 이동하는 효과가
있다.

```
In [27]: os.rename('t1.py', 'html\\t1.py')   # 파일의 이동
         os.rename('data', html\\data')   # 디렉터리의 이동
```

파일 혹은 디렉터리를 복사하려면 shutil 모듈의 함수들을 이용하면 편리하다.

```
In [28]: import shutil

         shutil.copyfile('a.py', 'b.py')   # a.py를 b.py로 복사
         shutil.copy('a.py', '\\data')   # a.py를 /data 디렉터리로 복사
         shutil.copytree('src_dir', 'dst_dir')   # 디렉터리 통째로 복사
```

파일 삭제는 os.remove( ) 함수를 이용하고, 디렉터리 삭제는 shutil.rmtree( ) 함수를 이용
한다. rmtree( ) 함수는 해당 디렉터리의 파일은 물론 하위 디렉터리까지 모두 한꺼번에 삭
제한다. 따라서 함수를 신중하게 사용해야 한다.

```
In [29]: os.remove('t.py')
         shutil.rmtree('temp')
```

내용이 없는 빈 디렉터리를 삭제하려면 rmdir( ) 함수를 사용한다.

```
In [30]: os.rmdir('temp2')
```

여러 단계의 디렉터리를 삭제하려면 removedirs( ) 함수를 사용한다. 맨 오른쪽부터 하나씩 디렉터리를 삭제한다. 다만, 디렉터리가 비어 있으면 삭제되지 않고 중단된다.

```
In [31]: os.removedirs('level1/level2')
```

디렉터리를 새로 만들려면 mkdir( ) 함수를 사용한다.

```
In [32]: os.mkdir('temp')
```

중간 경로의 디렉터리도 함께 만들고 싶다면 os.makedirs( ) 함수를 이용한다. 다음 예는 data, img, apple 디렉터리 모두를 만든다.

```
In [33]: os.makedirs('/data/img/apple')
```

파일/디렉터리 복사, 이동, 삭제

# 04 도전 과제

## 파일 이름 일괄 변경

파일 이름은 일반적으로 파일의 의미를 담은 단어들로 만들어진다. 관련된 파일이 여러 개가 있을 경우 날짜나 숫자를 포함해 파일을 구분하기도 한다. 첫 번째 도전 과제는 파일 이름 일괄 변경이다. 예를 들어 다음 형식의 파일들이 있다.

```
py_a_a_1.txt
```

이 파일 이름에서 끝 부분의 숫자를 다음과 같은 세 자리 숫자로 변경하고 싶다.

```
py_a_a_001.txt
```

### ▎준비하기

우선 예제로 사용할 임시 파일 20개를 test 폴더에 만든다. 파일 내용은 간단히 '파일명 testing...'으로 하기로 한다.

```
In [34]: import os

         # 폴더가 없으면 폴더를 생성한다
         if not os.path.exists('test'):
             os.mkdir('test')

         for k in range(20):
             fname = 'test/py_a_a_{}.txt'.format(k)
```

```
            open(fname, 'w').write(fname + ' testing...')
            print('creating..', fname)
Out[34]: creating.. test/py_a_a_0.txt
         creating.. test/py_a_a_1.txt
         creating.. test/py_a_a_2.txt
         creating.. test/py_a_a_3.txt
         creating.. test/py_a_a_4.txt
         creating.. test/py_a_a_5.txt
         creating.. test/py_a_a_6.txt
         creating.. test/py_a_a_7.txt
         creating.. test/py_a_a_8.txt
         creating.. test/py_a_a_9.txt
         creating.. test/py_a_a_10.txt
         creating.. test/py_a_a_11.txt
         creating.. test/py_a_a_12.txt
         creating.. test/py_a_a_13.txt
         creating.. test/py_a_a_14.txt
         creating.. test/py_a_a_15.txt
         creating.. test/py_a_a_16.txt
         creating.. test/py_a_a_17.txt
         creating.. test/py_a_a_18.txt
         creating.. test/py_a_a_19.txt
```

도전 과제

자, 이제 파일 이름의 숫자를 세 자리로 바꾸어보자. 이를 위해 함수 하나를 정의한다. 함수 split_file_path( )는 파일명을 경로, 파일명 전체, 파일명 앞부분, 확장자로 분리하여 이들 네 가지 값을 튜플로 반환한다.

```
In [35]: import os

         def split_file_path(fpath):
             folder, fname = os.path.split(fpath)
             head, tail = os.path.splitext(fname)
             return folder, fname, head, tail
```

사용 예를 살펴보면 다음과 같다.

```
In [36]: split_file_path('d:\\data\\python\\a.txt')
Out[36]: ('d:\\data\\python', 'a.txt', 'a', '.txt')
```

파일 이름은 '_'로 구분되어 있으므로 쉽게 성분별로 나눌 수 있고 변경할 수 있다.

```
In [37]: head = 'py_a_a_19'
         head.split('_')
Out[37]: ['py', 'a', 'a', '19']
```

이렇게 나누어진 성분 중 마지막 숫자 부분을 int( ) 함수로 정수로 변환할 수 있고, 이 숫자를 다시 세 자리 문자열로 변경하여 합칠 수 있다.

```
In [38]: fields = head.split('_')
         fields[-1] = '{:03d}'.format(int(fields[-1]))
         '_'.join(fields)
Out[38]: 'py_a_a_019'
```

193

Work 7. 파일 및 폴더 관리

이제 전체적으로 파일명을 변경해보자. 각 파일명에서 구성 성분을 분리하고 값을 변경한 후 이것을 재조합한다.

```python
In [39]: import glob

         for fpath in glob.glob('test/py_a_a*.txt'):
             folder, fname, head, tail = split_file_path(fpath)
             fields = head.split('_')          # 파일명을 _으로 구분자로 분리한다
             n = int(fields[-1])               # 맨 마지막 숫자 부분을 정수화한다
             fields[-1] = '{:03d}'.format(n)   # 3자리 문자열로 변환하여 리스트를 갱신한다
             head2 = '_'.join(fields)          # '_'로 재조합하고..
             fpath2 = os.path.join(folder, head2 + tail)  # 변경할 파일명을 만든다
             print('{} ==> {}'.format(fpath, fpath2))
             os.rename(fpath, fpath2)          # 파일 이름 변경하기
Out[39]: test\py_a_a_0.txt ==> test\py_a_a_000.txt
         test\py_a_a_1.txt ==> test\py_a_a_001.txt
         test\py_a_a_10.txt ==> test\py_a_a_010.txt
         test\py_a_a_11.txt ==> test\py_a_a_011.txt
         test\py_a_a_12.txt ==> test\py_a_a_012.txt
         test\py_a_a_13.txt ==> test\py_a_a_013.txt
         test\py_a_a_14.txt ==> test\py_a_a_014.txt
         test\py_a_a_15.txt ==> test\py_a_a_015.txt
         test\py_a_a_16.txt ==> test\py_a_a_016.txt
         test\py_a_a_17.txt ==> test\py_a_a_017.txt
         test\py_a_a_18.txt ==> test\py_a_a_018.txt
         test\py_a_a_19.txt ==> test\py_a_a_019.txt
         test\py_a_a_2.txt ==> test\py_a_a_002.txt
         test\py_a_a_3.txt ==> test\py_a_a_003.txt
         test\py_a_a_4.txt ==> test\py_a_a_004.txt
         test\py_a_a_5.txt ==> test\py_a_a_005.txt
         test\py_a_a_6.txt ==> test\py_a_a_006.txt
         test\py_a_a_7.txt ==> test\py_a_a_007.txt
         test\py_a_a_8.txt ==> test\py_a_a_008.txt
         test\py_a_a_9.txt ==> test\py_a_a_009.txt
```

도전 과제

## 파일을 백업 폴더에 복사하기

이번 과제는 test 폴더의 py_*.txt 파일들을 backup 폴더에 복사하는 것이다. test 폴더에 여러 종류의 파일들이 섞여 있을 수 있으므로 폴더 단위 복사는 적용할 수 없다. backup 폴더는 없다면 생성해야 한다. 파일 복사는 shutil 모듈의 copyfile( ) 함수를 이용하며 실행 과정은 다음과 같다.

1. backup 폴더가 존재하는지 확인하고 없으면 만든다.

2. 패턴에 맞는 test 폴더의 파일들을 하나씩 backup 폴더로 복사한다.

```
In [40]: import shutil

         import os

         import glob


         dest_folder = 'backup'


         # 1단계
         if not os.path.exists(dest_folder):   # 폴더가 존재하지 않으면
             os.mkdir(dest_folder)             # 생성한다


         # 2단계
         for src in glob.glob('test/py_*.txt'):
             shutil.copy(src, dest_folder)   # 파일을 복사한다
```

## 일정 시간 이후 변경된 파일만 백업하기

오늘 오전 7시 이후로 작업한(수정된), 지정된 디렉터리의 모든 파일을 work_2018_12_27과 같이 오늘 날짜로 된 폴더에 모두 복사하고 싶다고 하자. 이러한 작업 단계는 다음과 같다.

1. 오늘 오전 7시에 대한 숫자 하나로 된 시간을 구한다.

2. 그 시간 이후에 수정된 파일들을 모두 찾아낸다.

3. 대상 디렉터리에 해당 파일들을 복사한다.

현재 시간(d1)은 datetime.today( ) 함수로 구할 수 있다. 그리고 이 시간을 이용해서 오늘 오전 7시 시간(d2)을 다시 만들 수 있다. 그러고 나서 오늘 오전 7시에 대한 타임스탬프를 얻는다.

```
In [41]: from datetime import datetime

         d1 = datetime.today()
         d2 = datetime(d1.year, d1.month, d1.day, 7)
         reftime = d2.timestamp()
         reftime
Out[41]: 1545861600.0
```

이제 수정 시간이 reftime 이후인 파일들을 찾아내서 복사하면 된다. 어떤 디렉터리 및 그 하위 폴더의 파일 검색은 os.walk( ) 함수를 이용한다. 전체 코드를 살펴보면 다음과 같다.

```
In [42]: import os
         import shutil
         import time

         search_folders = ['.', 'd:\\test']

         d1 = datetime.today()
         d2 = datetime(d1.year, d1.month, d1.day, 7)
         reftime = d2.timestamp()

         dest_folder = 'backup_{}_{}_{}'.format(*tm[:3])
         if not os.path.exists(dest_folder):
             os.mkdir(dest_folder)

         for folder in search_folders:
             for curdir, dirs, files in os.walk(folder):
                 if curdir.endswith(dest_folder):    # 복사 대상 폴더는 생략
```

도전 과제

```
            continue
        for fname in files:
            fpath = os.path.join(curdir, fname)  # 파일 경로 생성
            mtime = os.path.getmtime(fpath)
            if mtime > reftime:  # 오늘 7시 이후의 파일이면
                shutil.copy(fpath, dest_folder)  # 백업 폴더로 복사
```

## 파일 삭제

작업을 하다 보면 필요 없는 파일들이 생겨난다. 이번에는 이러한 파일들을 일괄적으로 삭제해보자. 여기서는 확장자가 .bak인 파일을 삭제해보기로 한다.

```
In [43]: for curdir, dirs, flist in os.walk('.'):
             for fname in flist:
                 if fname.lower().endswith('.bak'):
                     fpath = os.path.join(curdir, fname)
                     os.remove(fpath)
```

## 이름으로 파일 찾기

특정 문자열을 파일 이름에 포함하는 파일 목록을 얻어보자. 하위 디렉터리도 검색 대상이므로 os.walk( ) 함수를 이용해야 한다. 다음 예는 [C:\ProgramData\Anaconda3] 폴더 및 하위 폴더에서 'python'이란 문자열을 파일 이름에 포함하는 파일 목록을 출력한다.

```
In [44]: import os

         search_folder = r'C:\ProgramData\Anaconda3'
         search_str = 'python'
         for curdir, dirs, files in os.walk(search_folder):
             for fname in files:
                 if search_str in fname.lower():
                     fpath = os.path.join(curdir, fname)
                     print(fpath)
```

## 특정 문자열을 포함한 파일 찾기

이번에는 grep 기능(텍스트 파일에서 특정 패턴의 문자열을 포함한 부분을 찾는 기능)을 활용해보자. 이 예에서는 문제를 간단히 하기 위해 정규식을 지원하지 않으며 단순히 문자열을 포함하는지 여부만 결정하기로 한다. 그러려면 모든 텍스트 파일의 내용을 읽어서 특정 문자열이 포함되어 있는지를 검사해야 한다. 이번 작업은 다음과 같은 과정을 따른다.

1. 파일이 이진 파일인지 텍스트 파일인지 판단한다.

2. 텍스트 파일이면 어떤 인코딩으로 되어 있는지 판단한다.

3. 인코딩 정보를 이용해 문자열로 변환한다.

4. 검색 문자열이 텍스트에 포함되어 있는지 판단한다.

단계 1    텍스트 파일인지 판단한다.

이진 파일 혹은 텍스트 파일의 구분은 mimetypes.guess_type( ) 함수를 이용한다. 이 함수는 파일 이름을 기반으로 파일의 종류를 추측한다. 반환값은 (파일타입, 인코딩)이다. 파일타입은 문자열이며 'type/subtype' 형식이다. 예를 들면 text/html, text/plain, image/png, image/gif와 같다. 인코딩은 문자 인코딩을 의미하는 것이 아니라 파일 압축에 해당하는 compress, gzip과 같은 인코딩이다. 인코딩되지 않았다면 None 값을 갖는다.

```
In [45]: import mimetypes

         mimetypes.guess_type('test.py')
Out[45]: ('text/plain', None)
```

**단계 2**    어떤 인코딩인지 판단한다.

   텍스트 파일이 어떤 문자 인코딩으로 되어 있는지 알아야 파일의 내용을 문자열로 읽어
낼 수 있다. 문자 인코딩 판단은 Work 5에서 언급한 chardet.detect( ) 함수를 이용해보자.
인수는 바이트 자료형이므로 파일을 이진 모드로 읽어야 한다. chardet.detect( ) 함수의 사
용 예는 다음과 같다.

```
In [46]: content = b'The asyncio package, ... is in the stdlib in Python 3.4 but not in 3'
         chardet.detect(content)
Out[46]: {'confidence': 1.0, 'encoding': 'ascii', 'language': ''}
```

**단계 3**    인코딩 정보를 이용해 문자열로 변환한다.

   앞에서 얻은 인코딩 정보를 이용해 바이트열을 문자열로 변환한다. 이때 str( ) 함수를 이
용한다.

```
In [47]: str(content, 'ascii')
Out[47]: 'The asyncio package, ... is in the stdlib in Python 3.4 but not in 3'
```

**단계 4**    검색 문자열이 텍스트에 포함되어 있는지 확인한다.

   검색하고자 하는 문자열이 추출된 텍스트 안에 포함되어 있는지를 단순히 검사하기만 하
면 된다.
   이를 종합한 코드를 살펴보면 다음과 같다.

```python
In [48]: import os
         import chardet
         import mimetypes

         search_str = 'zen of python'.lower()
         flist = []
         for curdir, dirs, files in os.walk(r'C:\ProgramData\Anaconda3\Lib\asyncio'):
             for fname in files:
                 fpath = os.path.join(curdir, fname)
                 mime = mimetypes.guess_type(fpath)
                 if not mime[0] or not mime[0].startswith('text'):
                     continue    # 단계 1: 텍스트 파일이 아니면 통과
                 content = open(fpath, 'rb').read()   # 단계 2
                 encoding = chardet.detect(content)['encoding'] # 인코딩 테스트
                 try:
                     txt = str(content, encoding)    # 단계 3: str로 변환
                 except:
                     continue
                 if search_str in txt.lower():    # 단계 4
                     print(fpath)
                     flist.append(fpath)
Out[48]: C:\ProgramData\Anaconda3\Lib\asyncio\futures.py
```

**1.** 지정된 폴더 및 그 이하의 모든 파일에 대하여 당일에 수정된 파일들을 다른 지정된 백업 폴더에 복사해보자.

**2.** 악기 녹음 파일들이 있다. 음높이는 미디 노트로 24부터 72까지, 강약은 p, mp, mf, f에 대해서 다음 파일명 형식의 이진 파일을 만들어보자. 내용은 큰 의미가 없다. 그냥 파일만 만들면 된다. 악기는 piano로 한다.

> 악기_강약_음높이.wav
>
> 예 piano_mf_60.wav, piano_mf_61.wav, piano_mf_62.wav, ⋯, piano_f_24.wav, piano_f_25.wav, ⋯

**3.** 앞에서 만든 파일의 형식을 다음과 같이 바꾸고 싶다. 파일 이름을 한 번에 바꾸는 알고리즘을 작성해보자. 악기의 종류는 yc로 통일한다.

> 악기_음높이_강약_악기종류.wav
>
> 예 piano_mf_60.wav → piano_mf_60_yc.wav

**4.** 파일 이름 중에서 공백이 포함되어 있다면 밑줄(_)로 이름을 변경하는 코드를 작성해보자.

# 사진 관리

스마트폰과 같은 모바일 기기가 일반화되면서 사진 찍는 일은 일상이 되었다. 스마트폰마다 수년간 누적된 수천 장의 사진들이 저장되어 있다. 클라우드에 사진을 저장할 수도 있지만, 평생 찍는 사진을 클라우드에 모두 저장해둘 수도 없는 일이다.

이러한 사진들을 컴퓨터로 내려받아서, 내 방식대로 일괄 정리하는 방법을 생각해보자. 사진을 날짜 혹은 시간대로 분류하거나 장소별로 분류할 수도 있다. 더불어 사진 크기를 조절하는 등의 일괄 처리도 가능하다.

 **학습 포인트**

- 스마트폰 사진을 PC로 내려받기

- Exif 정보란?

- Exif 정보를 이용해서 사진 분류하기

- 사진에 텍스트 추가하기

사진 관리를 위해서 사용할 패키지는 PIL(Python Imaging Library)이다. 파이썬 3에서는 Pillow란 이름으로 등록되어 있다. 다음과 같은 명령으로 설치한다.

```
pip install Pillow
```

한 번 배운 파이썬, 나만의 활용 스킬 | **Work 8.** 사진 관리

# 01 사진을 데스크톱으로 옮기기

사진을 처리하려면 먼저 사진이 데스크톱에 있어야 한다. 사진을 스마트폰에서 데스크톱 디스크로 옮기는 방법은 몇 가지가 있는데, 가장 기본적인 방법은 USB 케이블을 이용해서 컴퓨터와 스마트폰을 직접 연결하는 것이다. 스마트폰이 정상적으로 연결되면 윈도우 탐색기에 다음과 같이 스마트폰 아이콘이 보인다.

더블클릭하면 다음과 같이 메모리를 선택할 수 있다.

'Card'는 스마트폰에 별도의 SD카드를 추가했을 때 나타난다.

카메라로 찍은 사진은 둘 중 하나의 메모리에 있는 **[DCIM₩Camera]** 폴더에 저장되는 것이 일반적이다. 스마트폰에서 사진을 여러 앨범으로 나누었다면 각각의 폴더도 찾아서 따로 내려받아야 한다.

두 번째 방법은 'CX 파일 탐색기'와 같은 앱을 이용하는 것이다. 이 앱은 스마트폰과 PC가 동일한 공유기로 인터넷에 접속되어 있다면, PC에서 무선으로 ftp를 이용하여 스마트폰에 접속할 수 있다. 이 방법은 무선 연결이라 편리하지만 유선보다는 다소 느릴 수 있으니 전송량이 많으면 첫 번째 방법으로 하는 편이 더 나을 수 있다. 사용 방법을 간단히 소개하면 다음과 같다.

1. (스마트폰) Play 스토어에서 'CX 파일 탐색기'를 찾아서 설치한다.

스마트폰 PC
2. 스마트폰과 컴퓨터가 같은 공유기에 접속되어 있는지 확인한다.

스마트폰
3. CX 파일 탐색기를 실행한다.

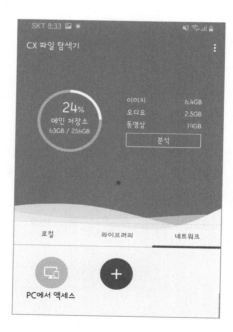

스마트폰
4. [PC에서 액세스]를 선택한다.

스마트폰
5. 필요하다면 옵션을 선택하고 [시작] 버튼을 누른다.

스마트폰

6. 화면에 표시되는 주소

(예: ftp://192.168.219.140:3932/)를 확인한다.

PC

7. 스마트폰에는 웹 브라우저를 이용하라고 안내되겠지만, 윈도우 탐색기를 이용하는 게 더 편리하다. 윈도우 탐색기에 앞의 주소를 입력한다.

PC

8. 이제 자유롭게 스마트폰의 파일들을 컴퓨터로 옮길 수 있다.

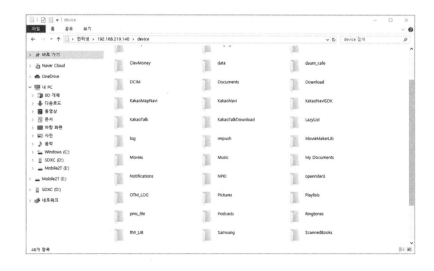

스마트폰에서 데스크톱 컴퓨터로 사진을 백업 받았다고 하자. 백업 폴더를 [photo/ Camera]라고 하겠다. 여기에 복사된 대량의 사진을 다루기 전에 사진 한 장을 다루는 법을 먼저 확인해 보자. 우선 사진 한 장을 골라본다.

```
In [1]: import glob


        fpath = glob.glob('photo/Camera/*.jpg')[5]   # 적당한 사진을 하나 선택한다
```

fpath 경로의 사진을 PIL 모듈의 Image 객체로 읽어들인다.

```
In [2]: from PIL import Image
        img = Image.open(fpath)
```

이제 사진 이미지의 크기나 색상과 같은 정보를 확인해 본다.

```
In [3]: img.size
Out[3]: (5312, 2988)
```

색상 모드를 확인한다.

```
In [4]: img.mode
Out[4]: 'RGB'
```

파일 형식을 확인해본다.

```
In [5]: img.format
Out[5]: 'JPEG'
```

사진 크기가 너무 커서 처리가 부담스러우니, 사진 크기를 좀 줄여보기로 하자. 사진을 썸네일로 만들어주는 thumbnail( ) 메서드는 객체 내에서 이미지의 크기를 줄여버린다. 하지만 가로세로 비율은 유지된다. 다음 예는 가로나 세로의 최댓값이 512가 되도록 줄인다.

```
In [6]: img.thumbnail((512,512))
         img.size   # 실제 변경된 크기 확인
Out[6]: (512, 288)
```

주피터 노트북에서는 사진 이미지도 그대로 보여준다.

```
In [7]: img
```

**실행 결과**

# 03 Exif 정보

jpg 파일에는 Exif(Exchangeable image file format)라는 정보가 있다. 이것을 메타데이터 (meta-data)라고 하는데, 메타데이터란 데이터를 설명하는 데이터, 즉 여기서는 사진을 설명 하는 데이터를 말한다. 예를 들면 사진을 찍은 시간, 조리개 노출 정도, 셔터 스피드, 렌즈의 종류, 카메라 모델 등으로, 사진 영상을 표현하기 위한 주변 정보 등을 말한다. 실제로 표현 가능한 exif 정보의 종류는 http://www.exiv2.org/tags.html 혹은 http://www.cipa.jp/std/ documents/e/DC-008-2012_E_C.pdf 문서를 보면 알 수 있듯이 상당히 많은데, 모든 사진 이 이런 정보를 다 가지고 있는 것은 아니다. 사진기마다(정확하게는 제조사 카메라마다) 표현하 는 정보들이 정해져 있다. 관련 문서의 일부를 확인해보면 다음과 같다.

## Metadata reference tables

### Standard Exif Tags

These are the Exif tags as defined in the Exif 2.3 standard.

IFD1 tags are not listed separately. All IFD0 tags may also be present in IFD1, according to the standard. The second part of the Exiv2 key of an IFD1 tag is `Thumbnail` (instead of `Image`), the other two parts of the key are the same as for IFD0 tags.

| Tag (hex) | Tag (dec) | IFD | Key | Type | Tag description |
|---|---|---|---|---|---|
| 0x000b | 11 | Image | Exif.Image.ProcessingSoftware | Ascii | The name and version of the software used to post-process the picture. |
| 0x00fe | 254 | Image | Exif.Image.NewSubfileType | Long | A general indication of the kind of data contained in this subfile. |
| 0x00ff | 255 | Image | Exif.Image.SubfileType | Short | A general indication of the kind of data contained in this subfile. This field is deprecated. The NewSubfileType field should be used instead. |
| 0x0100 | 256 | Image | Exif.Image.ImageWidth | Long | The number of columns of image data, equal to the number of pixels per row. In JPEG compressed data a JPEG marker is used instead of this tag. |
| 0x0101 | 257 | Image | Exif.Image.ImageLength | Long | The number of rows of image data. In JPEG compressed data a JPEG marker is used instead of this tag. |
| 0x0102 | 258 | image | Exif.Image.BitsPerSample | Short | The number of bits per image component. In this standard each component of the image is 8 bits, so the value for this tag is 8. See also <SamplesPerPixel>. In JPEG compressed data a JPEG marker is used instead of this tag. |
| 0x0103 | 259 | Image | Exif.Image.Compression | Short | The compression scheme used for the image data. When a primary image is JPEG compressed, this designation is not necessary and is omitted. When thumbnails use JPEG compression, this tag value is set to 6. |

jpg 파일의 exif 정보는 태그와 값으로 표현된다. 태그는 정보의 종류를 나타내는 숫자이 고 값은 그 정보의 실제 값이다. 예를 들어 태그 36867(0x9003)은 이미지가 만들어진 최초의 시간으로서 ('2017:09:07 09:44:36')와 같은 형식으로 표현되고, 태그 271은 카메라 제조사

가 문자열로, 태그 272는 카메라 모델이 문자열로 표현된다.

　어떤 태그(정수)가 어떤 의미를 담고 있는지를 쉽게 파악하게 하기 위해서 PIL 모듈은 ExifTags라는 사전을 준비해두고 있다. 이 사전의 키는 exif 태그 숫자이며 사전의 값은 태그의 의미를 간략한 문자열로 표시하고 있다.

```
In [8]: from PIL import ExifTags

        ExifTags.TAGS
Out[8]: {11: 'ProcessingSoftware',
         254: 'NewSubfileType',
         255: 'SubfileType',
         256: 'ImageWidth',
         257: 'ImageLength',
         258: 'BitsPerSample',
         259: 'Compression',
         262: 'PhotometricInterpretation',
         263: 'Thresholding',
         264: 'CellWidth',
         265: 'CellLength',
         ...(중간 생략)
         50973: 'OriginalRawFileDigest',
         50974: 'SubTileBlockSize',
         50975: 'RowInterleaveFactor',
         50981: 'ProfileLookTableDims',
         50982: 'ProfileLookTableData',
         51008: 'OpcodeList1',
         51009: 'OpcodeList2',
         51022: 'OpcodeList3',
         51041: 'NoiseProfile'}
```

　사진 속에 담겨 있는 실제의 exif 정보는 _getexif( ) 메서드를 이용하여 얻어낼 수 있다. _getexif( ) 메서드는 사전 자료형을 반환한다.

```
In [9]: img._getexif()
Out[9]: {256: 5312,
         257: 2988,
         34853: {0: b'\x02\x02\x00\x00'},
         296: 2,
         34665: 238,
         271: 'samsung',
         272: 'SM-G900K',
         305: 'G900KKTU1CPL5',
         274: 1,
         306: '2017:09:07 09:44:36',
         531: 1,
         282: (72, 1),
         283: (72, 1),
         36864: b'0220',
         37121: b'\x01\x02\x03\x00',
         37377: (690, 100),
         ...(출력 생략)
```

이 둘을 결합하면 사진 속에 담겨 있는 정보를 이해하기 쉽게 요약해서 출력하는 것이 가능하다. (태그의 10진수, 태그의 16진수, 태그의 의미, 값) 순서로 앞에서 읽은 사진의 메타 정보를 출력해본다.

```
In [10]: exif_data = img._getexif()

         for k, v in sorted(exif_data.items()):
             print('{:5d} 0x{:04x} {}: {}'.format(k, k, ExifTags.TAGS[k], v))
Out[10]:   256 0x0100 ImageWidth: 5312
           257 0x0101 ImageLength: 2988
           271 0x010f Make: samsung
           272 0x0110 Model: SM-G900K
           274 0x0112 Orientation: 1
```

```
  282 0x011a XResolution: (72, 1)

  283 0x011b YResolution: (72, 1)

  296 0x0128 ResolutionUnit: 2

  305 0x0131 Software: G900KKTU1CPL5

  306 0x0132 DateTime: 2017:09:07 09:44:36

  531 0x0213 YCbCrPositioning: 1

33434 0x829a ExposureTime: (1, 120)

33437 0x829d FNumber: (220, 100)

...(출력 생략)
```

숫자만 가지고 정보를 추출하는 것은 좀 번거롭기도 하고 나중에 코드를 읽기도 불편하니 태그 이름도 함께 exif_data 사전에 등록해두기로 하자.

```
In [11]: exif_data = img._getexif()


         exif_dat2 = {}
         for k, v in exif_data.items():
             exif_dat2[ExifTags.TAGS[k]] = v
         exif_data.update(exif_dat2)
```

그러면 숫자 및 태그 이름 모두로 값을 확인할 수 있다. 제조사 및 카메라 모델을 확인해보자.

```
In [12]: exif_data[271], exif_data[272]
Out[12]: ('samsung', 'SM-G900K')
In [13]: exif_data['Make'], exif_data['Model']
Out[13]: ('samsung', 'SM-G900K')
```

이번에는 사진의 방향을 나타내는 정보를 확인해보자. 'Orientation(274)' 태그는 카메라를 어떤 방향으로 돌려서 찍었는지를 확인할 수 있는 사진 찍은 방향을 나타내는데, 보통 가로로 찍은 사진은 1의 값을 갖는다.

```
In [14]: exif_data['Orientation']    # 274
Out[14]: 1
```

방향 값은 1~8 범위인데, 각 의미를 그림으로 표시하면 다음과 같다 .

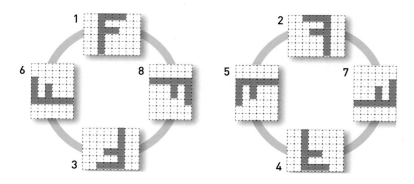

해상도 단위(296)는 2인 경우 인치이고, 3인 경우 센티미터다.

```
In [15]: exif_data[296]    # Resolution Unit - Inches
Out[15]: 2
```

XResolution(282), YResolution(283) 값은 보통 튜플 (a, b)로 표현되는데, 이것은 exif에서 실수를 표현하는 방법으로 a/b의 의미로서, 단위 길이(inch 혹은 centimeter)당 픽셀 수를 나타 낸다.

```
In [16]: exif_data['XResolution']    # 72/1 DPI
Out[16]: (72, 1)
```

노출 시간(1/120)과 조리개 값(2.27)은 다음과 같이 확인할 수 있다.

```
In [17]: exif_data['ExposureTime']    # 33434 - 1/120
Out[17]: (1, 120)
In [18]: exif_data['ApertureValue']    # 37378 - 227/100
Out[18]: (227, 100)
```

## 사진 찍은 날짜별로 사진 분류하기

현재 하나의 폴더에 모든 (백업) 사진이 들어가 있는데, 사진을 날짜별로 폴더에 담으려고 한다. 원래 폴더의 사진들은 그대로 놔두고 날짜별 폴더에 해당 사진들을 복사하기로 한다.

처리 절차는 다음과 같다. 여기서 원본 사진들은 **[photo₩Camera]** 폴더에 있다고 가정하자.

1. 분류된 사진을 저장할 폴더(photo/sorted_by_date)를 하나 만든다.

2. 모든 사진에 대해서 다음 과정(3~6)을 처리한다.

3. 사진의 exif 정보를 읽는다.

4. 날짜를 추출한다.

5. 사진 저장 폴더를 (없다면) 만든다.

6. 사진을 복사한다.

이와 같은 과정의 전체 코드를 살펴보면 다음과 같다.

```
In [19]: import os
         import glob
         from PIL import Image
         import shutil

         # 단계 1 - 사진을 담을 폴더를 (없으면) 만든다.
         dest_folder = 'photo\\sorted_by_date'
         if not os.path.exists(dest_folder):
             os.makedirs(dest_folder)
```

```
        for fpath in glob.glob('photo\\Camera\\*.jpg'):
            # 단계 3 - exif 정보를 읽는다.

            img = Image.open(fpath)

            exif_data = img._getexif()

            img.close()


            # 단계 4 - 사진 찍은 날짜/시간에서 시간은 버리고 날짜만 취한다.

            try:

                date = exif_data[0x9003].split()[0].replace(':', '-')

            except KeyError:

                # 날짜 정보가 없는 사진은 건너뛴다

                print('[SKIP]', fpath)

                continue


            # 단계 5 - 사진을 저장할 경로와 폴더를 (필요하다면) 만든다.

            fname = os.path.split(fpath)[1]

            folder2save = os.path.join(dest_folder, date)

            fpath2save = os.path.join(folder2save, fname)

            if not os.path.exists(folder2save):

                os.makedirs(folder2save)


            # 단계 6 - 사진을 복사한다.

            shutil.copyfile(fpath, fpath2save)
Out[19]: [SKIP] photo\Camera\20171231_141633.jpg
         [SKIP] photo\Camera\20180111_080202.jpg
         [SKIP] photo\Camera\20180202_124727.jpg
```

실행 결과는 다음과 같이 날짜별로 폴더가 만들어지고 사진이 분류된다.

도전 과제

| | |
|---|---|
| 2017-09-05 | 2017-09-07 |
| 2017-09-11 | 2017-09-15 |
| 2017-09-19 | 2017-09-26 |
| 2017-09-27 | 2017-09-28 |
| 2017-10-02 | 2017-10-10 |
| 2017-10-18 | 2017-10-19 |
| 2017-10-20 | 2017-10-23 |
| 2017-10-24 | 2017-10-25 |
| 2017-10-26 | 2017-10-28 |
| 2017-10-29 | 2017-10-31 |
| 2017-11-02 | 2017-11-03 |
| 2017-11-04 | 2017-11-06 |
| 2017-11-07 | 2017-11-09 |
| 2017-11-10 | 2017-11-16 |
| 2017-11-18 | 2017-11-20 |
| 2017-11-23 | 2017-11-25 |
| 2017-11-28 | 2017-11-30 |
| 2017-12-06 | 2017-12-07 |
| 2017-12-14 | 2017-12-16 |
| 2017-12-21 | 2017-12-22 |

## 이미지 리사이징

이번에는 [photo\Camera] 폴더에 있는 전체 사진 중에서 특정 날짜에 찍은 사진들만 그 크기를 축소하여 [photo\resized] 폴더에 저장해보자. 이미지 축소는 thumbnail(max_ width, max_height) 메서드를 이용하기로 한다. 처리 절차는 다음과 같다.

1. 필요한 환경변수를 선언한다.

2. 저장할 폴더가 필요하면 만든다.

3. 각 파일에 대해서 다음 과정(4~8)을 처리한다.

4. exif 정보를 얻는다.

5. 날짜 정보를 추출한다.

6. 날짜가 지정된 날짜가 아니면 다음으로 건너뛴다.

7. 사진 이미지를 리사이징한다.

8. 지정된 폴더에 저장한다.

도전 과제

```python
In [20]: import os

         from PIL import Image


         # 단계 1 - 필요한 환경변수를 선언한다
         srcfolder = 'photo\\Camera'      # 소스 폴더
         dstfolder = 'photo\\resized'             # 저장 폴더
         selected_date = '2018-03-24'
         maxwidth, maxheight = 1024, 1024      # 가로세로 최대 크기
         folder2save = os.path.join(dstfolder, selected_date) # 저장할 폴더


         # 단계 2 - 저장할 폴더가 필요하면 만든다
         if not os.path.exists(folder2save):
             os.makedirs(folder2save)


         for fpath in glob.glob(srcfolder+'\\*.jpg'):
             # 단계 4 - exif 정보를 읽는다
             img = Image.open(fpath)
             exif_data = img._getexif()


             # 단계 5 - 날짜 정보 추출은 사진 찍은 날짜/시간에서 시간은 버리고 날짜만 취한다
             try:
                 date = exif_data[0x9003].split()[0].replace(':', '-')   # 날짜를 얻는다
             except KeyError:
                 # 날짜 정보가 없는 사진은 건너뛴다
                 continue
             # 단계 6 - 날짜가 지정된 날짜가 아니면 다음으로 건너뛴다
             if date != selected_date:
                 continue

             img.thumbnail((maxwidth, maxheight))   # 단계 7 - 리사이징한다
             fname = os.path.split(fpath)[1]
             fpath2save = os.path.join(folder2save, fname) # 저장할 경로를 만든다
             img.save(fpath2save)   # 단계 8 - 이미지를 저장한다
```

```
           print(fpath, '==>', fpath2save)
Out[20]: photo\Camera\20180324_090421.jpg ==> photo\resized\2018-03-24\20180324_090421.jpg
         photo\Camera\20180324_090424.jpg ==> photo\resized\2018-03-24\20180324_090424.jpg
         photo\Camera\20180324_103131.jpg ==> photo\resized\2018-03-24\20180324_103131.jpg
         photo\Camera\20180324_103138.jpg ==> photo\resized\2018-03-24\20180324_103138.jpg
         photo\Camera\20180324_103143.jpg ==> photo\resized\2018-03-24\20180324_103143.jpg
         photo\Camera\20180324_103148.jpg ==> photo\resized\2018-03-24\20180324_103148.jpg
         photo\Camera\20180324_162819.jpg ==> photo\resized\2018-03-24\20180324_162819.jpg
```

## 텍스트 넣기

이번에는 사진을 적당한 크기로 축소한 후, 오른쪽 아래에 사진을 찍은 날짜와 시간을 넣어보자. 사진에 텍스트를 넣으려면 우선 폰트 객체를 만들어야 한다. PIL 모듈의 폰트 객체는 ImageFont의 truetype(font_file, size) 함수로 만들 수 있다. 이 함수는 트루타입폰트 파일 이름(혹은 경로)과 크기를 인수로 받는데, 폰트 파일 이름만 넣어주면 대부분 자동으로 찾는다.

폰트 목록 창은 **[윈도우키+R]**을 누른 후 shell:fonts를 입력하면 띄울 수 있다. 원하는 폰트를 선택한 후, 마우스 오른쪽 버튼을 누르고 속성을 선택하면 폰트 이름(파일명)을 알 수 있다.

```
In [21]: from PIL import ImageFont


         font = ImageFont.truetype('arial', 20)
         font = ImageFont.truetype('arial.ttf', 20)
```

이 폰트를 이용해 텍스트를 그리려면 ImageDraw의 text(xy, text, fill, font) 메서드를 이용한다.

- xy: 텍스트의 좌상(left-top) 위치 좌표
- text: 출력할 텍스트
- fill: 텍스트의 색상(선택)
- font: ImageFont 객체(선택)

색상(fill)은 (R, G, B)이고 각각 0~255 사이의 값을 갖는다.

```
In [22]: img = Image.open('photo/SAM_8181.jpg')
         img.thumbnail((512, 512))
         print(img.size)
         draw = ImageDraw.Draw(img)
         draw.text((10,10), 'Winter', (255, 255, 255), font) # 위치, 출력 문자열, 색상, 폰트
         img
Out[22]: (512, 341)
```

**실행 결과**

날짜 정보는 오른쪽 아래에 표시하기로 하자. 오른쪽 아래에 텍스트를 표시하려면 출력할 텍스트의 길이와 높이를 미리 알아야 한다. 왜냐하면 text( ) 메서드의 첫 번째 인수가 출력 텍스트의 좌상(left-top) 위치이기 때문이다.

출력할 텍스트의 가로세로 길이 정보는 draw.textsize(text, font)로 알 수 있다.

```
In [23]: draw.textsize('2013-01-19', font)
Out[23]: (102, 19)
```

따라서 x 좌표는 (이미지의_폭-102)보다 작아야 하고 y 좌표는 (이미지의_높이-19)보다 작아야 한다. 여기에 바닥과 오른쪽 간격을 10씩 더 주기로 하자.

```
In [24]: width, height = img.size
         draw.text((width-102-10, height-19-10), '2013-01-19', (255, 255, 0), font)
         img
```

여기에 한 가지 더 추가로 알아보자면 세로로 찍은 영상은 사진 찍은 방향(orientation)에 따라 이미지를 회전시켜야 제대로 보인다. 방향(태그 번호 274)이 1이 아닌 경우는 이미지를 회전 혹은 반전시키지 않으면 제대로 된 영상을 얻을 수 없다.

다음은 방향이 6인 경우의 이미지다.

```
In [25]: from PIL import ImageDraw
         from PIL import ImageFont

         font = ImageFont.truetype('arial', 20)
         img = Image.open('photo/Camera/20170907_094405.jpg')
         img.thumbnail((512, 512))
         print('Size =', img.size)
         print('Direction =', img._getexif()[274])
         width, height = img.size
         draw = ImageDraw.Draw(img)
```

```
       draw.text((width-102-10, height-19-10), '2013-01-19', (255, 255, 0), font)
       img
Out[25]: Size = (512, 288)
       Direction = 6
```

**실행 결과**

이미지의 회전에는 rorate( ) 메서드와 transpose( ) 메서드를 이용할 수 있다.

rotate( ) 메서드는 임의의 각으로 회전할 수 있는 반면, transpose( ) 메서드는 90도 단위로만 회전할 수 있고 좌우 혹은 상하 이미지 반전도 가능하다. 따라서 rotate( ) 메서드가 유연성이 크지만 90도 단위로 회전한다면 transpose( ) 메서드가 더 간편하다.

먼저 rotate( ) 메서드를 사용한 예를 살펴보자. 앞선 이미지의 orientation은 6이므로 rotate( ) 메서드로 시계방향으로 90도 회전시킨 후 텍스트를 적용해야 한다.

```
rotate(angle, resample=0, expand= 0)
```

angle은 반시계방향에 따른 각도(degree)이고, resample은 이미지를 재구성하는 데 쓰이는 보간법이다. expand는 사이즈 변경에 따라서 전체 이미지 틀을 회전에 따른 이미지 크기 변경에 맞게 재조정할 것인지에 대한 옵션이다.

```
In [26]: img = Image.open('photo/Camera/20170907_094405.jpg')
         img.thumbnail((512, 512))

         # 시계방향으로 90도 회전
         img = img.rotate(-90, resample=Image.BICUBIC, expand=True)
         width, height = img.size
         print(img.size)

         draw = ImageDraw.Draw(img)
         draw.text((width-102-10, height-19-10), '2013-01-19', (255, 255, 0), font)
         img
Out[26]: (288, 512)
```

**실행 결과**

다음은 transpose( ) 메서드를 이용한 예다.

```
In [27]: img = Image.open('photo/Camera/20170907_094405.jpg')
         img.thumbnail((512, 512))

         # 시계방향으로 90도 회전
         img = img.transpose(Image.ROTATE_270)
         width, height = img.size
         print(img.size)

         draw = ImageDraw.Draw(img)
         draw.text((width-102-10, height-19-10), '2013-01-19', (255, 255, 0), font)
         img
Out[27]: (288, 512)
```

**실행 결과**

## transpose( ) 메서드

이미지를 좌우/상하로 뒤집으려면 transpose() 메서드를 이용할 수 있다. 더불어 90도 단위의 회전도 가능하다. 사진의 orientation 정보에 따라 이미지를 보정하려 할 때 이 메서드를 사용할 수 있다.

```
Image.transpose(method)
method : Image.FLIP_LEFT_RIGHT, Image.FLIP_TOP_BOTTOM, Image.
ROTATE_90, Image.ROTATE_180, Image.ROTATE_270, Image.TRANSPOSE
```

```
In [28]: img = Image.open('photo/SAM_8181.jpg')
         img.thumbnail((512, 512))


         img1 = img.transpose(Image.FLIP_LEFT_RIGHT)   # 좌우 뒤집기
         img1
```

**실행 결과**

```
In [29]: img2 = img.transpose(Image.FLIP_TOP_BOTTOM)   # 상하 뒤집기
         img2
```

```
In [30]:  img = Image.open('photo/SAM_8181.jpg')
          img.thumbnail((512, 512))


          img3 = img.transpose(Image.TRANSPOSE)  # 좌우 뒤집고, 반시계방향으로 90도 회전
          img3
```

**실행 결과**

이제 기술적인 설명은 끝났으니 과제를 수행해보자. 다음 절차대로 코드를 작성한다.

1. 처리할 폴더와 처리된 이미지를 저장할 폴더를 정한다. 축소할 이미지 크기도 정한다.

2. 필요하다면 저장할 폴더를 만든다.

3. 폰트를 만든다.

4. 이미지를 축소한다.

5. 각 이미지에 대해서 exif 정보를 읽어온다.

6. 날짜/시간을 추출한다.

7. 필요하다면 이미지를 회전시킨다(여기서는 orientation이 6 또는 8일 때만 처리).

8. 날짜를 이미지에 그린다.

9. 이미지를 저장한다.

```
In [31]: import os
         import glob
         from PIL import Image, ImageFont, ImageDraw

         # 단계 1
         src_folder = 'photo\\Camera'
         dst_folder = 'photo\\datetime_printed'
         max_width, max_height = 1024, 1024

         # 단계 2
         if not os.path.exists(dst_folder):
             os.mkdir(dst_folder)

         font = ImageFont.truetype('arial.ttf', 20) # 단계 3

         for fpath in glob.glob(src_folder + '\\*.jpg')[:10]:
             img = Image.open(fpath)
             img.thumbnail((max_width, max_height))   # 단계 4
```

```python
    exif_info = img._getexif()    # 단계 5
    # exif 정보가 없거나 찍은 날짜 정보가 없으면 통과한다
    if not exif_info or 0x9003 not in exif_info:
        continue
    tm = exif_info[0x9003]    # 단계 6

    # 단계 7
    orientation = exif_info[274]
    if orientation == 6:
        img = img.transpose(Image.ROTATE_270)
    elif orientation == 8:
        img = img.transpose(Image.ROTATE_90)
    width, height = img.size

    # 단계 8
    draw = ImageDraw.Draw(img)    # Draw 객체를 만든다
    text_width, text_height = draw.textsize(tm, font)    # 출력할 텍스트의 크기를 가져온다
    draw.text((width-text_width-10, height-text_height-10), tm, (255, 255, 0), font)

    # 파일 저장 경로를 생성한다
    _, fname = os.path.split(fpath)
    fpath2save = os.path.join(dst_folder, fname)
    img.save(fpath2save)    # 단계 9 - 파일 저장
    print(fpath, fpath2save)
```

```
Out[31]: photo\Camera\20170905_203133.jpg photo\datetime_printed\20170905_203133.jpg
         photo\Camera\20170907_094237.jpg photo\datetime_printed\20170907_094237.jpg
         photo\Camera\20170907_094331.jpg photo\datetime_printed\20170907_094331.jpg
         photo\Camera\20170907_094405.jpg photo\datetime_printed\20170907_094405.jpg
         photo\Camera\20170907_094412.jpg photo\datetime_printed\20170907_094412.jpg
         photo\Camera\20170907_094436.jpg photo\datetime_printed\20170907_094436.jpg
         photo\Camera\20170907_094513.jpg photo\datetime_printed\20170907_094513.jpg
         photo\Camera\20170907_094525.jpg photo\datetime_printed\20170907_094525.jpg
         photo\Camera\20170907_094529.jpg photo\datetime_printed\20170907_094529.jpg
         photo\Camera\20170907_094608.jpg photo\datetime_printed\20170907_094608.jpg
```

도전 과제

## 사진에 장소 텍스트 넣기

이번에는 사진이 찍힌 장소를 텍스트로 넣어보기로 하자. 사진이 찍힌 장소를 알려면 사진에 위치 정보(GPS)가 포함되어 있어야 한다. 이 위치 정보는 스마트폰 카메라 앱으로 사진을 찍을 때 함께 저장되는데, 이렇게 하려면 카메라 앱 설정에서 '위치 태그' 혹은 '위치 정보 저장' 기능이 켜져 있어야 한다.

우리가 처리하고자 하는 사진에 위치 정보(GPS)가 포함되어 있다고 할 때, 이 위치 정보에서 역지오코딩(reverse geocoding)을 이용하여 실제 주소를 추출하고 사진에 주소를 넣어 보기로 하자. 우선은 이미지에서 GPS 정보를 읽는 방법을 살펴보자.

```
In [32]: from PIL import Image, ExifTags


         im = Image.open('photo\\Camera\\20181210_111635.jpg')  # GPS정보가 포함된 사진을 선택
         exif_data = im._getexif()
```

exif 정보에서 0x8825를 키로 하는 값이 GPS 정보이며, 사전으로 구성되어 있다.

```
In [33]: exif_data[0x8825]
Out[33]: {0: b'\x02\x02\x00\x00',
          1: 'N',
          2: ((37, 1), (7, 1), (59, 1)),
          3: 'E',
          4: ((126, 1), (42, 1), (6, 1)),
          5: b'\x01',
          6: (0, 1),
          7: ((2, 1), (16, 1), (27, 1)),
          29: '2018:12:10'}
```

각 숫자 키들의 의미는 ExifTags.GPSTAGS에서 확인할 수 있다.

```
In [34]: ExifTags.GPSTAGS
Out[34]: {0: 'GPSVersionID',
          1: 'GPSLatitudeRef',
          2: 'GPSLatitude',
          3: 'GPSLongitudeRef',
          4: 'GPSLongitude',
          5: 'GPSAltitudeRef',
          6: 'GPSAltitude',
          7: 'GPSTimeStamp',
          8: 'GPSSatellites',
          9: 'GPSStatus',
          10: 'GPSMeasureMode',
          11: 'GPSDOP',
          12: 'GPSSpeedRef',
          13: 'GPSSpeed',
          14: 'GPSTrackRef',
          15: 'GPSTrack',
          16: 'GPSImgDirectionRef',
          17: 'GPSImgDirection',
          18: 'GPSMapDatum',
          19: 'GPSDestLatitudeRef',
          20: 'GPSDestLatitude',
          21: 'GPSDestLongitudeRef',
          22: 'GPSDestLongitude',
          23: 'GPSDestBearingRef',
          24: 'GPSDestBearing',
          25: 'GPSDestDistanceRef',
          26: 'GPSDestDistance',
          27: 'GPSProcessingMethod',
          28: 'GPSAreaInformation',
          29: 'GPSDateStamp',
          30: 'GPSDifferential',
          31: 'GPSHPositioningError'}
```

이들 중에서 GPSLatitude와 GPSLongitude 값을 확인해보자.

```
In [35]: gps_lat = exif_data[0x8825][2] # 위도
         gps_lon = exif_data[0x8825][4] # 경도
```

```
In [36]: gps_lat  # 위도
Out[36]: ((37, 1), (7, 1), (59, 1))
```

위도 혹은 경도는 (도, 분, 초)의 세 영역으로 되어 있고 각 값은 분수 형태로 실수를 나타낸다. 예를 들어 (37, 1)은 37/1을 의미한다. 즉, 위도 값은 37도7분59초다.

```
In [37]: gps_lon  # 경도
Out[37]: ((126, 1), (42, 1), (6, 1))
```

이렇게 얻은 위도나 경도를 십진수의 도(degree)로 계산하는 함수를 만들어보자. 60초는 1분이고 60분은 1도라는 관계를 이용한다.

```
In [38]: def gps2deg(gps):
             d = 1
             deg = 0.0
             for num, den in gps:
                 deg += (num / den) / d
                 d *= 60
             return deg
```

작성된 gps2deg( ) 함수 호출 예는 다음과 같다.

```
In [39]: gps2deg(gps_lat)  # 위도
Out[39]: 37.13305555555556
```

```
In [40]: gps2deg(gps_lon)   # 경도
Out[40]: 126.70166666666667
```

 **주의** 만일 위도가 'S(남위)'이거나 경도가 'W(서경)'인 경우는 부호를 반대로 처리해야 한다.

이렇게 계산된 결과가 어디인지 궁금하다면, 구글 지도에 위치를 표시해볼 수 있다. 구글 지도를 이용하여 보도록 하자. https://www.google.co.kr/maps/place/ 위도,경도 형식으로 원하는 위치를 확인해 볼 수 있다.

```
In [41]: import webbrowser

         lat, lon = gps2deg(gps_lat), gps2deg(gps_lon)
         url = 'https://www.google.co.kr/maps/place/{},{}'.format(lat, lon)
         webbrowser.open(url)   # 브라우저 자동으로 열기
         print(url)
Out[41]: https://www.google.co.kr/maps/place/37.13305555555556,126.70166666666667
```

또 다른 방법으로 ipython notebook 안에 지도를 직접 포함시킬 수도 있다.

```
In [42]: from IPython.display import IFrame
         from IPython.core.display import display

         # iframe으로 구글 맵을 표시한다
         lat, lon = 37.13305555555556, 126.70166666666667
         google_maps_url = "http://maps.google.com/maps?q={0}+{1}&ie=UTF8&t=h&z=14&output=embed".format(lat, lon)

         display(IFrame(google_maps_url, '800px', '500px'))
```

자, 그러면 이제 GPS 값을 주소로 변환해보자. 주소로부터 위도와 경도 값을 얻어내는 것을 지오코딩(geocoding)이라 하고, 위도와 경도 값으로부터 주소를 얻어내는 것을 역지오코딩(reverse geocoding)이라고 한다. 역지오코딩을 위한 파이썬 모듈이 몇 개 있긴 하지만, 외국 모듈인 경우 국내 주소를 표현하지 못하는 경우가 많다. 또 표현하더라도 한글이 아닌 영문 결과를 반환하므로 한글로 표시하려면 영어 알파벳을 한글로 변환해야 하니 조금 번거롭다. 구글이 지원하는 지오코딩 및 역지오코딩은 정보가 풍부해서 좋기는 한데, 아쉬운 점은 서비스가 유료로 전환되었다는 것이다(https://developers.google.com/maps/documentation/geocoding/start).

본격적으로 역지오코딩을 업무에 사용하려면 API 키를 얻고 카드 지불을 등록해서 사용하는 편이 좋겠다. 하지만 여기서는 간단한 테스트만 수행하는 것이므로 무료로 테스트하는 방법으로 시도해보자. '웹 브라우저 자동화'를 다룰 때 설명했던 셀레니움을 이용하면 다소 느리긴 하지만 간단한 테스트에는 문제가 없다. 구글 맵에 들어가서 좌표를 입력하면 웹 화면에 그 좌표의 주소가 표시된다. 해당 주소를 얻어오는 방법을 쓰도록 하자.

다음은 셀레니움을 이용해서 변수 lat, lon에 대한 주소를 얻어오는 코드다. 이에 관한 내용은 Work 4에서 이미 설명했으므로 자세한 사항은 생략하도록 한다.

```
In [43]: import time
         from selenium import webdriver
         from selenium.webdriver.common.keys import Keys


         # 입력 좌표
         lat, lon = 37.13305555555556, 126.70166666666667


         driver = webdriver.Chrome()   # 크롬 브라우저를 실행한다


         driver.get('https://www.google.com/maps')
         elem = driver.find_element_by_name("q")
         elem.send_keys(f"{lat},{lon}" + Keys.RETURN)
         time.sleep(5)   # 대기 시간을 충분히 준다
         elem = driver.find_element_by_xpath('//*[@data-section-id]')
         adrs = elem.text
         driver.close()
```

```
In [44]: adrs   # 추출된 주소 확인
Out[44]: '경기도 화성시 서신면 오얏리길 46'
```

이제 이렇게 추출한 주소를 사진에 써 넣어보자.

```
In [45]: from PIL import Image
         from PIL import ImageFont


         font = ImageFont.truetype('NanumGothicBold', 20)


         img = Image.open('photo\\Camera\\20181210_111635.jpg')
         img.thumbnail((512, 512))
```

```
        print(img.size)

        draw = ImageDraw.Draw(img)

        draw.text((10,10), adrs, (255, 0, 0), font) # 위치, 출력 문자열, 색상, 폰트

        img
Out[45]: (512, 288)
```

**실행 결과**

# 05 연습 과제

1. 사진을 시간대별로 분류해보자. 즉, 각 시간대에 찍은 사진은 모두 한 폴더에 모으는 것이다.

2. 여행을 다녀온 사진을 모으고 싶다. 예를 들어 '전주' 혹은 프랑스 '파리'에서 찍은 사진만 모두 모으는 코드를 작성해보자.

3. 특정한 장소에서 찍은 사진을 모두 모아보자. 어떤 사진 하나가 주어지면, 그 사진이 찍힌 위치에서 일정한 거리 이내의 사진들을 모두 모아주는 프로그램이다. 두 GPS 간의 거리는 다음 코드로 계산할 수 있다.

연습 과제

`import math`

```python
def dist_between_gps(lat1, lon1, lat2, lon2):
    '''
    두 GPS 좌표간 거리 계산
    좌표1 : (lat1, lon1)
    좌표2 : (lat2, lon2)
    반환값 : meters (float)
    '''
    lat1, lon1, lat2, lon2 = map(math.radians, (lat1, lon1, lat2, lon2))
    R = 6371000   # 지구 반경. 위도에 따라 달라질 수 있음
    d_lat = lat2 - lat1
    d_lon = lon2 - lon1
    a = (math.sin(d_lat/2)**2) + math.cos(lat1) * math.cos(lat2) * math.sin(d_lon/2) ** 2
    c = 2 * math.atan2(math.sqrt(a), math.sqrt(1-a))
    return R * c


# Test: 서울역과 부산역의 직선 거리
meters = dist_between_gps(37.554531, 126.970663, 35.114979, 129.041549)
print('{:.2f}km'.format(meters/1000))
```

Out[46]: 328.60km

# $\mathcal{W}ork\ 9$

## 프로그램 자동
## 실행하기

컴퓨터를 사용하다 보면 뭔가 자동으로 실행시키고 싶은 프로그램들이 있다. 파이썬으로 프로그램을 자동으로 실행할 수도 있고, 사용자가 로그인하면 자동으로 작업 폴더가 열리거나 방문해야 할 웹페이지들이 펼쳐져서 일상의 번거로움을 해결할 수도 있다. 또한 지정된 시간에 파이썬 스크립트를 실행시키거나, 주기적으로 실행시키는 것을 통해 백업이나 컴퓨터 관리를 자동으로 할 수도 있다. 이번 Work에서는 이렇게 프로그램을 자동으로 실행하는 방법에 대해 알아본다. 이번 작업에는 특별히 추가로 준비할 내용은 없다.

 **학습 포인트**

- 파이썬 스크립트로 윈도우 탐색기나 웹 브라우저를 연다.

- 파이썬 스크립트로 일반 프로그램을 실행한다.

- 지정된 시간에 파이썬 스크립트가 실행되게 한다.

- 주기적으로 파이썬 스크립트가 실행되게 한다.

# 01 파이썬으로 다른 프로그램 실행하기

## 파일 탐색기 열기

os 모듈의 startfile( ) 함수를 이용하여 윈도우 파일 탐색기를 실행할 수 있다.

```
In [1]: import os


        os.startfile(' c:\\')   # 파일 탐색기 열기
```

**실행 결과**

## 웹 브라우저 열기

웹 브라우저는 webbrowser 모듈의 open( ) 함수를 이용한다.

```
In [2]: import webbrowser


        webbrowser.open('https://freelec.co.kr/')
Out[2]: True
```

**실행 결과**

## 프로그램 자동 실행

일반 프로그램을 실행시키려면 subprocess 모듈의 Popen을 사용하는 게 더 좋다. 다음 명령으로 계산기를 실행할 수 있다.

```
In [3]: from subprocess import Popen


        Popen(' calc')   # 계산기 실행
Out[3]: <subprocess.Popen at 0x1ba16df3a90>
```

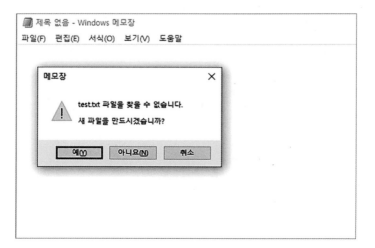

실행 명령어에 인수가 필요한 경우는 리스트에 묶어서 전달한다. 다음 코드는 test.txt 파일을 편집하는 메모장을 실행한다.

```
In [4]: Popen(['notepad', 'test.txt'])    # 메모장 실행
Out[4]: <subprocess.Popen at 0x4f17ba8>
```

**실행 결과**

어떤 프로그램들은 실행 경로를 직접 입력해야 하는 경우도 있다. 예를 들어 다음은 엑셀을 실행하는 명령이다. 경로는 사용 컴퓨터 시스템마다 다를 수 있다.

```
In [5]: Popen([ r"C:\Program Files\Microsoft Office\Office16\excel.exe"])
Out[5]: <subprocess.Popen at 0x4f17a20>
```

**실행 결과**

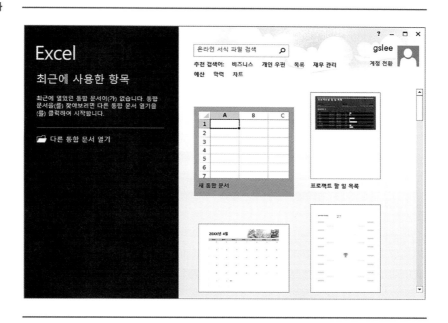

엑셀 문서 파일을 직접 열려면 데이터 파일(예: weather.xlsx)을 인수로 추가 지정한다.

```
In [6]: Popen([r"C:\Program Files\Microsoft Office\Office16\excel.exe", "weather.xlsx"])
Out[6]: <subprocess.Popen at 0x4f17b00>
```

## 실행 프로그램 입출력 처리하기

콘솔(도스창)에서 실행한 명령의 텍스트 결과를 받으려면 stdout에 연결된 파이프(pipe)를 이용한다. 파이프란 한 프로그램의 출력을 다른 프로그램의 입력으로 연결해주는 연결 프로그램이다. 다음 코드는 콘솔 명령 dir을 실행하고 결과를 화면에 출력한다. 파이프의 출력 결과는 바이트(bytes)형이므로 문자열로 변환하려면 decode( ) 함수를 사용해야 한다. 이때 인코딩 정보(한글 윈도우인 경우 'cp949')를 입력해주어야 한다.

```
In [7]: from subprocess import Popen, PIPE

        pipe = Popen('dir', shell=True, stdout=PIPE)
        print(pipe.stdout.read().decode('cp949')[:284]) # 일부만 출력
Out[7]:  E 드라이브의 볼륨: work


         볼륨 일련 번호: 1A94-8BC2
```

```
               E:\Projects\PythonBooks\업무자동화를위한파이썬 디렉터리

2019-01-02  오후 04:02   <DIR>            .
2019-01-02  오후 04:02   <DIR>            ..
2019-01-02  오후 03:26   <DIR>            .ipynb_checkpoints
2017-07-05  오후 03:01            1,315 00장-서론.ipynb
```

다음은 리눅스에서 ps 명령을 실행한 예다. 여기서는 5개의 결과만 출력했다.

```
In [8]:  from subprocess import Popen, PIPE

         pipe = Popen('ps -ef | grep my_email', shell=True, stdout=PIPE)
         output = pipe.stdout.read().decode('utf-8')
         for line in output.splitlines()[:5]:
             print(line)
Out[8]:  my_email       676      1   0 11월12 ?        00:00:00 /usr/bin/ssh -q -oRSAAuthenticat
         root           677   1196   0 11월12 ?        00:00:00 sshd: my_email [priv]
         my_email       717    677   0 11월12 ?        00:00:00 sshd: my_email@pts/54
         my_email       718    717   0 11월12 pts/54 00:00:00 -bash
         my_email       732      1   0 11월12 ?        00:00:00 /usr/bin/ssh -q -oRSAAuthenticat
```

만일 프로그램 실행 도중에 키보드 입력을 제공해야 하고, 또한 동시에 출력 결과를 파이프를 통해서 받아야 한다면 양방향 파이프를 이용한다. 입력은 stdin을 통해서 키보드 입력 대신 write( ) 함수로 문자열을 공급하고, 출력은 stdout을 통해서 read( ) 함수로 읽어낸다. 입력과 출력의 자료형은 모두 바이트(bytes)형이다.

문자열을 바이트열로 변환하려면 encode(code) 메서드를 이용한다.

```
In [9]: '문자열'.encode('utf-8')
Out[9]: b'\xeb\xac\xb8\xec\x9e\x90\xec\x97\xb4'
```

바이트 열을 문자열로 변환하려면 str() 함수에 바이트 열과 인코딩 정보를 제공한다.

```
In [10]: str(b'\xeb\xac\xb8\xec\x9e\x90\xec\x97\xb4', 'utf-8')
Out[10]: '문자열'
```

```
In [11]: from subprocess import Popen, PIPE

         pipe = Popen('sort', shell=True, stdin=PIPE, stdout=PIPE)
         pipe.stdin.write(b'''a
         b
         x
         c''')
         pipe.stdin.close()
```

```
In [12]: print(str(pipe.stdout.read(), 'cp949'))
Out[12]: a

         b

         c

         x
```

# 02 지정된 시간에 함수 실행하기

## 지정된 시간에 함수 실행하기(블로킹 모드)

파이썬 코드 내에서 지정된 시간이 되면 자동으로 특정 함수를 실행하는 코드를 작성해보자. 이때는 파이썬의 이벤트 스케줄러 모듈 sched에 있는 scheduler( )를 이용할 수 있다. scheduler( ) 객체의 enter(delay, priority, action, argument=( ), kwargs={}) 메서드를 이용하여 실행할 함수(action) 이벤트를 필요한 만큼 등록해두고, run( ) 메서드로 등록된 이벤트를 실행한다. 그러면 delay 인수로 지정된 시간을 대기한 후에 priority에 따른 우선순위를 가지고 action으로 지정된 함수를 실행한다. run( ) 메서드는 스케줄대로 등록된 함수를 호출해주며 모든 실행이 끝나면 run( ) 메서드도 끝난다(즉, 블로킹 모드로 실행된다). 다음 코드는 5초 후, 10초 후 각각 my_job( ) 함수를 호출하는 예다. run( ) 메서드로 예약 작업이 시작되며 모든 예약 작업이 완료되면 run( ) 메서드에서도 반환된다.

```python
In [13]: import sys
         import sched

         def my_job(text="..."):
             print(text)
             sys.stdout.flush()

         s = sched.scheduler()
         s.enter(5, 1, my_job)
         s.enter(10, 1, my_job, argument=('good!',))
         s.run()    # Blocking된다
         print('done')
```

```
Out[13]: ...
         good!
         done
```

절대 시작 시간을 지정하고 싶다면 enterabs( ) 메서드를 이용한다. 첫 인수만 절대 시간이고 나머지 인수는 enter( ) 메서드와 같다. 예를 들어 5초 후에 my_job( ) 함수를 실행하려면 다음과 같이 이벤트를 등록한다.

```
import time
s.enterabs(time.time()+5, 1, my_job);
```

## threading을 이용해 지정된 시간에 함수 실행하기(논블로킹 모드)

이번에는 예약해 놓은 코드를 대기했다가 지정된 시간에 실행하도록 하면서도, 다른 필요한 작업을 동시에 실행하게 하는 구조를 이용해보자. 동시 실행이 가능한 구조는 스레딩(threading) 기법으로 해결할 수 있다. 하나의 프로그램이 동시에 실행 가능한 작은 단위로 나뉘었을 때, 각각을 스레드(thread)라고 한다. 각 스레드는 상호 협력하면서 동시에 실행된다. 파이썬에서는 threading 모듈을 이용하여 스레드를 생성하고 실행할 수 있다. 지정된 시간에 특정 함수를 실행하려면 threading.Timer(interval, function, args=None, kwargs=None) 함수를 이용한다. 이 함수는 interval 초 이후에 인수 args와 키워드 인수 kwargs를 갖고 function을 실행하게 해주는 타이머를 생성한다. 이 타이머는 start( ) 메서드로 동작을 시작한다. 만일 타이머를 중단시키고 싶다면 timer.cancel( ) 메서드를 호출할 수도 있다. 다음 예에서는 5초 후에 my_job( ) 함수를 호출한다.

```
In [14]: import threading
         import time


         def my_job(text):
             print(text)
```

```
           timer = threading.Timer(5, my_job, ('good!!',))
           timer.start()      # 5초 이후 실행
           print('other works continued..')
           time.sleep(5)
Out[14]: other works continued..
           good!!
```

시간 간격을 계산하면 지정된 시간에 함수가 실행되도록 앞선 코드를 쉽게 확장할 수 있다. 다음의 run_it_at( ) 함수는 at 인수로 함수 func를 시작할 시간을 지정한다.

```
In [15]: import threading
         import time

         def run_it_at(at, func, args=()):
             t = time.strptime(at, '%Y-%m-%d %H:%M:%S')
             t = time.mktime(t)          # 지정된 시간을 숫자 시간으로 변환
             diff_sec = t - time.time()  # 현재 시간과의 차이 => 대기시간(초)
             print(diff_sec)
             timer = threading.Timer(diff_sec, func, args)
         timer.start()

         def my_job(text):
             print(text)

         run_it_at('2019-01-02 20:22:00', my_job, ('good!!!',))
         print('other works continued..')
         time.sleep(5)
Out[15]: 40.09665274620056
         other works continued..
         good!!!
```

## 주기적으로 함수 실행하기

어떤 함수를 주기적으로 실행하고 싶으면 외부 모듈 schedule을 이용할 수 있다. 우선 다음과 같이 모듈을 설치한다.

```
pip install schedule
```

schedule 모듈은 every( ) 함수를 이용하면 실행 주기를 설정할 수 있다. 다음 코드를 확인하면서 어떻게 실행하는지 방법을 파악해보자.

```python
In [16]: import schedule
         import time

         def job(msg="I'm working..."):
             print(msg)

         schedule.every().seconds.do(job)               # 1초마다
         schedule.every(5).seconds.do(job, ('5 sec',))   # 매 5초마다
         schedule.every(10).minutes.do(job)             # 10분마다
         schedule.every().minute.at(":17").do(job)      # 매분 17초마다
         schedule.every().hour.do(job, ('hour',))        # 매시간
         schedule.every().day.at("10:30").do(job)       # 매일 10:30에
         schedule.every(5).to(10).seconds.do(job)       # 5초에서 10초마다(랜덤으로 선택된다)
         schedule.every().wednesday.at("13:15").do(job)  # 수요일 13:15마다

         while True:
             schedule.run_pending()    # 대기 중인 작업이 있다면 처리한다
             time.sleep(1)
```

여기서 코드는 바로 실행되는 것이 아니라 지정된 시간 이후부터 개시되는 것에 주의해야 한다. 예를 들어 다음 코드는 10분 후부터 매 10분마다 job을 실행한다.

```python
schedule.every(10).minutes.do(job)    # 10분마다
```

지정된 시간에 스크립트를 실행하게(예약 작업) 하는 방법으로 윈도우라면 작업 스케줄러 schtasks.exe를 이용할 수 있다. 윈도우의 schtasks는 리눅스의 cron에 해당한다. schtasks를 이용하는 장점은 스크립트를 일정에 맞춰 예약 실행할 수 있다는 것이다. 앞선 절에서 소개한 방법들은 파이썬 스크립트가 실행 중인 상태에서 특정한 함수를 예약 실행하는 개념이었지만, schtasks는 스크립트 자체가 실행 중이지 않아도 예약한 시간이 되면 시스템에서 알아서 스크립트를 시작하게 된다.

예약 작업을 설정할 때 윈도우 GUI 작업 스케줄러를 이용할 수도 있지만, schtasks.exe 명령으로 처리하면 파이썬으로 등록하고 삭제할 수 있으므로 더욱 유용하게 활용할 수 있다. 이제부터 schtasks.exe의 사용법을 간단히 살펴보자.

## 예약 작업 확인하기

우선 'cmd' 명령어를 실행하여 콘솔창(명령행 프롬프트)을 연다. 현재 등록되어 있는 시스템 예약 작업 정보는 schtasks 명령으로 확인할 수 있다. 실행 결과 예를 살펴보면 다음과 같다.

```
C:\Users\USER>schtasks
폴더: \
작업 이름                                          다음 실행 시간          상태
======================================== ====================== ===============
OneDrive Standalone Update Task-S-1-5-21 2020-03-17 오전 8:38:5 준비


폴더: \Microsoft
작업 이름                                          다음 실행 시간          상태
======================================== ====================== ===============
```

```
폴더: \Microsoft\Office

작업 이름                              다음 실행 시간            상태

==================================== ====================== ===============

Office 15 Subscription Heartbeat      2020-03-17 오전 6:11:4  준비

OfficeTelemetryAgentFallBack          N/A                    준비

OfficeTelemetryAgentLogOn             N/A                    준비

...(출력 생략)
```

예를 들어 'Office 15 Subscription Heartbeat' 프로그램은 2020년 3월 17일 오전 6:11:4에 실행될 것이며 현재는 준비 상태임을 나타낸다. 이 프로그램은 오피스 프로그램의 설치 상태와 라이선스 정보를 주기적으로 검사하는 프로그램이다. 이 작업은 다음 명령으로 삭제할 수 있다(단, 명령행 프롬프트를 관리자 권한으로 실행해야 한다). 각 옵션에 대해서는 다음 절에서 설명한다.

```
schtasks /delete /tn "\Microsoft\Office\Office 15 Subscription Heartbeat" /f
```

## 예약 작업 생성하기

예약 작업 생성에 필요한 내용은 schtasks /create 이후에 이어지는 옵션으로 지정한다. 사용 가능한 추가 옵션은 다음과 같다. 더 많은 옵션이 있지만 지면 관계상 중요하다고 여기는 것들만 소개한다. 옵션은 대소문자 관계없이 사용할 수 있다.

- /tn: taskname, 작업 이름을 지정
- /sc: scheduler, 스케줄 빈도 설정 (MINUTE, HOURLY, DAILY, WEEKLY, MONTHLY, ONCE, ONSTART, ONLOGON, ONIDLE, ONEVENT)
- /mo: modifier, 반복 주기 값을 지정 (단위는 /sc 값에 따라서 달라진다. MINUTE, HOURLY, DAILY, WEEKLY, MONTHLY인 경우만 의미 있다.)
- /sd: startdate, 작업 시작 첫 번째 날짜. 형식은 yyyy/mm/dd. 기본 값은 현재 날짜(오늘)
- /ed: enddate, 작업의 종료 일자. 형식은 yyyy/mm/dd

- /st: starttime, 작업 시작 시간. 형식은 HH:mm(24시간 형식). 지정하지 않으면 현재 시간

- /et: endtime, 작업 종료 시간. 형식은 HH:mm(24시간 형식)

- /d: 요일(MON, TUE, WED, THU, FRI, SAT, SUN) 혹은 날짜(1-31)

- /k: kill, 작업 종료 시간이 되면, 실행 중인 프로그램을 강제 종료한다

- /it: 사용자가 로그온되어 있는 경우에만 실행한다

- /tr: taskrun, 실행할 프로그램

- /f: force, 작업이 수행되는 중이라도 임무를 수행한다

옵션의 사용법은 이어지는 예를 보면 쉽게 이해할 수 있다. 다음 예에서 monitor란 이름의 작업은 계산기를 매분 실행한다.

```
schtasks /create /tn monitor /sc minute /tr calc
```

계산기가 매분 실행되는 것이 확인되었으면, 예약 작업을 삭제해보자.

```
schtasks /delete /tn monitor /f
```

만일 파이썬 스크립트를 실행하려고 한다면 파이썬 프로그램의 실행 경로와 스크립트를 함께 지정하면 된다. 예를 들어 다음 코드는 매분 monitor.py라는 파이썬 스크립트를 실행한다. 파이썬 실행 경로는 컴퓨터마다 다를 수 있으니 확인하고 입력하기 바란다.

```
schtasks /create /tn monitor /sc minute /tr "c:\ProgramData\Anaconda3\python.exe E:\
monitor.py"
```

좀 더 다양한 예를 살펴보자. 다음 명령은 계산기를 5분마다 실행한다.

```
schtasks /create /tn monitor /sc minute /mo 5 /tr calc
```

매일 아침 9시에 계산기를 실행한다(물론 컴퓨터가 켜져 있어야 한다).

```
schtasks /create /tn monitor /sc daily /st 09:00 /tr calc
```

매주 월요일 9시에 계산기를 실행한다.

```
schtasks /create /tn monitor /sc weekly /d Mon /st 09:00 /tr calc
```

매월 1일, 9시에 계산기를 실행한다.

```
schtasks /create /tn monitor /sc monthly /d 1 /st 09:00 /tr calc
```

지정된 일시에 단 한 번 계산기를 실행한다.

```
schtasks /create /tn monitor /sc once /sd 2015-11-17 /st 09:00 /tr calc
```

사용자 gslee가 로그온할 때 계산기를 실행한다(단, 명령행 프롬프트를 관리자 권한으로 실행해야 함).

```
schtasks /create /tn monitor /sc ONLOGON /tr calc /ru gslee
```

## 예약 작업 삭제하기

예약 작업의 삭제는 작업 이름(tn)으로 할 수 있다.

```
schtasks /delete /tn monitor /f
```

- /tn: taskname, 작업 이름을 지정
- /f: force, 작업이 수행되는 중이라도 묻지 않고 수행한다.

## RSS에서 주기적으로 정보 수집

내가 등록한 키워드가 뉴스의 제목이나 요약에 있으면 이메일로 그 소식을 알려주는 프로그램을 작성하고, 매시간 작동시켜보자. 뉴스는 Work 2에서 소개한 RSS 리더를 이용한다. http://news.mk.co.kr/rss/rss.php에서 원하는 RSS 피드 주소를 선택할 수도 있고 혹은 다른 RSS 피드 주소를 선택해도 좋다. 관심 키워드로 '금리', '대출', '가격'을 설정해 보자.

작업 처리 순서는 다음과 같다.

1. 다음 코드를 적당한 곳에 newsreader.py라는 이름으로 저장한다.

2. 매시간 newsreader.py 스크립트가 실행되도록 schtasks로 예약 등록한다.

```
schtasks /create /tn mytask /sc hourly /mo 1 /tr "c:\ProgramData\Anaconda3\python.exe
D:\저장경로지정\newsreader.py"
```

newsreader.py의 전체 코드는 다음과 같다.

```
In [17]: import smtplib
         import feedparser
         from email.mime.text import MIMEText
         from email.header import Header

         # 관심 RSS feed 주소를 추가, 변경한다
         rss_feeds = [
             'http://file.mk.co.kr/news/rss/rss_30100041.xml',
```

```python
    'http://file.mk.co.kr/news/rss/rss_50300009.xml'
]


# words of interest. 관심 단어
WOI = ['금리', '대출', '가격']


out = []
for feed in rss_feeds:
    d = feedparser.parse(feed)
    for entry in d.entries:
        for w in WOI:    # 관심 단어가 제목이나 요약에 있는지 살핀다
            if w in entry['title'] or w in entry['summary']:
                s = '* {} {}'.format(entry['title'], entry['link'])
                out.append(s)
                break
message = '\n'.join(out)


if msg:
    # 메일 발송
    subject = 'RSS News'
    mail_from = mail_to = 'my_email@gmail.com'
    id_ = 'my_email'
    pw_ = 'my_password'

    smtp = smtplib.SMTP('smtp.gmail.com', 587)
    smtp.ehlo()
    smtp.starttls()
    smtp.login(id_, pw_)

    msg = MIMEText(message.encode('utf-8'), _subtype='plain', _charset='utf-8')
    msg['Subject'] = Header(subject.encode('utf-8'), 'utf-8')
    msg['From'] = mail_from
    msg['To'] = mail_to
```

```
        smtp.sendmail(mail_from, mail_to, msg.as_string( ))

smtp.quit()
```

# 엑셀 다루기

마이크로소프트사의 엑셀은 가장 널리 사용하는 강력한 기능을 가진 스프레드시트다. 이번 Work에서는 openpyxl 모듈을 이용하여 파이썬 스크립트로 엑셀 파일을 만들고 또 엑셀 파일을 읽는 방법들을 살펴보기로 한다.

 **학습 포인트**

- 파이썬 스크립트로 엑셀 파일을 생성하는 방법을 살펴본다.

- 파이썬 스크립트로 엑셀 파일을 읽는 방법을 배운다.

- 워크시트의 셀에 다양한 속성을 설정/변경하는 방법을 살펴본다.

| 준비사항 | 엑셀 파일을 다루기 위해서 openpyxl 모듈을 설치한다. |

```
pip install openpyxl
```

엑셀 파일은 워크북을 만드는 것부터 시작한다.

```
In [1]: from openpyxl import Workbook

        wb = Workbook()
```

워크북은 여러 개의 워크시트를 포함하지만, 기본적으로 'Sheet'란 이름의 워크시트 한 개
가 자동으로 생성된다.

```
In [2]: wb.sheetnames
Out[2]: ['Sheet']
```

active 속성값을 이용해서 현재 활성화되어 있는 워크시트를 얻어올 수 있다.

```
In [3]: ws = wb.active
```

새로운 워크시트 추가는 **create_sheet( )** 메서드를 이용한다. 두 번째 인수로 삽입 위치를
지정할 수도 있다. 위치는 0부터 시작한다.

```
In [4]: ws2 = wb.create_sheet("new_sheet2") # 마지막에 시트 추가
        ws1 = wb.create_sheet("new_sheet1", 1) # 두 번째에 시트 삽입
```

추가된 워크시트들을 확인해보자.

```
In [5]: wb.sheetnames
Out[5]: ['Sheet', 'new_sheet1', 'new_sheet2']
```

워크시트를 하나 선택한다.

```
In [6]: ws = wb['Sheet']
```

시트 이름 변경은 title 속성으로 지정한다.

```
In [7]: ws.title = '주소'
        ws.title
Out[7]: '주소'
```

이제 조그마한 표를 하나 만들어보자. 셀에 접근하는 방법은 두 가지인데, 먼저 워크시트에서 셀 주소를 직접 지정하는 방법이 있다.

```
In [8]: ws['A1'] = '이름'
        ws['B1'] = '전화번호'

        ws['A2'] = '홍길동'
        ws['B2'] = '7777'
```

또한 워크시트의 cell( ) 메서드로 셀 객체를 직접 다룰 수도 있다. 셀 주소를 'A1'과 같은 기호가 아니라 숫자 기반의 행과 열 첨자 값으로 셀을 참조할 수 있다. 주의할 점은 행과 열 첨자 값이 1부터 시작한다는 것이다.

```
In [9]: ws.cell(row=3, column=1, value='홍길순');   # A3
        ws.cell(row=3, column=2, value='3333');   # B3
```

이때 다음과 같이 셀 객체의 value 속성을 이용할 수도 있다.

```
In [10]: ws.cell(row=3, column=1).value = '홍길순'   # A3
         ws.cell(row=3, column=2).value = '3333'   # B3


         cell = ws.cell(row=3, column=1)
         cell.value = '홍길순'
```

이제 save( ) 메서드로 파일로 저장해본다.

```
In [11]:  wb.save('address.xlsx')
```

## 02 엑셀 파일 읽기

엑셀 파일을 읽는 방법 중에 유용한 두 가지 방법을 살펴보자. 첫 번째는 openpyxl 모듈을 이용하는 것이고, 두 번째는 pandas 모듈을 이용하는 것이다. pandas는 파이썬으로 만들어진 데이터 분석을 위한 유명한 라이브러리다(https://pandas.pydata.org). 기존의 엑셀 파일을 수정/보완할 때는 openpyxl 모듈을 이용하면 엑셀 파일의 속성값이 유지되므로 첫 번째 방법을 추천한다. 하지만 단순히 엑셀 파일에 있는 데이터만 읽기 위한 것이라면 pandas를 이용하는 것도 좋은 선택이 될 수 있다.

### openpyxl로 파일 읽기

openpyxl.load_workbook() 함수로 엑셀 파일을 읽는다. 그러면 워크북 객체가 반환된다.

```
In [12]: from openpyxl import load_workbook
         wb2 = load_workbook('address.xlsx')
         wb2.sheetnames
Out[12]: ['주소', 'new_sheet1', 'new_sheet2']
```

워크북에서 이름을 이용해서 워크시트를 가져오고, 워크시트에서 셀 주소를 이용해서 셀 값을 읽을 수 있다.

```
In [13]: sheet = wb2['주소']
         sheet['A1'].value
Out[13]: '이름'
```

데이터가 있는 모든 행과 열에 대한 반복을 통해서 개별 값을 읽어낼 수 있다. for 반복문의 범위는 실제로 데이터가 있는 영역으로 자동으로 한정된다.

```
In [14]: for row in sheet.iter_rows():
             for cell in row:
                 print(cell, cell.value)
Out[14]: <Cell '주소'.A1> 이름
         <Cell '주소'.B1> 전화번호
         <Cell '주소'.A2> 홍길동
         <Cell '주소'.B2> 7777
         <Cell '주소'.A3> 홍길순
         <Cell '주소'.B3> 3333
```

## pandas로 엑셀 파일 읽기

이번에는 pandas를 이용한 엑셀 파일 읽기를 살펴보자. 이 책의 주제는 데이터 분석이 아니므로 pandas에 대해서 자세히 다루지는 않지만, 엑셀 데이터를 읽는 데 pandas가 유용할 수 있으므로 간단하게만 살펴보기로 한다. read_excel( ) 함수는 DataFrame 자료형에 엑셀 데이터를 담아서 반환한다.

```
In [15]: import pandas as pd


         df = pd.read_excel('address.xlsx')
         df
```

실행 결과

| | 이름 | 전화번호 |
|---|---|---|
| 0 | 홍길동 | 7777 |
| 1 | 홍길순 | 3333 |

워크시트 이름을 가지고 읽어낼 수도 있다.

```
In [16]: df = pd.read_excel('address.xlsx', '주소')
```

DataFrame 자료형은 데이터를 열 단위로 저장하므로 열 이름으로 접근할 수 있다.

```
In [17]: df['이름']
Out[17]: 0    홍길동
         1    홍길순
         Name: 이름, dtype: object
```

행 단위의 위치 기반 접근은 .iloc[]을 이용할 수 있다.

```
In [18]: df.iloc[0]
Out[18]: 이름        홍길동
         전화번호      7777
         Name: 0, dtype: object
```

또한 iterrows( ) 메서드를 이용하여 행 단위 반복을 실행할 수 있다.

```
In [19]: for index, row in df.iterrows():
             print(index, row[0], row[1])
Out[19]: 0 홍길동 7777
         1 홍길순 3333
```

더불어 df 자체를 반복문으로 돌리면 열 이름을 얻을 수 있고, 이렇게 얻은 열 이름을 이용해서 열을 얻을 수 있다.

```
In [20]: for column in df:
             print(column, list(df[column]))
Out[20]: 이름 ['홍길동', '홍길순']
         전화번호 [7777, 3333]
```

하지만 이러한 열 단위 접근에 익숙하지 않다면 DataFrame 객체를 numpy(https://numpy.org/)의 array 객체로 변환해서 행 단위로 접근하는 것도 편리한 방법이다.

```
In [21]: arr = df.values
         arr
Out[21]: array([['홍길동', 7777],
                ['홍길순', 3333]], dtype=object)
```

다음과 같이 첫 번째 행을 얻을 수 있다.

```
In [22]: arr[0]
Out[22]: array(['홍길동', 7777], dtype=object)
```

첫 행의 두 번째 열 값은 다음과 같이 얻을 수 있다.

```
In [23]: arr[0][1]
Out[23]: 7777
```

이 책에서는 이 정도의 데이터를 읽어내는 정도까지만 다루기로 하겠다. 각 모듈에 대한 내용이 방대해서 많은 부분을 다룰 수는 없으므로 관심 있는 독자는 별도로 관련 자료를 찾아보기 바란다.

# 03 개별 셀 데이터 입력하기

계속해서 openpyxl 모듈을 이용한 데이터 입력 방법을 살펴보자. 이번에는 셀에 다양한 형식의 데이터를 입력해본다. 엑셀의 문자열과 숫자는 파이썬의 문자열과 숫자 객체를 이용하면 된다. 엑셀의 날짜/시간 포맷은 파이썬의 datetime 모듈 객체를 이용하여 표현한다. 또한 등호(=)로 시작하는 문자열은 엑셀에서는 수식으로 간주한다.

```python
In [24]: from openpyxl import Workbook
         import math
         import datetime

         wb = Workbook()
         ws = wb.active
         ws['A1'] = '홍길동'        # 문자열
         ws['A2'] = 1234           # 숫자 (int)
         ws['A3'] = math.pi        # 숫자 (float)
         ws['A4'] = datetime.datetime(2019, 1, 3, 15, 25, 0) # 시간 2019-01-03 15:25:00
         ws['A5'] = '=SIN(PI()/2)'  # 수식

         wb.save('test.xlsx')
```

**실행 결과**

| | A |
|---|---|
| 1 | 홍길동 |
| 2 | 1234 |
| 3 | 3.141592654 |
| 4 | 2019-01-03 15:25:00 |
| 5 | 1 |
| 6 | |

엑셀 워크시트는 표와 같은 형태이므로 개별 셀보다는 행 단위, 열 단위 혹은 행렬로 데이터를 입력하는 경우가 종종 생긴다. 이럴 때는 워크시트 객체에 슬라이싱 표현을 이용하여 원하는 부분의 셀들을 가져올 수 있다.

```
In [25]: ws['A1':'C2']
Out[25]: ((<Cell 'Sheet'.A1>, <Cell 'Sheet'.B1>, <Cell 'Sheet'.C1>),
         (<Cell 'Sheet'.A2>, <Cell 'Sheet'.B2>, <Cell 'Sheet'.C2>))
```

openpyxl 모듈은 행 단위로 셀들을 튜플로 묶어 반환한다. 따라서 다음과 같이 행 단위로 for 반복문을 돌릴 수 있다.

```
In [26]: for row in ws['A1':'C2']:
             print(row)
Out[26]: (<Cell 'Sheet'.A1>, <Cell 'Sheet'.B1>, <Cell 'Sheet'.C1>)
         (<Cell 'Sheet'.A2>, <Cell 'Sheet'.B2>, <Cell 'Sheet'.C2>)
```

이것을 활용하여 data 변수에 저장된 2차원 데이터를 엑셀에 저장하는 코드의 예는 다음과 같다.

```
In [27]: data = [(1,2,3),
                 (4,5,6)]
         for row, drow in zip(ws['A1':'C2'], data):
             for cell, value in zip(row, drow):
                 cell.value = value
```

'A1' 같은 셀 주소가 알파벳을 포함하고 있어서 프로그래밍하기에는 불편하다고 생각하여 숫자 인덱스를 원한다면, 숫자 인덱스 값을 문자로 변환하는 **get_column_letter( )** 함수를 이용할 수 있다.

```
In [28]: from openpyxl.utils import get_column_letter

         get_column_letter(1)
Out[28]: 'A'
```

이를 이용하면 행과 열 인덱스 값을 기호로 된 셀 주소로 바꾸는 다음과 같은 함수를 만들어 사용할 수 있다.

```
In [29]: def index2cell(row, col):
             return '{}{}'.format(get_column_letter(col), row)

         index2cell(row=1,col=3)
Out[29]: 'C1'
```

만일 빈 워크시트에 데이터를 추가하려 한다면 **append( )** 메서드를 이용할 수 있다. 단, 이때는 A1 위치를 기준으로 행 단위로 자료를 추가한다.

```
In [30]: from openpyxl import Workbook

         wb = Workbook()
         ws = wb.active

         data=[('Id','이름','나이'),
               (1,'홍길동',50),
               (2,'홍길순',60)]

         # 행들을 추가한다
         for row in data:
```

```
        ws.append(row)


    wb.save('sample1.xlsx')
```

| | A | B | C |
|---|---|---|---|
| 1 | Id | 이름 | 나이 |
| 2 | 1 | 홍길동 | 50 |
| 3 | 2 | 홍길순 | 60 |

만약에 열만 추가하는 경우라 해도 행 단위로 반복하는 수밖에 없다. 다음은 열 데이터
를 추가하는 예다. pd.date_range( ) 함수를 이용하여 일정한 시간 간격을 만들어내는 방법
도 함께 살펴보자. 다음의 pd.date_range( ) 함수는 시작 시간과 끝 시간 사이의 시간을 10
분 간격으로 만들어 낸다. 즉, 1월3일 9:00부터 15:00까지 10분 간격의 시간 37개를 만들어
낸다.

```
In [31]: from openpyxl import Workbook
         import pandas as pd


         wb = Workbook()
         ws = wb.active


         ws.append(('시간',))
         data = pd.date_range('2019-1-3 09:00:00', '2019-1-3 15:00:00', freq='10min')


         for row in data:
             ws.append((row,))


         ws.column_dimensions['A'].width = 18    # 18자(영문 기준) 정도 폭으로 설정
         wb.save('test.xlsx')
```

| | A |
|---|---|
| 1 | 시간 |
| 2 | 2019-01-03 9:00:00 |
| 3 | 2019-01-03 9:10:00 |
| 4 | 2019-01-03 9:20:00 |
| 5 | 2019-01-03 9:30:00 |
| 6 | 2019-01-03 9:40:00 |
| 7 | 2019-01-03 9:50:00 |
| 8 | 2019-01-03 10:00:00 |
| 9 | 2019-01-03 10:10:00 |
| 10 | 2019-01-03 10:20:00 |
| 11 | 2019-01-03 10:30:00 |

```
In [32]: len(data)
Out[32]: 37
```

```
In [33]: data[0]
Out[33]: Timestamp('2019-01-03 09:00:00', freq='10T')
```

여러 셀 작업하기

## 폭 설정

워크시트 열의 폭과 행의 높이도 width와 height 속성으로 설정할 수 있다.

```
In [34]: from openpyxl import Workbook
         import datetime

         wb = Workbook()
         ws = wb.active
         ws['A1'] = datetime.datetime(2019, 1, 3, 15, 25, 0)  # 시간 2019-01-03 15:25:00

         ws.column_dimensions['A'].width = 18   # 18자(영문 기준) 정도 폭으로 설정
         ws.row_dimensions[1].height = 30       # 높이 설정
         wb.save('test.xlsx')
```

**실행 결과**

|   | A | B |
|---|---|---|
| 1 | 2019-01-03 15:25:00 | |
| 2 | | |

## 표시 형식

숫자들이 너무 커서 읽기 어렵다면 콤마를 넣는 것이 좋겠다. number_format 속성에 '#,###' 혹은 '#,##0' 형식을 지정하면 콤마가 추가된다. 숫자 뒤에 공백 하나 정도 더 넣으려면 '_' 를 추가한다. 이러한 표시 형식을 얻는 방법은 간단하다. 우선 엑셀을 이용하여 원하는 표시 형식을 만든다. 그리고 나서 Ctrl-1 키를 누르면 [셀 서식] 창이 열리는데, [표시 형식] 탭의 [사용자 지정]에 가서 [형식(T)]에 표현된 문자열을 가지고 오면 된다.

```
In [35]: from openpyxl import Workbook
         import datetime

         wb = Workbook()
         ws = wb.active

         ws['A1'] = 123456789
         cell = ws['A1']
         cell.number_format = "#,##0_-"
         ws.column_dimensions['A'].width = 14

         wb.save('test.xlsx')
```

속성 설정하기

**실행 결과**

| | A |
|---|---|
| 1 | 123,456,789 |

## 바탕색

바탕색은 fill 속성으로 설정한다.

```
In [36]: from openpyxl.styles import PatternFill, Font, colors, Side, Alignment, Border

         fill = PatternFill(start_color='eff7f7', fill_type='solid')
         ws['A1'].fill = fill
```

**실행 결과**

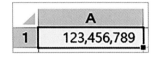

## 폰트

셀의 폰트, 색상, 크기도 설정할 수 있다.

```
In [37]: # Font 속성
         font = Font(name='나눔고딕', size=11, color=colors.RED, italic=True)
         ws['A1'].font = font
         ws['A1'] = 1234
```

**실행 결과**

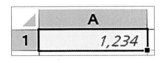

## 정렬

수평, 수직의 정렬을 설정한다. horizontal 인수의 정렬 값은 다음 값 중의 하나다.

---

{'centerContinuous', 'justify', 'distributed', 'center', 'right', 'fill', 'general', 'left'}

---

vertical 인수의 정렬 값은 다음 값 중의 하나다.

---

{'center', 'justify', 'distributed', 'top', 'bottom'}

---

```
In [38]: al = Alignment(horizontal="center", vertical="center")
         ws['A1'].alignment = al
         wb.save('test.xlsx')
```

**실행 결과**

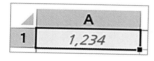

## 경계선

셀을 둘러싸는 경계선을 설정한다. 스타일의 종류는 다음 값 중의 하나다.

---

{'double', 'mediumDashed', 'mediumDashDotDot', 'hair', 'dashDot', 'dashDotDot', 'dashed', 'mediumDashDot', 'medium', 'slantDashDot', 'thin', 'thick', 'dotted'}

---

```
In [39]: border = Border(left=Side(style='thin'),
                        right=Side(style='thin'),
                        top=Side(style='thin'),
                        bottom=Side(style='thin'))


         for row in ws['A1':'C10']:
             for cell in row:
                 cell.border = border
```

**실행 결과**

| | A | B | C |
|---|---|---|---|
| 1 | 1,234 | | |
| 2 | | | |
| 3 | | | |
| 4 | | | |
| 5 | | | |
| 6 | | | |
| 7 | | | |
| 8 | | | |
| 9 | | | |
| 10 | | | |

## 셀 병합

merge_cells( ) 함수를 이용해 셀 병합(merge, 여러 분리된 셀을 하나의 큰 셀로 합치는 것)을 하면 좌상(top-left) 셀을 제외한 모든 셀이 워크시트에서 제거된다. unmerge_cells( ) 함수는 셀 병합을 취소한다.

```
In [40]: ws.merge_cells('A2:D2')
         ws.unmerge_cells('A2:D2')
```

다음과 같이 전체 행과 열을 추가할 수 있다.

```
In [41]: ws.insert_rows(1)    # 첫 행 삽입
         ws.insert_cols(1)    # 첫 열 삽입
```

또한, 다음과 같이 전체 행과 열을 삭제할 수도 있다.

```
In [42]: ws.delete_rows(1,3)    # 첫 행 ~ 셋째 행을 삭제
         ws.delete_cols(1,1)    # 첫 열을 삭제
```

## 음정 훈련용 엑셀 파일 만들기

음정 훈련용 작업 표를 만들려고 한다. 음정 훈련이란, 높이가 다른 두 음을 들려주고 어떤 음이 더 높은지를 맞히는 게임 같은 것이다. 처음에는 음정 차이가 큰 두 음을 들려주지만, 레벨이 높아질수록 음높이의 차이가 미세해진다. 결국에는 게임 레벨을 높이고 아주 민감한 귀를 만들겠다는 것이다.

각 레벨에는 12개의 문제가 있고, 총 20개의 레벨로 프로그램을 구성하려고 한다. 즉, 총 240개의 문제를 만들어야 한다. 이렇게 하려면 각 문제에 녹음될 두 음의 음높이가 미리 계획되어야 한다. 음높이의 차이는 낮은 레벨에서는 크고, 높은 레벨에서는 작아야 한다.

각 레벨은 4문제씩 세 그룹(총 12문제)으로 나누어진다. 각 그룹은 낮은 음, 중간 음, 높은 음 문제를 지닌다. 낮은 음은 110Hz~220Hz, 중간 음은 220Hz~440Hz, 높은 음은 440Hz~880Hz의 음을 갖는다. 각 레벨에 따른 음정의 차이는 기준 음을 중심으로 다른 비율로 적용되는데, 낮은 레벨에서는 2% 내외, 높은 레벨에서는 0.3% 내외로 낮아진다. 예를 들어, 110Hz에서 2% 높은 음정은 다음과 같다.

```
In [43]: 110 * 1.02
Out[43]: 112.2
```

최고 레벨은 110Hz일 때 110Hz와 다음 음정 차이(0.3%)를 구분해야 한다.

```
In [44]: 110 * 1.003
Out[44]: 110.32999999999998
```

단계별 허용 비율은 2%부터 0.3%까지 선형으로 단계별로 낮아진다. 이 비율 수치는 numpy 모듈을 이용하면 쉽게 구할 수 있다. np.linspace 함수는 주어진 시작 값과 끝 값 사이의 구간을 지정된 수의 일정한 간격으로 나눈 배열을 만들어 낸다. 다음 예에서 np.linspace 함수는 1.02부터 1.003까지를 10단계로 나눈 값을 배열로 만들어 낸다.

```
In [45]: import numpy as np

         np.linspace(1.02, 1.003, 10)
Out[45]: array([1.02      , 1.01811111, 1.01622222, 1.01433333, 1.01244444,
                1.01055556, 1.00866667, 1.00677778, 1.00488889, 1.003     ])
```

np.random.random(12)는 12개의 난수를 발생시킨다.

```
In [46]: np.random.random(12)
Out[46]: array([0.28064827, 0.33344418, 0.57243427, 0.36441912, 0.28157618,
                0.40199189, 0.7287625 , 0.25220007, 0.88685232, 0.14082582,
                0.99018887, 0.00369844])
```

각 문제의 첫 음은 난수를 이용하여 만든다. 난수는 0~1 사이의 수를 발생시키므로 1을 더한 값은 1~2 범위에 있고, 이 값을 110, 220, 440에 곱하면 각 주파수는 110~220, 220~440, 440~880 범위를 갖는다. numpy 모듈은 이와 같은 벡터 연산을 제공한다. 즉, 각 성분의 값을 하나씩 for 반복문으로 곱하거나 더하지 않아도 한 번에 계산할 수 있다.

```
In [47]: ref = [110, 110, 110, 110, 220, 220, 220, 220, 440, 440, 440, 440]
         ref * (1+np.random.random(12))
Out[47]: array([177.19719259, 168.4881135 , 159.62804124, 162.43036167,
                322.10454363, 260.68758635, 433.02218316, 351.86238667,
                549.70423061, 693.23476466, 839.58446952, 565.95434512])
```

지금까지의 코드를 정리하면 다음과 같이 두 개의 주파수를 구할 수 있다.

```
In [48]: import numpy as np

         for r in np.linspace(1.02, 1.003, 20):
             freq1 = ref * (1+np.random.random(12))
             freq2 = r * freq1
```

하지만 이렇게 하면 freq2는 항상 freq1보다 주파수가 높게 된다. 따라서 두 개의 순서를 섞어야 문제가 제대로 만들어진다. 두 주파수를 리스트로 만들면, np.random.shuffle(t)를 이용하여 그 순서를 무작위로 섞을 수 있다. 이제 그 결과를 행에 추가한다.

```
In [49]: for r in np.linspace(1.02, 1.003, 20):
             freq1 = ref * (1+np.random.random(12))
             freq2 = r * freq1
             row = []
             for f1, f2 in zip(freq1, freq2):
                 t = [f1, f2]  # 두 주파수 값을 가져다
                 np.random.shuffle(t)  # 섞는다
                 row.extend(t)  # 섞은 결과를 추가한다
```

엑셀 파일을 만드는 전체 코드는 다음과 같다. 앞서 설명한 다양한 기능을 넣어서 만들어 보았다.

```
In [50]: import numpy as np
         from openpyxl import Workbook
         from openpyxl.utils import get_column_letter
         from openpyxl.styles import Font, colors, Alignment

         def index2cell(row, col):
             return '{}{}'.format(get_column_letter(col), row)
```

```python
# 워크북을 새로 만든다
wb = Workbook()
ws = wb.active

# 설정 변수들
levels = 20
ref = [110, 110, 110, 110, 220, 220, 220, 220, 440, 440, 440, 440]
rows, cols = levels, len(ref)*2

# 스타일 변수들
font = Font(name='Tahoma', size=10, color=colors.DARKBLUE, italic=False)
font_title = Font(name='Tahoma', size=10, color=colors.BLACK, bold=True)

# 첫 행 타이틀을 넣는다
row = ['']*(cols+1)
row[1::2] = ['Q'+str(i+1) for i in range(len(ref))]
row[0] = 'Level'
ws.append(row
align = Alignment(horizontal="center")

# 한 문제는 두 개의 주파수로 구성된다. 따라서 첫 행의 두 셀을 하나로 합친다
for i in range(cols//2):
    a = index2cell(1, (i+1)*2)
    b = index2cell(1, (i+1)*2+1)
    ws.merge_cells(a+':'+b)

# 첫 행의 스타일(정렬, 폰트)을 설정한다
for col in range(cols+1):
    cell = ws.cell(row=1, column=col+1)
    cell.alignment = align
    cell.font = font_title

# 주파수 데이터를 넣는다
```

도전 과제

```
for i, r in enumerate(np.linspace(1.02, 1.003, levels)):
    freq1 = ref * (1+np.random.random(len(ref)))
    freq2 = r * freq1
    row = []
    for f1, f2 in zip(freq1, freq2):
        t = [f1, f2]
        np.random.shuffle(t)
        row.extend(t)
    ws.append([str(i+1)]+row)

# 첫 열의 스타일을 정한다
for row in range(rows+1):
    cell = ws.cell(row=row+1, column=1)
    cell.alignment = align
    cell.font = font_title

# 주파수 데이터의 스타일을 설정한다
for row in ws['B2':index2cell(rows+1,cols+1)]:
    for cell in row:
        cell.number_format = '0.000'
        cell.font = font


wb.save('data\\pitch_train.xlsx')
```

만들어진 엑셀 파일은 다음과 같다.

**실행 결과**

| | A | B | C | D | E | F | G | H | I | J | K | L | M | N |
|---|---|---|---|---|---|---|---|---|---|---|---|---|---|---|
| 1 | Level | Q1 | | Q2 | | Q3 | | Q4 | | Q5 | | Q6 | | |
| 2 | 1 | 145.657 | 148.570 | 175.793 | 172.346 | 171.108 | 167.753 | 123.482 | 125.952 | 437.317 | 446.063 | 359.154 | 352.111 | 230. |
| 3 | 2 | 174.817 | 171.540 | 138.204 | 140.845 | 134.908 | 132.378 | 200.264 | 204.090 | 229.523 | 225.220 | 224.369 | 220.163 | 264. |
| 4 | 3 | 147.378 | 144.742 | 156.911 | 159.769 | 114.139 | 116.217 | 118.728 | 116.605 | 438.894 | 431.044 | 419.239 | 411.741 | 385. |
| 5 | 4 | 187.382 | 184.193 | 173.078 | 170.132 | 116.225 | 118.238 | 193.486 | 196.836 | 365.674 | 372.006 | 242.795 | 238.662 | 275. |
| 6 | 5 | 137.729 | 139.990 | 182.225 | 185.217 | 165.050 | 162.383 | 126.970 | 129.055 | 405.018 | 398.475 | 304.672 | 309.675 | 317. |
| 7 | 6 | 216.528 | 219.890 | 200.331 | 197.269 | 218.360 | 215.021 | 169.203 | 166.616 | 267.489 | 271.642 | 299.044 | 303.687 | 317. |
| 8 | 7 | 118.465 | 116.757 | 154.450 | 156.710 | 218.630 | 215.477 | 213.418 | 210.341 | 435.031 | 441.396 | 243.764 | 247.331 | 443. |
| 9 | 8 | 165.180 | 162.942 | 129.407 | 127.653 | 197.970 | 200.690 | 125.418 | 127.141 | 399.552 | 394.138 | 398.665 | 393.263 | 268. |

## CSV 파일을 읽고 엑셀로 저장하기

CSV(comma-separated values) 파일은 엑셀과 더불어 데이터를 저장하는 데 많이 사용하는 파일 형식이다. CSV 파일은 각 값을 콤마(,)로 구분한 간단한 형식의 텍스트 파일이다. CSV 파일은 데이터만을 저장하므로 엑셀에 비해서 파일 크기가 작고 다루기가 좋으나, 엑셀과 같이 속성을 지정하여 모양 내는 것이 불가능하다. 이번 도전 과제에서는 CSV 파일을 읽고, 스타일이나 셀의 속성들을 보기 좋게 변경하여 엑셀 파일로 저장해보도록 하자. 다음 링크는 SpatialKey.com에서 제공하는 샘플 CSV 파일로, 미국 Sacramento 지역의 985개 부동산 거래 자료다.

http://samplecsvs.s3.amazonaws.com/Sacramentorealestatetransactions.csv

이 자료 CSV 파일을 내려받아 엑셀로 변환해보자. 그리고 엑셀에 몇 가지 스타일을 적용해서 보기 좋게 바꾸도록 해보자.

먼저 이 파일을 pandas 모듈에서 바로 읽고 엑셀 파일로 변환하여 저장해보자.

```
In [51]: import pandas as pd

         url = "http://samplecsvs.s3.amazonaws.com/Sacramentorealestatetransactions.csv"
         df = pd.read_csv(url)
         df.to_excel('data\\Sacramentorealestatetransactions.xlsx', index=False)
```

참고로 이렇게 읽은 CSV 파일은 다음과 같은 자료로 구성된다. 앞부분 일부만 확인해보자.

```
In [52]: df.head()
```

**실행 결과**

|   | street | city | zip | state | beds | baths | sq__ft | type | sale_date | price | latitude | longitude |
|---|--------|------|-----|-------|------|-------|--------|------|-----------|-------|----------|-----------|
| 0 | 3526 HIGH ST | SACRAMENTO | 95838 | CA | 2 | 1 | 836 | Residential | Wed May 21 00:00:00 EDT 2008 | 59222 | 38.631913 | -121.434879 |
| 1 | 51 OMAHA CT | SACRAMENTO | 95823 | CA | 3 | 1 | 1167 | Residential | Wed May 21 00:00:00 EDT 2008 | 68212 | 38.478902 | -121.431028 |
| 2 | 2796 BRANCH ST | SACRAMENTO | 95815 | CA | 2 | 1 | 796 | Residential | Wed May 21 00:00:00 EDT 2008 | 68880 | 38.618305 | -121.443839 |
| 3 | 2805 JANETTE WAY | SACRAMENTO | 95815 | CA | 2 | 1 | 852 | Residential | Wed May 21 00:00:00 EDT 2008 | 69307 | 38.616616 | -121.439146 |
| 4 | 6001 MCMAHON DR | SACRAMENTO | 95824 | CA | 2 | 1 | 797 | Residential | Wed May 21 00:00:00 EDT 2008 | 81900 | 38.519470 | -121.435768 |

데이터의 크기를 확인해보니 985개의 자료가 있는 것을 확인할 수 있다.

```
In [53]: rows, cols = df.shape

         rows, cols

Out[53]: (985, 12)
```

저장한 파일을 엑셀로 열어보면 다음과 같은 모양으로 되어 있다.

| | A | B | C | D | E | F | G | H | I | J | K | L |
|---|---|---|---|---|---|---|---|---|---|---|---|---|
| 1 | street | city | zip | state | beds | baths | sq_ft | type | sale_date | price | latitude | longitude |
| 2 | 3526 HIGH | SACRAME | 95838 | CA | 2 | 1 | 836 | Residentia | Wed May | 59222 | 38.63191 | -121.435 |
| 3 | 51 OMAH, | SACRAME | 95823 | CA | 3 | 1 | 1167 | Residentia | Wed May | 68212 | 38.4789 | -121.431 |
| 4 | 2796 BRAI | SACRAME | 95815 | CA | 2 | 1 | 796 | Residentia | Wed May | 68880 | 38.61831 | -121.444 |
| 5 | 2805 JANE | SACRAME | 95815 | CA | 2 | 1 | 852 | Residentia | Wed May | 69307 | 38.61684 | -121.439 |
| 6 | 6001 MCN | SACRAME | 95824 | CA | 2 | 1 | 797 | Residentia | Wed May | 81900 | 38.51947 | -121.436 |
| 7 | 5828 PEPF | SACRAME | 95841 | CA | 3 | 1 | 1122 | Condo | Wed May | 89921 | 38.6626 | -121.328 |
| 8 | 6048 OGD | SACRAME | 95842 | CA | 3 | 2 | 1104 | Residentia | Wed May | 90895 | 38.68166 | -121.352 |

여기에 자동으로 다음의 스타일을 적용해보기로 하자.

1. 폰트를 변경한다(스타일은 각자 알아서).

2. 첫 행의 셀 배경색을 변경한다.

3. 열 폭을 데이터 폭에 맞게 조절한다.

```
In [54]: from openpyxl import load_workbook

         from openpyxl.styles import PatternFill, Font, colors, Side, Alignment, Border

         from openpyxl.utils import get_column_letter


         def index2cell(row, col):

             return '{}{}'.format(get_column_letter(col), row)


         wb = load_workbook('data\\Sacramentorealestatetransactions.xlsx')

         ws = wb.active


         font = Font(name='Tahoma', size=10, color=colors.DARKBLUE, italic=True)    # 데이터 폰트

         font2 = Font(name='Tahoma', size=10, color=colors.DARKYELLOW, bold=True)   # 제목 폰트
```

```python
fill = PatternFill(start_color='eff7f7', fill_type='solid')
border = Border(left=Side(style='thin'),
                right=Side(style='thin'),
                top=Side(style='thin'),
                bottom=Side(style='thin'))


# 폰트 적용
for row in ws['A1':index2cell(rows+1,cols)]:
    for cell in row:
        cell.font = font
        cell.border = border


# 첫 행에 배경색 적용
for row in ws['A1':index2cell(1,cols)]:
    for cell in row:
        cell.font = font2
        cell.fill = fill


# 열 폭 적용
for col in ws.columns:
    try:
        max_len = max([len(cell.value) for cell in col])  # 최대 문자열 길이 계산
    except:
        max_len = 0  # 계산이 안 될 때
    width = min(max(6, max_len+2), 28)  # 최소 6 ~ 최대 28 사이의 폭을 지정
    ws.column_dimensions[col[0].column].width = width  # col[0].column은 열 이름


wb.save('data\\Sacramentorealestatetransactions.xlsx')
```

앞선 코드를 실행하여 자동으로 변환한 엑셀 파일은 다음과 같다.

**실행 결과** ────────────────────────────────────────

| street | city | zip | state | beds | baths | sq__ft | type | sale_date | price | latitude | longitude |
|---|---|---|---|---|---|---|---|---|---|---|---|
| 3526 HIGH ST | SACRAMENTO | 95838 | CA | 2 | 1 | 836 | Residential | Wed May 21 00:00:00 EDT 2008 | 59222 | 38.632 | -121.4 |
| 51 OMAHA CT | SACRAMENTO | 95823 | CA | 3 | 1 | 1167 | Residential | Wed May 21 00:00:00 EDT 2008 | 68212 | 38.479 | -121.4 |
| 2796 BRANCH ST | SACRAMENTO | 95815 | CA | 2 | 1 | 796 | Residential | Wed May 21 00:00:00 EDT 2008 | 68880 | 38.618 | -121.4 |
| 2805 JANETTE WAY | SACRAMENTO | 95815 | CA | 2 | 1 | 852 | Residential | Wed May 21 00:00:00 EDT 2008 | 69307 | 38.617 | -121.4 |
| 6001 MCMAHON DR | SACRAMENTO | 95824 | CA | 2 | 1 | 797 | Residential | Wed May 21 00:00:00 EDT 2008 | 81900 | 38.519 | -121.4 |
| 5828 PEPPERMILL CT | SACRAMENTO | 95841 | CA | 3 | 1 | 1122 | Condo | Wed May 21 00:00:00 EDT 2008 | 89921 | 38.663 | -121.3 |
| 6048 OGDEN NASH WAY | SACRAMENTO | 95842 | CA | 3 | 2 | 1104 | Residential | Wed May 21 00:00:00 EDT 2008 | 90895 | 38.682 | -121.4 |

# 문서 작성 자동화

엑셀은 데이터를 다루는 프로그램이라 파이썬 코드로 데이터를 생성하고 입력하는 것이 업무에 도움이 되는 경우가 많다고 생각한다. 반복적인 작업에 프로그래밍을 활용하는 것이 좋기 때문이다. 하지만 MS 워드는 엑셀처럼 엄청난 데이터를 넣기보다는, 보고서를 작성하거나 고객에게 고정된 내용의 메일을 보내는 문서를 만드는 등의 용도로 사용하는 경우가 대부분이므로, 대량의 반복 작업이 많이 필요하지는 않다.

하지만 여러 고객에게 별도의 내용으로 발송할 안내문을 작성해야 한다면 일이 좀 복잡해진다. 예를 들어, 보험회사나 통신회사 등에서 주기적으로 고객에게 사용명세서 혹은 보험계약 안내문 등을 발송하려면 개별 고객에게 맞는 내용이 채워져야 한다. 이들 문서는 틀은 일정하지만, 그 안에 채워지는 내용은 고객마다 다르게 된다.

여기서는 이러한 업무를 효과적으로 수행하기 위한 방법을 알아보고자 한다. 즉, 일정한 틀을 갖춘 워드 문서를 이용해서 고객 각자에게 해당하는 문서를 생성하고, 그 문서를 (암호화된) PDF로 변환하여 메일로 발송하는 업무를 자동화하려고 한다. 메일을 텍스트나 HTML이 아닌 PDF로 변환하는 이유는 보안상 이유 때문이다.

 **학습 포인트**

- 파이썬 스크립트로 워드 파일을 생성하는 방법을 살펴본다.

- 엑셀에 저장된 사용자 정보를 이용해 개인용 워드 파일을 만드는 방법을 배운다.

- 워드 파일을 PDF로 자동 변환한다.

개인별 문서 생성 작업에는 워드의 메일 병합(mailmerge) 기능을 활용할 수 있다. 메일 병합에 사용하는 패키지는 docx-mailmerge이며, 워드를 PDF로 변환하는 데는 pywin32가 필요하다. 그리고 문서 암호화에는 qpdf가 필요한데, 암호화가 필요한 경우에만 설치한다.

```
pip install python-docx
pip install docx-mailmerge
pip install pywin32
```

**qpdf 설치** - https://sourceforge.net/projects/qpdf/

데이터를 가지고 일정한 형식의 여러 문서를 만드는 가장 좋은 방법은 뒤에서 설명하는 틀 문서(template)를 먼저 만들어 두고 메일 병합을 이용하는 것이다. 왜냐하면 문서는 직접 보면서 만드는 것이 내가 원하는 기본 디자인으로 만들 수 있기 때문이다. 파이썬 코드로 문서를 만드는 것은 디자인 면에서 많은 시행착오를 거쳐야 하며 세부적인 조정이 어렵고 번거로울 수 있다. 그럼에도 불구하고 데이터를 가지고 직접 워드 문서를 만들고자 한다면 python-docx 모듈(https://python-docx.readthedocs.io/en/latest/)을 이용할 수 있다.

다음 예는 python-docx 모듈을 이용하여 워드 문서를 만드는 데모 코드다. 우선은 Document( ) 객체를 만들어야 한다.

```python
from docx import Document
doc = Document()
```

이제 doc 객체를 이용해서 add_paragraph( ) 메서드로 문단을 추가하고, 문단 객체에 add_run( ) 메서드로 텍스트를 추가할 수 있다.

```python
para = doc.add_paragraph('문단 텍스트')
run = para.add_run('추가 문단 텍스트')
```

add_paragraph( ) 메서드에 스타일을 지정할 수 있기 때문에 제목, 헤딩 등의 다양한 스타일을 적용할 수 있다.

```python
doc.add_paragraph('문단 텍스트', style='Title') # 제목 스타일
doc.add_paragraph('문단 텍스트', style='Heading 1') # 제목 1 스타일
```

| 가나다AaB | 가나다AaB | 가나다Aa | 가나다AaE | 가나다AaBI | 가나다AaB. | 가ㄴ | 가나다Aa |
|---|---|---|---|---|---|---|---|
| ♪ 표준 | ♪ 간격 없음 | 제목 1 | 제목 2 | 제목 3 | 제목 4 | 제목 | 부제 |

스타일

혹은 다음과 같이 add_heading( ) 메서드를 이용할 수도 있다.

```
doc.add_heading('제목 텍스트', 0)   # 제목 스타일
doc.add_heading('제목1 텍스트', 1)  # 제목 1 스타일
doc.add_heading('제목2 텍스트', 2)  # 제목 2 스타일
```

일단 이런 기본 개념을 알고 있다면 다음 코드를 파악할 수 있을 것이다. 코드에 설명되지 않은 세부적인 사항이 있긴 하지만, 코드 자체에 의미가 담겨 있으므로 충분히 이해할 수 있다고 생각하여 너무 자세한 설명은 생략한다. 다음 코드가 만드는 문서는 제목, 목록, 그림, 표, 본문 등의 다양한 요소를 포함하고 있다. 코드를 읽어 보고 이어서 나오는 문서의 결과도 함께 확인해보자.

```python
In [1]: from docx import Document
        from docx.enum.text import WD_ALIGN_PARAGRAPH
        from docx.shared import Mm


        doc = Document()


        p = doc.add_heading('왕방산 국제 MTB대회', 0)


        p = doc.add_paragraph('왕방산에 만들어진 산악자전거 도로를 돌아보는자전거 경주대회인 ',
        style='Normal') # 표준 스타일
        p.add_run('‘왕방산 국제 MTB대회’').bold = True
        p.add_run('는 명실상부한 최고의 산악자전거 대회로 자리매김하였습니다. ')
        p.add_run('천혜의 자연경관').italic = True
        p.add_run('과 함께 왕방산의 정취를 느껴보시기 바랍니다.')
```

```
doc.add_heading('대회소개', level=1)
doc.add_paragraph('산악스포츠의 메카로 알려진 동두천시에서 매년 10월 셋째주에 개최되는 "왕방산
국제 MTB대회는 9월 경 참가신청을 받는다...', style='Intense Quote')


doc.add_heading('대회 상세 안내', level=1)
doc.add_paragraph('접수처: 대한자전거연맹', style='List Bullet')
doc.add_paragraph('문의사항: 문의사항 : ☎02-420-4247', style='List Bullet')


my_image = doc.add_picture('img/mtb1.png', width=Mm(100))
last_paragraph = doc.paragraphs[-1]
last_paragraph.alignment = WD_ALIGN_PARAGRAPH.CENTER


doc.add_page_break()    # 페이지 나누기


my_image = doc.add_picture('img/mtb2.png', width=Mm(100))
last_paragraph = doc.paragraphs[-1]
last_paragraph.alignment = WD_ALIGN_PARAGRAPH.CENTER


records = (
    ('XC10', '690,000', '14.5kg'),
    ('XC20', '790,000', '13.5kg'),
    ('XC30', '890,000', '14.5kg')
)


table = doc.add_table(rows=1, cols=3)
table.style = 'Table Grid'
hdr_cells = table.rows[0].cells
hdr_cells[0].text = '모델명'
hdr_cells[0].paragraphs[0].runs[0].font.bold = True
hdr_cells[1].text = '가격'
hdr_cells[1].paragraphs[0].runs[0].font.bold = True
hdr_cells[2].text = '무게'
hdr_cells[2].paragraphs[0].runs[0].font.bold = True
for qty, id, desc in records:
```

```
        row_cells = table.add_row().cells

        row_cells[0].text = str(qty)

        row_cells[1].text = id

        row_cells[2].text = desc


    doc.save('demo1.docx')
```

**실행 결과** ──────────────────────────────────

# 왕방산 국제 MTB 대회

왕방산에 만들어진 산악자전거 도로를 돌아보는 자전거 경주대회인 '왕방산 국제
**MTB 대회**'는 명실상부한 최고의 산악자전거 대회로 자리매김하였습니다. *천혜의
자연경관*과 함께 왕방산의 정취를 느껴보시기 바랍니다.

**˙ 대회소개**

　　　　산악스포츠의 메카로 알려진 동두천시에서 매년 10 월 셋째주에
　　　　개최되는 "왕방산 국제 MTB 대회는 9 월 경 참가신청을 받는다...

**˙ 대회 상세 안내**
- 접수처: 대한자전거연맹
- 문의사항: 문의사항: ☎02-420-4247

| 모델명 | 가격 | 무게 |
|---|---|---|
| XC10 | 690,000 | 14.5kg |
| XC20 | 790,000 | 13.5kg |
| XC30 | 890,000 | 14.5kg |
```
```

앞선 코드에서 다양한 스타일이 사용되었는데, 전체 스타일 목록은 다음 링크를 확인하거나 'python-docx understanding styles'란 키워드로 구글링해보기 바란다.

https://python-docx.readthedocs.io/en/latest/user/styles-understanding.html
#paragraph-styles-in-default-template

워드가 지원하는 기본 스타일이 마음에 들지 않는다면 스타일을 변경할 수도 있다. 하지만 한글 폰트 변경은 공식 문서에 나온 방법으로 되지 않으니 여기서 제시하는 방법을 사용해야 한다. 워드 스타일의 폰트는 영문 폰트와 한글 폰트를 따로 지정하게 되어 있다. 따라서 다음과 같이 스타일을 변경하는 것은 영문 폰트에만 적용된다.

```python
style = doc.styles['Normal']
style.font.name = '나눔고딕'   # 영문에만 적용된다
```

한글 폰트는 좀 복잡하기는 하지만 다음과 같이 별도로 지정해야 한다.

```python
style.element.rPr.rFonts.set(qn('w:eastAsia'), '나눔고딕')  # 한글에만 적용된다
```

그러면 'Normal'(본문)이 적용되는 스타일에는 자동으로 변경된 폰트가 적용된다. 하지만 이렇게 스타일을 변경해도 'Normal' 이외의 스타일, 예를 들면 add_heading( ) 메서드로 스타일을 지정할 때 'Title' 혹은 'Heading 1' 등은 스타일을 변경해도 적용되지 않는다. 현재 버전의 버그인 것으로 판단한다. 따라서 나만의 개인 스타일을 만들어 놓고 add_heading( ) 메서드 대신에 add_paragraph( ) 메서드를 이용해서 극복하기로 한다. 'Title' 스타일을 변경한 개인 스타일 'MyTitle'을 정의하는 방법은 다음과 같다. 우선 시스템에 정의된 'Title' 스타일을 가져다가 내가 변경할 부분만 바꾸어서 정의하면 된다.

```python
styles = doc.styles
new_style = styles.add_style('MyTitle', WD_STYLE_TYPE.PARAGRAPH)
new_style.base_style = styles['Title']
new_style.font.name = '나눔고딕'   # 영문용 폰트
new_style.element.rPr.rFonts.set(qn('w:eastAsia'), '나눔고딕')  # 한글용 폰트
```

문단을 정의할 때 다음과 같이 새롭게 만든 스타일 이름을 사용하면 해당 스타일로 적용된다.

```
p = doc.add_paragraph('왕방산 국제 MTB대회', 'MyTitle')
```

나머지 코드는 앞선 코드와 거의 유사하므로 쉽게 파악할 수 있을 것이다.

```
In [2]: from docx import Document
        from docx.enum.text import WD_ALIGN_PARAGRAPH
        from docx.shared import Mm, Pt
        from docx.oxml.shared import qn
        from docx.enum.style import WD_STYLE_TYPE


        doc = Document()


        # Normal 스타일 변경
        style = doc.styles['Normal']
        style.font.name = '나눔고딕'
        style.element.rPr.rFonts.set(qn('w:eastAsia'), '나눔고딕')
        style.font.size = Pt(10)


        # MyTitle 스타일 생성
        styles = doc.styles
        new_style = styles.add_style('MyTitle', WD_STYLE_TYPE.PARAGRAPH)
        new_style.base_style = styles['Title']
        font = new_style.font
        font.name = '나눔고딕'
        new_style.element.rPr.rFonts.set(qn('w:eastAsia'), '나눔고딕')
        # font.size = Pt(26)


        # MyHeading 1 스타일 생성
        new_style = styles.add_style('MyHeading 1', WD_STYLE_TYPE.PARAGRAPH)
        new_style.base_style = styles['Heading 1']
```

```python
new_style.font.name = '나눔고딕'
new_style.element.rPr.rFonts.set(qn('w:eastAsia'), '나눔고딕')


p = doc.add_paragraph('왕방산 국제 MTB대회', 'MyTitle')


p = doc.add_paragraph('왕방산에 만들어진 산악자전거 도로를 돌아보는자전거 경주대회인 ',
style='Normal')
p.add_run(''왕방산 국제 MTB대회'').bold = True
p.add_run('는 명실상부한 최고의 산악자전거 대회로 자리매김하였습니다. ')
p.add_run('천혜의 자연경관').italic = True
p.add_run('과 함께 왕방산의 정취를 느껴보시기 바랍니다.')


doc.add_paragraph('대회 소개', style='MyHeading 1')
doc.add_paragraph('산악스포츠의 메카로 알려진 동두천시에서 매년 10월 셋째주에 개최되는 "왕방산
국제 MTB대회는 9월 경 참가신청을 받는다...', style='Intense Quote')


doc.add_paragraph('대회 상세 안내', style='MyHeading 1')
doc.add_paragraph('접수처: 대한자전거연맹', style='List Bullet')
doc.add_paragraph('문의사항: 문의사항 : ☎02-420-4247', style='List Bullet')


my_image = doc.add_picture('img/mtb1.png', width=Mm(100))
last_paragraph = doc.paragraphs[-1]
last_paragraph.alignment = WD_ALIGN_PARAGRAPH.CENTER


doc.add_page_break()


my_image = doc.add_picture('img/mtb2.png', width=Mm(100))
last_paragraph = doc.paragraphs[-1]
last_paragraph.alignment = WD_ALIGN_PARAGRAPH.CENTER


records = (
    ('XC10', '690,000', '14.5kg'),
    ('XC20', '790,000', '13.5kg'),
```

```
    ('XC30', '890,000', '14.5kg')
)

table = doc.add_table(rows=1, cols=3)
table.style = 'Table Grid'
hdr_cells = table.rows[0].cells
hdr_cells[0].text = '모델명'
hdr_cells[0].paragraphs[0].runs[0].font.bold = True
hdr_cells[1].text = '가격'
hdr_cells[1].paragraphs[0].runs[0].font.bold = True
hdr_cells[2].text = '무게'
hdr_cells[2].paragraphs[0].runs[0].font.bold = True
for qty, id, desc in records:
    row_cells = table.add_row().cells
    row_cells[0].text = str(qty)
    row_cells[1].text = id
    row_cells[2].text = desc

doc.save('demo2.docx')
```

이 코드로 생성된 문서의 결과는 다음과 같다. 폰트가 변경된 것을 확인할 수 있다.

# 왕방산 국제 MTB 대회

왕방산에 만들어진 산악자전거 도로를 돌아보는자전거 경주대회인 '왕방산 국제 MTB 대회'는
명실상부한 최고의 산악자전거 대회로 자리매김하였습니다. *천혜의 자연경관*과 함께 왕방산의 정취를
느껴보시기 바랍니다.

## 대회 소개

산악스포츠의 메카로 알려진 동두천시에서 매년 10 월 셋째주에 개최되는
'왕방산 국제 MTB 대회는 9 월 경 참가신청을 받는다...

## 대회 상세 안내

- 접수처: 대한자전거연맹
- 문의사항: 문의사항 : ☎02-420-4247

| 모델명 | 가격 | 무게 |
|---|---|---|
| XC10 | 690,000 | 14.5kg |
| XC20 | 790,000 | 13.5kg |
| XC30 | 890,000 | 14.5kg |

    이 정도 지식이면 기본 문서를 제작하는 데는 별 어려움이 없을 것 같으나 더 구체적인
내용이 필요하다면 python-docx 홈페이지에서 매뉴얼을 참조하거나 구글링을 하면 더 많
은 도움을 얻을 수 있다.

# 02 문서 프린트하기

문서를 출력하려면 윈도우 운영체제에서는 파이썬의 **os.startfile(출력파일, "print")** 함수를 이용할 수 있다. 두 번째 인수 print는 기본 프린터로 문서를 출력하게 해준다. 따라서 기본 프린터가 가상 프린터가 아닌 실제 프린터로 설정되어 있는지 사전에 확인해둔다. 그래야만 예약 작업을 등록한 경우 자동으로 프린트를 할 수 있다. 용지가 두둑이 있는지만 잘 확인해두자.

```
In [3]: import os

template_file = os.path.join(os.getcwd(), "test-output-table.docx") # 문서 파일 경로
os.startfile(template_file, "print")
```

메일 병합이란 아래아 한글이나 MS 워드 모두에 있는 기능인데, 어떤 준비된 틀 문서(template)가 있을 때 엑셀과 연동하여 엑셀에 있는 데이터를 준비된 틀 문서의 지정된 (빈칸) 영역에 채우면서 각각의 문서를 만드는 것이다. 메일 병합 기능은 결과적으로 메일을 보내기 위한 것이긴 하지만, 여기서는 메일 병합 문서 틀을 이용하여 개인별 워드 문서를 생성하는 데 활용하기로 한다.

우선 틀 문서(template)를 만들어야 한다. 여기서는 편지 형식의 틀을 만들기로 하자. 편지의 기본적인 내용은 임의로 작성하면 되고, 고객에 따라서 달라져야 할 부분을 설정 혹은 표시해야 한다. 이 설정 부분을 병합 필드(merge field)라고 한다. 병합 필드를 추가하려면 우선 문서에서 병합 필드 삽입 위치에 커서를 둔 후, **[삽입]** 메뉴 탭에서 **[빠른 문서요소]** → **[필드]**를 선택한다.

그러면 **[필드]** 대화상자가 나타난다. **[필드 이름]**에서 **[MergeField]**를 선택한 후, '필드 이름' 란에 사용할 고유의 필드 이름을 정해서 입력해준다. 여기 예에서는 'reg_id'라고 입력했다. 입력이 끝났으면 **[확인]**을 누른다.

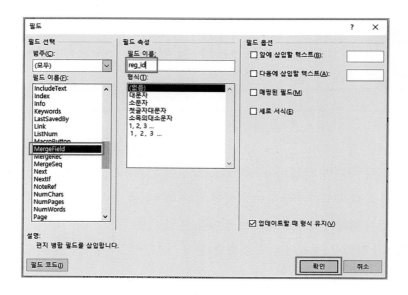

같은 방법으로 title, givenname, familyname을 입력한다. 다음은 이런 식으로 《reg_id》, 《title》, 《givenname》, 《familyname》 네 개의 필드가 입력된 화면이다.

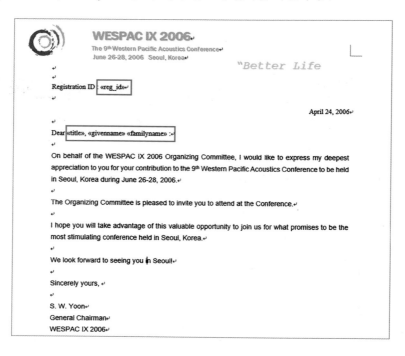

이 문서 파일을 data 폴더에 mailmerge_template.docx라는 이름으로 저장해보자. 이제 파이썬에서 이렇게 만든 틀 문서를 가져다 작업을 해보자. 우선은 MailMerge 모듈을 가져와서 틀 문서를 이용해 MailMerge 객체를 만든다.

```
In [4]: from mailmerge import MailMerge

        template = "data/mailmerge_template.docx"
        document = MailMerge(template)
```

이 문서에 등록되어 있는 병합 필드들을 확인해 본다.

```
In [5]: print(document.get_merge_fields())
Out[5]: {'title', 'familyname', 'reg_id', 'givenname'}
```

merge( ) 메서드에 값을 넘겨주면 병합 필드에 값이 대신 채워진 문서가 만들어진다. 이 문서는 새로운 이름으로 저장해야 한다.

```
In [6]: document.merge(
            title='Mr.',
            reg_id='5555',
            familyname='Solovchuk',
            givenname='Maxim',
            )

        document.write('test-output.docx')
```

저장된 문서 test-output.docx를 확인해보자.

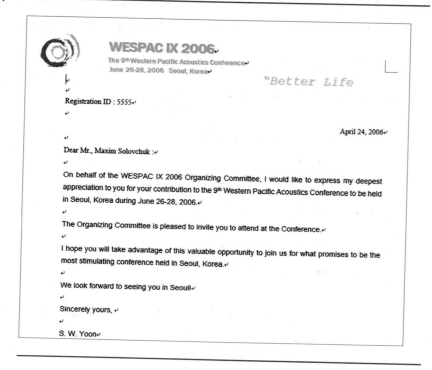

만일 병합 필드에 단일 값이 아니라 표와 같이 여러 값이 입력되어야 한다면 merge_rows( )라는 메서드를 이용해서 여러 행의 데이터를 입력할 수 있다. 여기 예에서는 다음과 같이 표에 네 개의 병합 필드를 갖는 문서 table_template.docx를 만들었다.

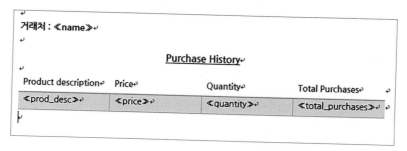

다음과 같이 사전의 리스트를 준비하고 merge_rows( ) 메서드를 호출하면 표에 해당하는 데이터만큼 행이 추가된다. merge_rows( ) 메서드의 첫 인수는 테이블의 첫 병합 필드 이름이다.

```python
In [7]: from mailmerge import MailMerge
        from datetime import date

        template = "data/table_template.docx"
        document = MailMerge(template)

        sales_history = [{
            'prod_desc': '밤색구두',
            'price': '$10.00',
            'quantity': '2500',
            'total_purchases': '$25,000.00'
        }, {
            'prod_desc': '흰티셔츠',
            'price': '$20.00',
            'quantity': '10000',
            'total_purchases': '$200,000.00'
        }, {
            'prod_desc': '검은벨트',
            'price': '$5.00',
            'quantity': '5000',
            'total_purchases': '$25,000.00'
        }]

        document.merge(name='진영화학')

        document.merge_rows('prod_desc', sales_history)
        document.write('test-output-table.docx')
```

test-output-table.docx 파일을 확인해보면 다음과 같다.

## 실행 결과

거래처 : 진영화학

### Purchase History

| Product description | Price | Quantity | Total Purchases | |
|---|---|---|---|---|
| 밤색구두 | $10.00 | 2500 | $25,000.00 | |
| 흰티셔츠 | $20.00 | 10000 | $200,000.00 | |
| 검은벨트 | $5.00 | 5000 | $25,000.00 | |

# 04 워드를 PDF 문서로 저장하기

워드 문서를 PDF(Portable Document Format) 파일로 저장하려 할 때는 pywin32를 이용하여 간단히 해결할 수 있다. SaveAs를 이용해서 문서를 저장할 때 `FileFormat=17`을 지정하면 된다.

```
In [8]: import os
        from win32com.client import Dispatch

        wordapp = Dispatch("Word.Application")

        fpath = os.path.join(os.getcwd(), "test-output-table.docx")
        myDoc = wordapp.Documents.Open(FileName=fpath)

        pdf_path = os.path.join(os.getcwd(), "test_saved.pdf")
        myDoc.SaveAs(pdf_path, FileFormat=17)

        myDoc.Close()
        wordapp.Quit()
```

**실행 결과**

거래처 : 진영화학

**Purchase History**

| Product description | Price | Quantity | Total Purchases |
| --- | --- | --- | --- |
| 방색구두 | $10.00 | 2500 | $25,000.00 |
| 흰티셔츠 | $20.00 | 10000 | $200,000.00 |
| 검은벨트 | $5.00 | 5000 | $25,000.00 |

# 05 PDF 문서에 암호 넣기

PDF 문서와 관련한 내용은 주로 다음 장에서 다루지만, 여기서 먼저 간단히 암호를 넣는 내용을 알아보기로 하자. 파이썬 모듈을 이용하여 pdf에 암호를 넣는 기능은 유일하게 PyPDF2 모듈이 지원하지만, 한글이 포함된 경우는 이마저도 UnicodeEncodeError가 자주 발생하여 사용하기 어렵다. 따라서 qpdf라는 오픈소스 C++ 라이브러리를 활용하기로 한다. 먼저 qpdf 라이브러리를 다음 사이트에서 내려받는다.

https://sourceforge.net/projects/qpdf/

적당한 곳에 압축을 풀고 그 안에 있는 qpdf.exe를 이용해서 pdf 파일에 암호를 넣을 수 있다. 명령 형식은 다음과 같다.

```
qpdf.exe --encrypt 패스워드 패스워드 128 -- 원본파일.pdf 암호적용파일.pdf
```

여기서 패스워드는 두 번 반복한다. 128은 암호화 비트 수다. 숫자가 클수록 암호 해독이 어려워진다. 기본값은 40이다. 이제 파이썬의 Popen( )을 이용하여 pdf 파일에 암호를 넣어 보자. 실행하기 전에 qpdf.exe 실행 파일의 경로가 변경이 필요한지 확인해 두어야 한다.

```
In [9]: from subprocess import Popen

        pdf_without_pass = "test_saved.pdf"
        pdf_with_pass = "test_saved2.pdf"
        password = "1234"

        Popen(r"qpdf-8.2.1\bin\qpdf.exe --encrypt {0} {0} 128 -- {1} {2}".format(
            password, pdf_without_pass, pdf_with_pass).split())
Out[9]: <subprocess.Popen at 0x2a0944164a8>
```

## 대량 고객에게 개인 보안 PDF 첨부 메일 발송하기

이제 종합적인 코드를 작성해보자. 과제는 기본적인 양식인 워드 틀 문서와 여러 사용자 정보가 담긴 엑셀 파일이 준비되어 있을 때, 엑셀에서 데이터를 읽어 각 고객에게 발송할 워드 문서와 pdf 문서를 만들고 암호화한다. 그러고 나서 이렇게 암호화된 pdf 문서를 각 고객에게 발송한다. 이번 예제를 위해서 준비된 엑셀 파일과 워드 파일은 다음과 같다.

| | A | B | C | D | E | F |
|---|---|---|---|---|---|---|
| 1 | reg_id | title | familyname | givenname | email | |
| 2 | 226 | Mr. | Solovchuk | Maxim | abc@hotmail.com | |
| 3 | 239 | Mr. | TARIQ | MALIK | tariq@gmail.com | |
| 4 | 242 | Prof. | Nishimura | Tsuyoshi | nishimura@yahoo.com | |
| 5 | 253 | Prof. | Blamey | Peter | peter@outlook.com | |
| 6 | 271 | Prof. | Chin | Ken | chin@gmail.com | |
| 7 | 249 | Prof. | Park | sang kyu | park@naver.com | |

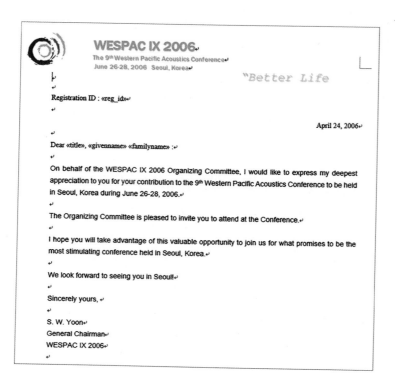

작업은 다음과 같은 과정으로 진행한다.

1. 엑셀 파일에서 고객 정보를 읽어온다.

2. 틀 문서를 이용하여 고객마다 메일 병합 필드가 채워진 각각의 워드 문서를 만든다.

3. 워드 문서를 pdf 문서로 변환한다.

4. pdf 문서를 암호화한다.

5. 불필요한 임시 파일들을 삭제한다.

6. 메일을 발송한다.

도전 과제

 단계 1  엑셀 파일에서 고객 정보를 읽어온다.

개인 정보는 data/registrants.xlsx라는 엑셀 파일에 저장되어 있다. registrants.xlsx 파일은 pandas를 이용해서 읽어보자.

```
In [10]: import pandas as pd

         registrants = pd.read_excel("data/registrants.xlsx")
```

읽은 자료를 확인해보자.

```
In [11]: registrants
```

**실행 결과**

|   | reg_id | title | familyname | givenname | email |
|---|--------|-------|------------|-----------|-------|
| 0 | 226 | Mr. | Solovchuk | Maxim | abc@hotmail.com |
| 1 | 239 | Mr. | TARIQ | MALIK | tariq@gmail.com |
| 2 | 242 | Prof. | Nishimura | Tsuyoshi | nishimura@yahoo.com |
| 3 | 253 | Prof. | Blamey | Peter | peter@outlook.com |
| 4 | 271 | Prof. | Chin | Ken | chin@gmail.com |
| 5 | 249 | Prof. | Park | sang kyu | park@naver.com |

혹시 셀에 정의되지 않은 값이 있다면 빈 문자열로 대치한다.

```
In [12]: registrants.fillna('', inplace=True)
```

apply( ) 메서드를 이용하여 reg_id 열을 문자열로 변환한다.

```
In [13]: registrants['reg_id'] = registrants['reg_id'].apply(str)
```

이제 자료를 사전의 리스트로 변환한다.

```
In [14]: data = [dict(row) for index, row in registrants.iterrows()]
         data
Out[14]: [{'reg_id': '226',
           'title': 'Mr.',
           'familyname': 'Solovchuk',
           'givenname': 'Maxim',
           'email': 'abc@hotmail.com'},
          {'reg_id': '239',
           'title': 'Mr.',
           'familyname': 'TARIQ',
           'givenname': 'MALIK',
           'email': 'tariq@gmail.com'},
          {'reg_id': '242',
           'title': 'Prof.',
           'familyname': 'Nishimura',
           'givenname': 'Tsuyoshi',
           'email': 'nishimura@yahoo.com'},
          {'reg_id': '253',
           'title': 'Prof.',
           'familyname': 'Blamey',
           'givenname': 'Peter',
           'email': 'peter@outlook.com'},
          {'reg_id': '271',
           'title': 'Prof.',
           'familyname': 'Chin',
           'givenname': 'Ken',
           'email': 'chin@gmail.com'},
          {'reg_id': '249',
           'title': 'Prof.',
           'familyname': 'Park',
           'givenname': 'sang kyu',
           'email': 'park@naver.com'}]
```

워드의 틀(template) 문서를 이용하여 고객마다 별도의 워드 문서를 생성한다.

```
In [15]: from mailmerge import MailMerge

         template = "data/mailmerge_template.docx"

         fpaths = []
         for ele in data:
             document = MailMerge(template)
             document.merge(**ele)
             fpath = 'message_{}.docx'.format(ele['reg_id'])
             document.write(fpath)
             fpaths.append(fpath)
```

### 키워드 인수 document.merge(**ele)

**ele 표현은 ele 변수가 사전인 경우 함수의 키워드 인수 처리하겠다는 뜻이다. 예를 들어 ele 가 다음과 같다고 해보자.

```
{'reg_id': '226',
 'title': 'Mr.',
 'familyname': 'Solovchuk',
 'givenname': 'Maxim',
 'email': 'abc@hotmail.com'}
```

이때 document.merge(**ele) 표현은 다음의 키워드 인수 표현과 동일하다.

```
document.merge(reg_id='226', title='Mr.', familyname='Solovchuk',
givenname='Maxim', email='abc@hotmail.com')
```

워드 문서를 win32 모듈을 이용하여 pdf 문서로 변환한다.

```python
In [16]: import os
         from win32com.client import Dispatch

         wordapp = Dispatch("Word.Application")

         pdf_paths = []
         for fpath in fpaths:
             fpath = os.path.abspath(fpath)
             mydoc = wordapp.Documents.Open(FileName=fpath)

             pdf_path = os.path.join(os.path.splitext(fpath)[0] + '.pdf')
             pdf_paths.append(pdf_path)
             mydoc.SaveAs(pdf_path, FileFormat=17)
             mydoc.Close()

         wordapp.Quit()
```

도전 과제

단계 4
pdf 문서를 qpdf를 이용하여 암호화한다.

```python
In [17]: from subprocess import Popen

         pdf_paths_pw = []
         for pdf_without_pass in pdf_paths:
             pdf_with_pass = os.path.splitext(pdf_without_pass)[0] + '_pw.pdf'
             pdf_paths_pw.append(pdf_with_pass)
             password = "1234"    # 암호는 적절하게 변경해야 한다

             Popen(r"qpdf-8.2.1\bin\qpdf.exe --encrypt {0} {0} 128 -- {1} {2}".format(
                 password, pdf_without_pass, pdf_with_pass).split())
```

워드 문서와 암호화되기 전의 pdf 문서는 삭제한다.

```
In [18]: for fpath in fpaths + pdf_paths:
             os.remove(fpath)
```

메일을 발송한다.

보낼 첨부 파일은 pdf_paths_pw 변수에 있다. 파일명에서 reg_id 값을 추출해보자.

```
In [19]: fpath = pdf_paths_pw[0]
         os.path.splitext(fpath)[0].rsplit('_', 2)[1]
Out[19]: '226'
```

reg_id 값을 알 때 이메일 주소를 테이블에서 얻어낼 수 있다.

```
In [20]: registrants[registrants['reg_id'] == '226']
```

| | reg_id | title | familyname | givenname | email |
|---|---|---|---|---|---|
| 0 | 226 | Mr. | Solovchuk | Maxim | abc@hotmail.com |

```
In [21]: registrants[registrants['reg_id'] == '226'].iloc[0]['email']
Out[21]: 'abc@hotmail.com'
```

이렇게 하면 첨부 파일과 관련된 정보를 얻을 수 있다. 이제 실제로 메일을 보내는 일만 남는데, 이 부분은 Work 5 이메일 보내기의 마지막 과제와 마찬가지므로 설명을 생략한다. 지금까지 코드를 종합하면 다음과 같다.

```
In [22]: import os

         from subprocess import Popen

         from win32com.client import Dispatch

         from mailmerge import MailMerge

         import pandas as pd

         import time


         # 단계 1

         registrants = pd.read_excel("data/registrants.xlsx")

         registrants.fillna('', inplace=True)

         registrants['reg_id'] = registrants['reg_id'].apply(str)

         data = [dict(row) for index, row in registrants.iterrows()]


         # 단계 2

         template = "data/mailmerge_template.docx"


         fpaths = []

         for ele in data:

             document = MailMerge(template)

             document.merge(**ele)

             fpath = 'message_{}.docx'.format(ele['reg_id'])

             document.write(fpath)

             fpaths.append(fpath)


         # 단계 3

         wordapp = Dispatch("Word.Application")


         pdf_paths = []

         for fpath in fpaths:

             fpath = os.path.abspath(fpath)

             mydoc = wordapp.Documents.Open(FileName=fpath)


             pdf_path = os.path.join(os.path.splitext(fpath)[0] + '.pdf')
```

```
        pdf_paths.append(pdf_path)

        mydoc.SaveAs(pdf_path, FileFormat=17)

        mydoc.Close()


    wordapp.Quit()


    # 단계 4

    pdf_paths_pw = []

    for pdf_without_pass in pdf_paths:

        pdf_with_pass = os.path.splitext(pdf_without_pass)[0] + '_pw.pdf'

        pdf_paths_pw.append(pdf_with_pass)

        password = "1234"      # pdf 문서 암호. 적절하게 변경해야 한다


        Popen(r"qpdf-8.2.1\bin\qpdf.exe --encrypt {0} {0} 128 -- {1} {2}".format(
            password, pdf_without_pass, pdf_with_pass).split())


    # 단계 5

    time.sleep(5)

    for fpath in fpaths + pdf_paths:

        os.remove(fpath)


    # 단계 6

    for fpath in pdf_paths:

        reg_id = os.path.splitext(fpath)[0].rsplit('_', 2)[1]

        email = registrants[registrants['reg_id'] == reg_id].iloc[0]['email']

        # 메일 보내기 코드 … 생략(Work 5 참조)

        print('send mail to', email, reg_id)
```

```
Out[22]: send mail to abc@hotmail.com 226

         send mail to tariq@gmail.com 239

         send mail to nishimura@yahoo.com 242

         send mail to peter@outlook.com 253

         send mail to chin@gmail.com 271

         send mail to park@naver.com 249
```

# Work 12

# PDF 문서 다루기

PDF(Portable Document Format) 문서 형식은 문서 교환에 있어서 가장 보편적인 파일 형식 중 하나다. 다양한 읽기 도구와 변환 도구, 저작 도구가 있다. 컴퓨터 프로그래밍 언어를 이용해서 PDF 파일을 만드는 방법도 있다. 하지만 프로그래밍 언어로 PDF 파일을 만드는 것은 특별한 경우가 아니면 문서 편집기로 만드는 것보다 확실히 불편하다. 특히 업무 중심의 일이라면 당연히 편집기로 만든 워드프로세서 문서를 PDF로 변환하려고 할 것이다. 따라서 여기서는 우선 오피스 문서들을 PDF로 변환하는 방법들을 살펴본다. 물론, 프로그래밍으로 PDF 파일을 직접 만드는 것이 유용한 경우도 있다. 반복적인 작업이라면 특히 유용할 것이다. 이어서 PDF 파일의 문서 내용을 읽거나 문서 안의 이미지를 추출하는 방법도 알아본다.

사실 안타깝게도 PDF 영역에 있어서는 파이썬의 어느 한 도구도 모든 경우에 만족할 만한 결과를 내지 못한다. 그래서 작업 내용에 따라 사용할 수 있는 모듈은 모두 다르다. 이제부터 어떤 작업을 원하는지에 따라 어떻게 필요한 모듈을 사용해야 하는지 알아보도록 하자.

 **학습 포인트**

- 각종 오피스 파일을 PDF 파일로 변환한다.

- 캡처한 혹은 스캔한 이미지 파일을 모아서 하나의
  PDF 파일을 만든다.

- 여러 PDF 파일을 하나로 합친다.

- PDF 파일을 분리하거나 페이지를 추출하여 새로운
  PDF를 만든다.

- PDF 문서에서 텍스트를 읽어낸다.

- 이미지로 구성된 PDF 파일에서 이미지를 추출한다.

- 암호 걸린 PDF 문서를 읽어낸다.

PDF 영역에 파이썬을 이용할 때는 작업 내용에 따라 다양한 모듈이 필요하다. pdfkit 모듈은 웹 페이지를 PDF 문서로 만들 수 있다.

```
pip install pdfkit
```

\* https://wkhtmltopdf.org/downloads.html에서
적당한 버전을 내려받아 설치한다.

pdf 문서를 처음부터 스크립트로 생성하는 데 사용하는 모듈은 reportlab 이다. pywin32는 워드나 엑셀 등의 오피스 문서를 pdf 파일로 변환하는 데 필요하다. C++ 라이브러리 qpdf는 암호화된 pdf 문서를 생성하거나 읽는 데 사용한다. pikepdf는 qpdf의 파이썬 래퍼(wrapper) 모듈이다. tika는 pdf 문서에서 텍스트를 추출한다(https://github.com/chrismattmann/tika-python). PDF 문서에서 이미지를 추출하는 데는 pdf2image 모듈을 사용한다.

```
pip install pywin32
pip install reportlab
pip install pikepdf
pip install tika        # java 7 이상이 미리 설치되어 있어야 실행 가능하다
pip install PyPDF2      # PDF 파일의 페이지를 읽고 쓰는 데 주로 사용한다
pip install pdf2image    # PDF 파일에서 이미지를 추출하는 데 사용한다
```

\* qpdf는 https://sourceforge.net/projects/qpdf/에서
내려받아 설치한다.

# 01 웹 페이지를 PDF로 저장하기

pdfkit 모듈(`https://pypi.org/project/pdfkit/`)은 wkhtmltopdf 유틸리티(`https://wkhtmltopdf.org/`)를 이용하여 웹 페이지 혹은 저장된 HTML 문서를 PDF 문서로 변환하는 래퍼(wrapper) 모듈이다. 따라서 wkhtmltopdf가 설치되어 있어야 하며, wkhtmltopdf 실행 프로그램에 대한 경로가 config에 지정되어야 한다. 하나의 웹 페이지, 문자열 혹은 HTML 문서에서 pdf 문서로의 변환은 각각 pdfkit 모듈의 from_url( ), from_string( ), from_file( ) 함수로 이루어진다. 각 함수의 인수 option에서 **'quiet'**를 설정하지 않으면 wkhtmltopdf 실행 결과가 화면에 출력된다.

```
In [1]: import pdfkit

        options = {'quiet': ''}    # wkhtmltopdf 출력값을 화면에 표시하지 않는다
        config = pdfkit.configuration(wkhtmltopdf=r'C:\Program Files\wkhtmltopdf\bin\
        wkhtmltopdf.exe')

        pdfkit.from_url('http://naver.com', 'naver.pdf', options=options,
        configuration=config)
        # pdfkit.from_string('Hello!', 'string.pdf', options=options, configuration=config)
        # pdfkit.from_file('test.html', 'html.pdf', options=options, configuration=config)
Out[1]: True
```

여러 웹 페이지 혹은 파일을 하나의 pdf로 만들려면 소스 파일들을 리스트에 묶어서 전달하면 된다.

```
In [2]: import pdfkit

        options = {'quiet': ''}   # wkhtmltopdf 출력값을 화면에 표시하지 않는다
        config = pdfkit.configuration(wkhtmltopdf=r'C:\Program Files\wkhtmltopdf\bin\
        wkhtmltopdf.exe')
        pdfkit.from_url(['http://naver.com', 'http://daum.net'], 'naver_daum.pdf',
        options=options, configuration=config)
        # pdfkit.from_file(['data/test.html', 'data/test2.html'], 'out/out5.pdf', options=options,
        configuration=config)
Out[2]: True
```

또한 다양한 페이지 및 스타일 옵션도 설정할 수 있다. 이와 관련한 자세한 내용은 홈페이지를 참고하기 바란다.

# 02 워드, 엑셀, PPT 문서를 PDF로 저장하기

마이크로소프트 오피스 문서들을 PDF 파일로 저장할 때는 pywin32 모듈을 이용하면 간단히 해결할 수 있다.

## 워드 문서를 PDF로 저장하기

워드 문서를 win32를 이용해 읽어온 후 PDF 형식으로 저장한다. 문서 객체의 SaveAs( ) 메서드를 이용하며 인수로 FileFormat=17을 지정한다.

```
In [3]: import os
        from win32com.client import Dispatch


        wordapp = Dispatch("Word.Application")
        wordapp.Visible = False


        fpath = os.path.join(os.getcwd(), "sample.docx")   # 파일 경로
        myDoc = wordapp.Documents.Open(FileName=fpath)


        pdf_path = os.path.join(os.getcwd(), "sample.pdf")   # PDF로 저장
        myDoc.SaveAs(pdf_path, FileFormat=17)


        myDoc.Close()
        wordapp.Quit()
```

## 엑셀 문서를 PDF로 저장하기

엑셀 문서를 win32를 이용해 읽어온 후 PDF 형식으로 저장한다. 워크북의 ExportAsFixedFormat( ) 메서드를 이용하면 간단히 해결된다.

```
In [4]: import os
        from win32com.client import Dispatch


        # 엑셀 시작
        excelApp = Dispatch("Excel.Application")
        excelApp.Visible = False


        # 읽어오기
        fpath = os.path.abspath('sample1.xlsx')
        workbook = excelApp.Workbooks.Open(fpath)


        # pdf 포맷으로 저장하기
        fpath = os.path.abspath('sample1.pdf')
        workbook.ExportAsFixedFormat(0, fpath)    # xlTypePDF : 0


        workbook.Close()
        excelApp.Quit()
```

## PPT 문서를 PDF로 저장하기

파워포인트 문서를 pdf로 저장하려면 PPT 객체에서 SaveAs( ) 메서드의 두 번째 인수에 32를 전달하면 된다.

```
In [5]: import os
        from win32com.client import Dispatch

        # 엑셀 시작
        PPTApplication = Dispatch("PowerPoint.Application")
        PPTApplication.Visible = False

        # 읽어오기
        fpath = os.path.abspath('sample.pptx')
        ppt = PPTApplication.Presentations.Open(fpath)

        # pdf 포맷으로 저장하기
        fpath = os.path.abspath('sample_ppt.pdf')
        ppt.SaveAs(fpath, 32)    # ppSaveAsPDF

        ppt.Close()
        PPTApplication.Quit()
```

한 번 배운 파이썬, 나만의 활용 스킬 | **Work 12.** PDF 문서 다루기

# 이미지 파일을 PDF 문서로 만들기

Work 1의 마지막 도전 과제와 같이 종종 스캔한 파일 혹은 캡처한 이미지 파일들을 하나의 PDF로 묶어서 전자책으로 만들고 싶은 경우가 있다. 이럴 때 reportlab 모듈을 이용한 다음 예를 활용하면 쉽게 전자책을 만들 수 있다. 다음 코드는 cartoon 폴더 안에 들어 있는 각각의 .jpg 이미지 파일을 하나의 A4 용지에 배치하며 A4의 가로 폭에 맞추어서 가장 아래쪽에 배치한다.

```
In [6]: import glob
        from reportlab.pdfgen import canvas
        from reportlab.lib.pagesizes import A4
        from PIL import Image

        # 이미지 파일 목록을 가져온다
        flist = glob.glob('cartoon/*.jpg')   # 경로 변경

        # 파일 저장을 위한 Canvas 객체를 만든다
        pgsize = A4   # 용지 설정
        c = canvas.Canvas('cartoon.pdf', pagesize=pgsize)   # 출력 파일, 페이지 크기 변경
        w2 = pgsize[0]        # 용지의 폭
        for fpath in flist:
            im = Image.open(fpath)  # 이미지를 읽는다
            w, h = im.size  # 가로, 세로 이미지 크기를 가져온다
            r = w / h       # 가로, 세로 비를 계산한다
            h2 = w2 / r     # 용지 폭에 맞추어 높이를 계산한다(비율 유지)
            c.drawImage(fpath, 0, 0, w2, h2)  # 이미지를 페이지에 그린다
            c.showPage()    # 한 페이지 정리하고 다음 페이지로 넘어간다
        c.save()
```

# 04 여러 PDF 파일을 하나로 합치기

여러 PDF 파일을 하나로 합쳐보자. 방법은 PyPDF2의 PdfFileMerger 객체에 PdfFileReader 객체를 추가하여 출력하면 된다. 다음 코드는 data 폴더에 있는 모든 PDF 파일을 하나로 합쳐서 one_book.pdf 파일을 만든다.

```python
In [7]: from PyPDF2 import PdfFileMerger, PdfFileReader


        filenames = glob.glob('data/*.pdf')


        merger = PdfFileMerger()
        for filename in filenames:
            merger.append(PdfFileReader(open(filename, 'rb')))


        merger.write("one_book.pdf")
```

여러 페이지로 구성된 하나의 PDF 파일을 여러 개의 파일로 분리해보자. 사실은 분리라기보다는 원래 문서에서 추출하고자 하는 페이지를 읽고 그 페이지들을 모아서 하나의 파일로 저장하는 것이다. i번째 페이지(첫 페이지는 0으로 시작)를 읽는 것은 PdfFileReader 객체의 getPage(i) 메서드를 사용하면 되고, 페이지를 모으는 것은 PdfFileWriter 객체의 addPage( ) 메서드를 이용하면 된다. 다음 예는 sample_book.pdf에서 0페이지부터 9페이지까지, 그리고 10페이지부터 19페이지까지를 각각 splitbook_0.pdf, splitbook_1.pdf 파일로 저장하는 예제다.

```
In [8]: from PyPDF2 import PdfFileWriter, PdfFileReader

        inputpdf = PdfFileReader(open("data/sample_book.pdf", "rb"))

        parts = [(0, 10), (10, 20)]
        for k, (start, end) in enumerate(parts):
            end = min(end, inputpdf.numPages)
            output = PdfFileWriter()
            for i in range(start, end):
                output.addPage(inputpdf.getPage(i))

            with open("data/splitbook_%s.pdf" % k, "wb") as outputStream:
                output.write(outputStream)
```

# 06 PDF 문서의 일부 페이지 제거하기

PDF 문서에서 일부 페이지를 제거하는 것은 pikepdf 모듈을 이용하면 간편하다. 단, 페이지를 제거할 때 페이지 번호가 높은 것부터 낮은 순서대로 제거해야 한다는 점에 주의해야 한다. 앞쪽의 페이지 하나를 제거하면 페이지가 밀려서 페이지 번호가 하나씩 줄어들기 때문이다. 다음 예는 sample_book.pdf에서 2, 4, 6, 그리고 마지막 페이지를 제거하여 새로운 파일 sample_book_deleted_pages.pdf에 저장한다. 첫 페이지 번호는 0이다.

```
In [9]: import pikepdf

        with pikepdf.open('data/sample_book.pdf') as pdf:
            num_pages = len(pdf.pages)
            pages_to_delete = [2, 4, 6, num_pages-1]   # 첫 페이지는 0부터 시작한다
            for pg in sorted(pages_to_delete, reverse=True): # 역으로 제거해야 한다
                del pdf.pages[pg]
            pdf.save('data/sample_book_deleted_pages.pdf')
```

329

스캔한 PDF 파일의 일부 페이지가 간혹 방향이 맞지 않을 수 있다. 옆으로 되어 있는 그림이나 표가 바로 스캔되기도 하고, 바로 스캔되어야 할 텍스트가 옆으로 누워 있기도 하다. pikepdf에서 pages의 Rotate 속성값으로 페이지 방향을 변경할 수 있다. 시계방향으로 90, 180, 270도가 유효한 값들이다.

```
In [10]: import pikepdf

         my_pdf = pikepdf.Pdf.open('data/sample_book.pdf')
         num_pages = len(my_pdf.pages)
         pages_to_rotate = [0, 2, 4, 6, num_pages-1]
         for pg in pages_to_rotate:
            my_pdf.pages[pg].Rotate = 90
         my_pdf.save('data/sample_book_rotated.pdf')
```

**실행 결과**

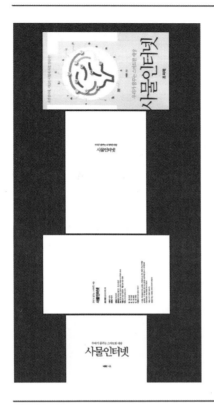

# 08 PDF 문서에서 텍스트 추출하기

한 번 배운 파이썬, 나만의 활용 스킬 | Work 12. PDF 문서 다루기

PDF 문서에서 텍스트 정보를 추출하는 데 사용 가능한 몇 가지 모듈이 있지만, 현재까지 테스트해본 바로는 tika 모듈이 가장 좋은 결과를 보였다. PyPDF2인 경우 한글을 제대로 처리하지 못한다. https://klearwall.com/wp-content/uploads/2017/11/pdf-sample.pdf에서 내려받은 샘플 혹은 가지고 있는 다른 샘플 파일을 읽어보자. 우선 tika 모듈의 from_file( ) 함수로 읽은 결과를 살펴보자.

```
In [11]: from tika import parser

         raw = parser.from_file('data/pdf-sample.pdf')    # tika 모듈로 pdf 파일을 분석한다
         content = raw['content']                          # 본문 text 내용을 읽어낸다
         print(content.strip())
Out[11]: This is a test PDF file



         Adobe Acrobat PDF Files

         Adobe® Portable Document Format (PDF) is a universal file format that preserves
         all
         of the fonts, formatting, colours and graphics of any source document, regardless
         of
         the application and platform used to create it.

         Adobe PDF is an ideal format for electronic document distribution as it overcomes
         the
         problems commonly encountered with electronic file sharing.
```

332

PDF 문서에서 텍스트 추출하기

- Anyone, anywhere can open a PDF file. All you need is the free Adobe Acrobat Reader. Recipients of other file formats sometimes can't open files because they don't have the applications used to create the documents.

- PDF files always print correctly on any printing device.

- PDF files always display exactly as created, regardless of fonts, software, and operating systems. Fonts, and graphics are not lost due to platform, software, and version incompatibilities.

- The free Acrobat Reader is easy to download and can be freely distributed by anyone.

- Compact PDF files are smaller than their source files and download a page at a time for fast display on the Web.

하지만 tika 모듈의 문제는 PDF 문서를 한꺼번에 읽는다는 것이다. 즉, 한 페이지의 정보를 얻는 게 쉽지 않을 뿐 아니라, 파일이 크다면 처리하는 데 많은 시간이 걸린다. 그래서 일부 페이지에서 텍스트를 추출할 때 요령은 추출 대상의 페이지를 모아 별도의 임시 pdf 파일로 저장한 후, 해당 파일에서 텍스트를 모으는 것이다.

다음은 스캔한 책에서 몇 페이지의 텍스트를 추출하는 예다. 이미지 파일을 모아 만든 PDF 책인 경우, 다양한 도구를 이용하여 스캔한 이미지를 OCR로 텍스트를 인식하고 검색 가능한 PDF 문서로 변환할 수 있다. 이렇게 만들어진 PDF 문서에서 몇 페이지를 별도의 문서로 저장한 후, 텍스트를 추출한다. 다음 이미지는 텍스트를 추출할 책의 한 페이지이다.

> **여러분의 상상이 현실이 되는 사물인터넷...** ▬▬▬▬▬▬
>
> 사물인터넷(IoT)은 인터넷에 연결된 모든 것으로 스마트폰, 스마트패드, 스마트 TV, 스마트 자동차, 스마트 홈 등 인터넷에 연결된 모든 기기로 생각할 수 있습니다. 기존의 PC나 PDA 역시 네트워크에 연결되어 인터넷을 사용했지만, 기기들 사이에 능동적으로 동작할 수 없었고 사람이 원하는 내용만을 가져와서 표시했습니다. 하지만 사물인터넷 시대의 스마트 기기들은 기기들 서로나 사람과 기기 사이(M2M)에 통신할 수 있고 이러한 통신을 통해서 다양한 서비스들을 제공할 수 있습니다.
>
> 사물인터넷을 한마디로 정의하기란 쉽지 않습니다. 지난 10여 년간 인터넷을 사용하던 주체가 사람이었다면, 사물인터넷 시대에는 인터넷을 사용하는 주체가 사물(Things), 즉 스마트 기기라고 생각할 수 있습니다. 이러한 사물인터넷 기기들 사이에 수집되는 데이터는 빅데이터(Big Data)와 맞물려서 구매나 소비와 같은 정보 공간에서 인간 행동 패턴 분석 등 더 큰 시너지 효과를 가져올 수 있습니다.

```python
In [12]: from PyPDF2 import PdfFileWriter, PdfFileReader
         from tika import parser

         # 검색 가능한 PDF 문서로 변환된 스캔한 책을 가져온다
         inputpdf = PdfFileReader(open("data/scanned_book.pdf", "rb"))

         # 텍스트를 추출할 대상 페이지를 모은 임시 파일을 만든다
         output = PdfFileWriter()
         for i in [4, 5]:
             output.addPage(inputpdf.getPage(i))
         with open("tmp.pdf", "wb") as outputStream:
             output.write(outputStream)
```

```
# 임시 파일에서 텍스트를 추출한다
raw = parser.from_file('tmp.pdf')
content = raw['content']      # 본문 text 내용을 읽어낸다
print(content.strip())
```

```
Out[12]: 여러분의 상상이 현실이 되는 사물인터넷... • • • • • • • • • • • • • • • • • • • •

시물인터넷0oT)은 인터넷에 연결된 모든 것으로 스미트폰, 스마트패드, 스마
트 w, 스미트 자동차 스마트 홈 등 인터넷에 연결된 모든 기기로 생긱할 수
있습니댜 기존의 PC나 PDA 역시 네트워크에 연결되어 인터넷을 사용했지
만 기기들 시bI에 능동적으로 동직할 수 없었고 시람이 원하는 내용만을 가
져와서 표시했습니댜 히지만 사물인터넷 시대의 스미트 기기들은 기기들 서
로나 시림콰 기기 시cl"2M)에 통신할 수 있고 이러한 통신을 통해서 다양
한 서 비스들을 제공할 수 있습니 다.

… (출력 생략)
```

만일 암호 걸린 PDF 파일에서 텍스트를 읽어내려면 pikepdf를 이용해서 암호를 푼 파일을 만들고, 앞서 살펴본 tika를 이용해서 텍스트를 읽어내면 된다. pikepdf 모듈은 암호를 푸는 기능은 잘 동작하지만 한글 텍스트를 추출하기에는 다소 부족하다. 그래서 텍스트를 추출하는 것은 앞 절에서 살펴본 바와 같이 tika를 이용하는 것이 좋다. 먼저 PDF 파일의 암호를 푼다.

```
In [13]: import pikepdf

         pdf = pikepdf.open('skt12.pdf', password='some_password')  # 암호화된 파일을 읽어서
         pdf.save('output.pdf')   # 암호가 풀린 임시 파일로 저장한다
```

이어서 암호 풀린 파일에서 텍스트를 읽어낸다.

```
In [14]: from tika import parser

         raw = parser.from_file('output.pdf')      # tika 모듈로 pdf 파일을 분석한다
         content = raw['content']                  # 본문 text 내용을 읽어낸다
         print(content.strip()[100:200])           # 내용 일부만 확인
Out[14]: 서비스 요금 29,700원을 포함한 총 29,700원 입니다.

         통신서비스요금
         29,700


         월정액 36,000 요금할인 -9,000
         부가가치세(세금)* 2,700


         부가사용금
```

스캔한 PDF 문서를 다루다 보면 가끔 텍스트 복사가 안 되는 경우가 있다. 예를 들어 다음과 같이 텍스트 정보가 있기는 한데 복사나 하이라이팅 등의 기능이 비활성화되어 사용할 수 없는 문서가 있다. 이런 경우는 PDF 문서가 패스워드 없이 암호화된(encrypted) 경우일 가능성이 크다.

선교여행의 규칙에는 두 가지 본문이 있었던 것으로 보인다. 마태복음 10:9~10은 두 개의 중요한 항목에서 마가복음 6:8~9과 다르다 : 마태복음에서는 전도자들이 신이나 지팡이의 사용을 금하는 것으로 보이는 데 반해, 마가복음에서는 분명히 이 물품들을 요구한다. 비록 마태의 판본을 "여행 중에는 너희 자신을 위하여 여분의 신이나 여분의 지팡이를 갖지 말라."는 의미로 읽을 수도 있지만, 우리가 이 두 ... 할과 무방비의 자세를 요구하는 것으로 받아들이... 한 것처럼 보인다. 분명히 두 가지의 선교철학은 서로 모순된다. 전도자들이

이런 문서를 PyPDF2 등을 이용해서 읽으려고 하면 PdfReadError: File has not been decrypted와 같은 부류의 에러가 발생한다. 이럴 경우는 pikepdf를 이용하여 문서를 연 후, 다른 이름으로 저장하면 암호가 풀린 문서를 얻을 수 있다.

```
In [15]: import pikepdf

         pdf = pikepdf.open('data/encrypted_wo_pw.pdf')

         pdf.save('output.pdf')   # 암호가 풀린 파일로 저장한다
```

간혹 PDF 문서에서 이미지를 추출해야 할 때가 있다. 예를 들어 스캔한 문서 첫 페이지의 이미지를 추출하고 그 이미지와 PDF 문서를 웹에 연결할 수 있다. PDF 문서에서 이미지를 추출하는 것은 pdf2image 모듈(**https://pypi.org/project/pdf2image/**)을 이용하면 간단히 해결할 수 있다. pdf2image 모듈은 다음과 같이 설치한다.

```
pip install pdf2image
```

그러고 나서 주로 convert_from_path( ) 함수를 이용하면 된다. 이 함수는 추출된 이미지의 PIL 객체 리스트를 반환한다. 다음은 scanned_book.pdf 파일에서 이미지를 모두 추출한 후, 첫 이미지만 jupyter notebook에 표시한 결과다.

```
In [16]: from pdf2image import convert_from_path


         images = convert_from_path('data/scanned_book.pdf')
         images[0]
```

하지만 책이 다소 두껍다면 전체 이미지를 추출하는 데 시간이 상당히 걸릴 뿐더러 메모리도 상당량 사용하게 된다. 만일 일부 페이지만 필요하다면 일부 추출 페이지를 지정할 수 있다. 다음 예는 첫 페이지의 이미지를 추출하여 이미지 파일(first_page.png)로 저장한다. 이미지의 해상도(dpi)와 첫 페이지(first_page) 0, 그리고 마지막 페이지(last_page) 1 인수를 지정할 수 있다. 배타적 상한(last_page가 포함 되지 않는다는 뜻)이므로 0페이지만 추출된다.

```
In [17]: images = convert_from_path('data/scanned_book.pdf', dpi=600, first_page=0, last_
         page=1)
         images[0].save('first_page.png')
```

만일 전체 페이지의 이미지를 추출해야 한다면 다음과 같이 output_folder를 이용할 수 있다. 준비된 tmp 폴더에 이미지가 모두 png 형식으로 추출되고 그 정보가 반환된다.

```
In [18]: images_from_path = convert_from_path('data/scanned_book.pdf', fmt='png', output_
         folder='tmp')
         images_from_path
Out[18]: [<PIL.PngImagePlugin.PngImageFile image mode=RGB size=1128x1785 at 0x17D82255400>,
          <PIL.PngImagePlugin.PngImageFile image mode=RGB size=1137x1780 at 0x17D822552B0>,
          ...(출력 생략)
          <PIL.PngImagePlugin.PngImageFile image mode=RGB size=1134x1777 at 0x17D822742B0>]
```

추출된 이미지들의 파일 경로는 다음과 같이 얻어낼 수 있다.

```
In [19]: for im in images_from_path:
             print(im.filename)
Out[19]: tmp\23a3a290-8a13-4ba2-bdd3-934ae1350e26-01.png
         tmp\23a3a290-8a13-4ba2-bdd3-934ae1350e26-02.png
         tmp\23a3a290-8a13-4ba2-bdd3-934ae1350e26-03.png
         tmp\23a3a290-8a13-4ba2-bdd3-934ae1350e26-04.png
         tmp\23a3a290-8a13-4ba2-bdd3-934ae1350e26-05.png
         tmp\23a3a290-8a13-4ba2-bdd3-934ae1350e26-06.png
         tmp\23a3a290-8a13-4ba2-bdd3-934ae1350e26-07.png
         tmp\23a3a290-8a13-4ba2-bdd3-934ae1350e26-08.png
         tmp\23a3a290-8a13-4ba2-bdd3-934ae1350e26-09.png
         tmp\23a3a290-8a13-4ba2-bdd3-934ae1350e26-10.png
         tmp\23a3a290-8a13-4ba2-bdd3-934ae1350e26-11.png
         tmp\23a3a290-8a13-4ba2-bdd3-934ae1350e26-12.png
         tmp\23a3a290-8a13-4ba2-bdd3-934ae1350e26-13.png
         tmp\23a3a290-8a13-4ba2-bdd3-934ae1350e26-14.png
         tmp\23a3a290-8a13-4ba2-bdd3-934ae1350e26-15.png
         tmp\23a3a290-8a13-4ba2-bdd3-934ae1350e26-16.png
         tmp\23a3a290-8a13-4ba2-bdd3-934ae1350e26-17.png
         tmp\23a3a290-8a13-4ba2-bdd3-934ae1350e26-18.png
         tmp\23a3a290-8a13-4ba2-bdd3-934ae1350e26-19.png
         tmp\23a3a290-8a13-4ba2-bdd3-934ae1350e26-20.png
         tmp\23a3a290-8a13-4ba2-bdd3-934ae1350e26-21.png
```

PDF 문서에서 이미지 추출하기

### 스캔한 PDF 파일에서 OCR 문자 인식하기

이번에는 이미지 스캔으로 만들어진 PDF 문서(텍스트 정보가 없는 문서)에서 OCR(Optical Character Recognition)을 이용하여 문자를 인식하는 과제에 도전해보자. 우선 이미지 파일에서 문자를 추출 인식하는 OCR은 무료 오픈소스 라이브러리인 테서액트(tesseract)를 이용한다. 테서액트는 HP(Hewlett-Packard)에 의해 개발이 시작되었고 2006년부터는 구글이 개발하고 있다. Tesseract4부터는 인공신경망 LSTM(Long Short Term Memory) 기법의 엔진을 사용하며 다음 링크에서 내려받을 수 있다. 이 과제를 위해서 필요한 소프트웨어는 Tesseract 엔진과 언어 데이터 그리고 pytesseract 파이썬 모듈이다. 우선 Tesseract를 설치해보자.

1. https://github.com/UB-Mannheim/tesseract/wiki에 방문한다.

2. 시스템에 맞는 최신 버전을 내려받는다(예: tesseract-ocr-w64-setup-v5.0.0-alpha.20200328.exe).

3. 내려받은 파일을 실행하여 설치한다. 한 가지 주의할 점은 [Additional language data] 항목에서 [Korean(한국어)'] 추가로 선택해야 한다는 것이다.

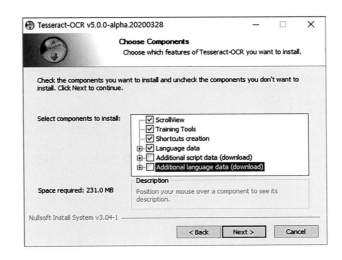

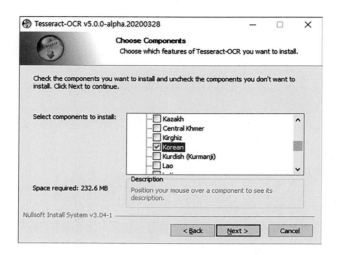

여기서 [Next]를 클릭하면 설치 경로가 보이는데, 이 경로를 잘 기억해두었다가 환경변수 PATH에 추가해야 한다.

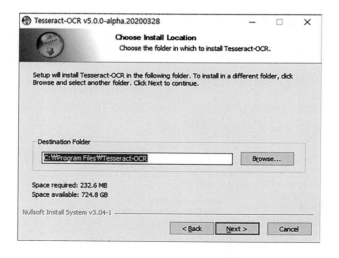

도전 과제

4. Tesseract 설치가 완료되면 윈도우 환경변수 PATH에 앞선 경로를 추가해주어야 한다.

5. 환경변수 조정이 끝났으면 cmd 창을 열고 **tesseract**를 입력해 본다. 명령이 실행되면 제대로 설치된 것이다.

```
> tesseract
Usage:
  tesseract --help | --help-extra | --version
  tesseract --list-langs
  tesseract imagename outputbase [options...] [configfile...]


OCR options:
  -l LANG[+LANG]        Specify language(s) used for OCR.
NOTE: These options must occur before any configfile.


Single options:
  --help                Show this help message.
  --help-extra          Show extra help for advanced users.
  --version             Show version information.
  --list-langs          List available languages for tesseract engine.
```

Tesseract 명령은 cmd 창에서 다음과 같이 테스트해볼 수 있다. page_1.jpg는 스캔된 이미지(JPEG) 파일이며 -l은 언어(language) 옵션이다. kor 옵션을 지정하면 tessdata 폴더 안의 kor.traineddata 파일을 모델로 사용하게 된다. 다시 말해서 tessdata 폴더 안에 .traineddata모델 파일이 있다면 그 파일 이름을 옵션으로 사용할 수 있다. 이 언어 모델 파일은 https://github.com/tesseract-ocr/tessdata에서 추가로 내려받을 수 있다. 자동으로 받아서 설치되는 모델보다 이곳에 있는 언어 모델이 정확도가 더 높다. stdout은 문자 인식 결과를 화면에 출력한다.

```
> tesseract page_1.jpg stdout -l kor
Warning: Invalid resolution 0 dpi. Using 70 instead.
Estimating resolution as 665
Detected 89 diacritics


고대(금7) 성경사본은
정확하게 우리에게 전해진 것일까?
...
```

이번에는 파이썬 모듈인 pytesseract를 다음과 같이 설치한다. pillow도 없다면 설치해야 한다.

```
pip install pytesseract
```

pytesseract를 이용한 문자 인식은 다음과 같이 image_to_string 함수를 호출하여 수행할 수 있다.

```
pytesseract.image_to_string(Image.open('page_1.jpg'), lang='kor')
```

이제 모든 준비가 완료되었다. 준비된 data/scanned_no_ocr.pdf 파일이 있다고 하자. 이 파일은 책 일부를 스캔한 것이지만 검색 가능한 OCR 문자 처리가 되어 있지 않은 파일이다. 과제는 이 파일에서 지정된 페이지들을 읽어서 OCR 문자 인식을 한 후 해당 텍스트를 출력하는 것이다. 이번 과제의 처리 절차는 다음과 같다.

1. PDF 파일을 읽는다.
2. PDF 파일에서 이미지를 추출한다.
3. 추출된 이미지를 OCR 처리한다.
4. 처리 결과를 화면에 출력한다.

다음은 scanned_no_ocr.pdf 파일의 각 페이지를 읽어서 OCR을 수행한 결과를 화면에 출력하는 전체 코드를 나타낸 것이다.

```
In [20]: import pytesseract
         from pdf2image import convert_from_path

         PDF_file = "data/scanned_no_ocr.pdf"

         # 단계 1
         pages = convert_from_path(PDF_file, dpi=600)

         for page in pages:
             page.save('tmp_page.jpg', 'JPEG')   # 단계 2
             # 단계 3
             text = pytesseract.image_to_string(Image.open(filename), lang="kor+eng")
             # 단계 4
             print(text)
Out[20]: 고 대 (16) 성 경 사 본 은
         정 확 하 게 우 리 에 게 전 해 진 것 일 까 ?

         0%,

         경 에 대 해 토 론 하 다 보 면 비 그 리 스 도 인 들 은 종 종 다 음 과 같 이

         반 발 하 곤 한 다 . " 지 금 은 성 경 이 그 렇 게 말 하 는 것 으 로 되 어 있 지 만
         ... (출력 생략)
```

OCR 문자 인식은 완벽할 수 없고 원본 문서와 스캔된 이미지의 질과 모델에 따라 인식률이 달라질 수 있다는 점을 고려해서 결과를 활용하면 된다.

# 스마트폰 다루기

스마트폰이 보편화되면서 이전에는 데스크톱 컴퓨터에서만 가능했던 프로그램들이 이제는 스마트폰 앱으로 활용 가능하게 되었다. 오히려 데스크톱 프로그램 개발보다는 스마트폰의 앱이 더 다양하고 활성화된 시대가 되었다. 스마트폰을 이용해 할 수 있는 일도 많아졌고, 정보 검색, 저장 및 정보 생성이 가능한 상황에서 스마트폰을 이용한 작업을 더 편리하게 해줄 수 있는 것이 무엇인지 고민하게 된다. 스마트폰의 단점이라면 모든 것을 손으로 직접 해야 한다는 것이다. 작은 화면에 키보드 입력도 불편한 상황에서 모든 업무를 스마트폰으로 처리하는 것은 쉽지 않은 일이다.

이번 Work에서는 여러분의 스마트폰이 컴퓨터와 유선 혹은 무선으로 연결된 상태에서 스마트폰(안드로이드 폰)의 작업을 자동화할 수 있는 방법을 소개한다. 자동으로 앱을 실행하여 동작시키거나, 실행 결과를 다시 컴퓨터로 받아올 수도 있다.

 **학습 포인트**

- 컴퓨터와 스마트폰 연결하기(유선, 무선)

- 앱 실행 정보 찾기

- 컴퓨터에서 스마트폰 구동하기

- 스마트폰 화면의 정보 읽어내기

안드로이드 폰을 자동으로 제어하려면 폰과 컴퓨터가 연결되어 있어야 한다. 구글에서는 adb(Android Debug Bridge)라는 도구를 제공하여 개발자들이 디버깅 및 테스트를 쉽게 할 수 있도록 지원한다. 여기서는 이것을 자동화 도구로 활용해본다. adb를 설치하는 방법은 두 가지인데, 안드로이드 SDK를 설치하는 방법과 용량이 큰 안드로이드 스튜디오를 설치하는 방법이 있다.

첫 번째 방법인 SDK를 설치한다면 다음 절차를 따르면 된다.

1. https://dl.google.com/android/repository/platform-tools-latest-windows.zip 파일을 내려받는다. platform-tools_r29.0.6-windows와 같은 파일이 다운로드된다.

2. 적당한 곳(예: C:₩adb)을 선정하고 압축을 해제한다. 압축을 해제한 폴더의 [platform-tools] 폴더 안에 adb.exe가 있는 것을 확인한다.

3. adb.exe 파일이 있는 폴더를 환경변수 PATH에 추가한다.

4. 콘솔 창을 새로 열고 임의의 폴더 위치에서 adb 명령을 실행해본다. 실행된다면 제대로 설치된 것이다.

두 번째 adb 설치 방법은 안드로이드 스튜디오를 설치하는 것이다. 이는 안드로이드 앱 개발을 위한 도구인데, https://developer.android.com/studio/에 방문하면 문서 앞부분에 다운로드 방법이 설명되어 있다. 안드로이드 스튜디오 설치가 끝난 경우 adb.exe 파일은 [C:₩Users₩사용자계정₩AppData₩Local₩Android₩Sdk₩platform-tools] 폴더에 있다. 이 폴더를 환경변수 PATH에 추가한다. 콘솔 창을 새로 열고 임의의 폴더 위치에서 adb 명령이 실행되는지 확인한다.

adb가 설치되었으면 안드로이드 기기를 설정해야 한다. USB를 통해 연결된 기기에서 adb를 사용하려면, 안드로이드 폰 시스템 설정에서 [개발자 옵션] 안에 있는 [USB 디버깅] 항목을 활성화해야 한다. Android 4.2 이상 버전에서는 개발자 옵션 화면이 초기에는 숨겨져 있다. [개발자 옵션] 메뉴와 [USB 디버깅] 항목을 활성화하는 방법은 다음과 같다(갤럭시 폰 기준).

1. [설정] → [휴대전화정보] → [소프트웨어 정보]로 이동한다.

2. [빌드번호]를 여러 번(일곱 번) 누른다. 그러면 [개발자 옵션] 메뉴가 설정 메뉴에 생성된다.

빌드번호
PPR1.180610.011.G965NKSU2CSJ1

3. [설정] → [개발자 옵션] 안에 있는 [USB 디버깅]을 활성화시킨다.

이러한 과정은 제조사와 버전에 따라서 [개발자 옵션] 화면의 위치나 이름이 다를 수도 있다.

이제 스마트폰을 USB 케이블을 이용하여 컴퓨터와 연결한다. 연결이 되었으면 컴퓨터에 연결된 장치를 확인하는 adb devices 명령을 콘솔 창에서 입력해본다. 이때 스마트폰에서 USB 디버깅 접근을 허용하겠느냐는 질문이 해오면 [허용]을 선택한다. 그리고 다시 다음 명령을 입력한다.

```
> adb devices
List of devices attached
ce03171368a63c690c        device
```

출력의 첫 번째 열은 연결된 장치의 시리얼 번호, 두 번째 열은 상태다. device는 연결되어 있다는 뜻이다. 이제 파이썬에서 이러한 adb 명령을 다루기 위한 파이썬 모듈을 설치한다.

```
pip install -U pure-python-adb
```

## USB를 통한 연결

안드로이드 폰과 컴퓨터가 연결되어 있고, 앞의 도구도 모두 설치했다면 간단히 동작을 확인하는 명령 몇 개를 실행해 보자. 우선은 콘솔(cmd)창 명령행에서 **adb shell exit**를 입력한다. 이 명령을 입력하는 것은 adb daemon을 실행시키기 위해서다.

```
> adb shell exit
* daemon not running; starting now at tcp:5037
* daemon started successfully
```

## Wi-Fi 네트워크를 통한 연결

adb는 일반적으로 USB를 통해 기기와 통신하지만, USB를 통한 초기 설정 후에는 다음에 설명하는 것처럼 Wi-Fi를 통해 adb를 사용할 수도 있다. 우선은 안드로이드 기기와 adb 호스트 컴퓨터가 같은 공용 Wi-Fi네트워크에 연결되어 있어야 한다. 그리고 USB를 통해 안드로이드 기기와 컴퓨터가 연결되어 있어야 한다. 이 상태에서 다음과 같은 명령을 입력한다.

```
> adb tcpip 5555
restarting in TCP mode port: 5555
```

이 명령을 실행하면 안드로이드 기기가 TCP 모드를 실행하며 포트 5555에서 연결을 대기한다. 이제 안드로이드 기기와 연결된 USB 케이블을 뽑는다.

컴퓨터에서 와이파이를 통해 연결하려면 안드로이드 기기의 IP 주소를 알아야 한다. IP

주소를 찾는 방법은 다음과 같다.

1. 상단 상태 바에서 와이파이 아이콘( )을 길게 누른다.

2. 사용 중인 현재 네트워크를 눌러준다.

3. IP 주소를 확인한다(192.168.219.140).

이제 컴퓨터 콘솔(cmd) 창에 다음 명령을 입력한다. 그러면 IP 주소를 이용하여 접속 대기 중인 안드로이드 기기에 연결된다.

```
> adb connect 192.168.219.140
connected to 192.168.219.140:5555
```

그리고 나서 adb 셸 명령을 사용하여 접속을 확인해 본다.

```
> adb devices
List of devices attached
192.168.219.140:5555    device
```

전체적인 연결 구조는 다음 그림과 같다.

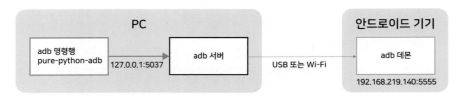

## 파이썬 연결 테스트

USB 혹은 와이파이로 컴퓨터와 안드로이드 기기가 연결되었으면 파이썬으로 동작을 테스트해보자. 다음 코드를 이용해 파이썬에서 adb 서버와 연결한다. 기본 주소는 '127.0.0.1'이고 기본 포트는 5037이다.

```
In [1]: from ppadb.client import Client as AdbClient


        # Default is "127.0.0.1" and 5037
        client = AdbClient(host="127.0.0.1", port=5037)
        print(client.version())
Out[1]: 40
```

이제 파이썬에서 연결된 장치들을 확인해보자.

```
In [2]: client.devices()
Out[2]: [<adb.device.Device at 0x219b0f40a20>]
```

하나의 장치가 연결된 것이 확인된다. 이 장치를 device 변수에 저장한다.

```
In [3]: device = client.devices()[0]
```

이제 이 device 장치로 모든 작업을 실행하게 된다. 프로그래밍 언어의 "Hello World"에 해당하는 셸 기능 테스트를 해보자. 셸 명령은 shell( ) 메서드로 실행한다.

```
In [4]: device.shell("echo hello world !")
Out[4]: 'hello world !\n'
```

앞선 명령은 콘솔창에서 다음 명령과 동일하게 동작한다.

```
adb shell echo hello world !
```

### 버튼 누르기

파이썬 명령으로 홈 버튼을 누른 효과를 시뮬레이션해보자. 이렇게 하려면 키보드 이벤트를 발생시키면 된다. adb 명령 input keyevent는 마치 키보드가 눌린 것처럼 키보드 이벤트를 발생시킨다. 화면이 잠겨 있다면 잠긴 화면을 풀어야 하며, 홈 키 이벤트의 효과를 확인하고자 화면을 홈 화면이 아닌 곳으로 이동한 후 다음 명령을 실행해보자.

```
In [5]: device.shell('input keyevent 3');   # Home event
```

그러면 마치 홈 키(KEYCODE_HOME)를 누른 것처럼 화면이 홈 화면으로 이동한다. 홈 키 이외의 다양한 키보드 이벤트의 종류는 다음과 같다.

| 값 | 심볼 | 값 | 심볼 | 값 | 심볼 |
|---|---|---|---|---|---|
| 0 | KEYCODE_0 | 33 | KEYCODE_E | 66 | KEYCODE_ENTER |
| 1 | KEYCODE_MENU | 34 | KEYCODE_F | 67 | KEYCODE_DEL |
| 2 | KEYCODE_SOFT_RIGHT | 35 | KEYCODE_G | 68 | KEYCODE_GRAVE |
| 3 | KEYCODE_HOME | 36 | KEYCODE_H | 69 | KEYCODE_MINUS |
| 4 | KEYCODE_BACK | 37 | KEYCODE_I | 70 | KEYCODE_EQUALS |
| 5 | KEYCODE_CALL | 38 | KEYCODE_J | 71 | KEYCODE_LEFT_BRACKET |
| 6 | KEYCODE_ENDCALL | 39 | KEYCODE_K | 72 | KEYCODE_RIGHT_BRACKET |
| 7 | KEYCODE_0 | 40 | KEYCODE_L | 73 | KEYCODE_BACKSLASH |
| 8 | KEYCODE_1 | 41 | KEYCODE_M | 74 | KEYCODE_SEMICOLON |
| 9 | KEYCODE_2 | 42 | KEYCODE_N | 75 | KEYCODE_APOSTROPHE |

| 10 | KEYCODE_3 | 43 | KEYCODE_O | 76 | KEYCODE_SLASH |
|---|---|---|---|---|---|
| 11 | KEYCODE_4 | 44 | KEYCODE_P | 77 | KEYCODE_AT |
| 12 | KEYCODE_5 | 45 | KEYCODE_Q | 78 | KEYCODE_NUM |
| 13 | KEYCODE_6 | 46 | KEYCODE_R | 79 | KEYCODE_HEADSETHOOK |
| 14 | KEYCODE_7 | 47 | KEYCODE_S | 80 | KEYCODE_FOCUS |
| 15 | KEYCODE_8 | 48 | KEYCODE_T | 81 | KEYCODE_PLUS |
| 16 | KEYCODE_9 | 49 | KEYCODE_U | 82 | KEYCODE_MENU |
| 17 | KEYCODE_STAR | 50 | KEYCODE_V | 83 | KEYCODE_NOTIFICATION |
| 18 | KEYCODE_POUND | 51 | KEYCODE_W | 84 | KEYCODE_SEARCH |
| 19 | KEYCODE_DPAD_UP | 52 | KEYCODE_X | 85 | KEYCODE_MEDIA_PLAY_PAUSE |
| 20 | KEYCODE_DPAD_DOWN | 53 | KEYCODE_Y | 86 | KEYCODE_MEDIA_STOP |
| 21 | KEYCODE_DPAD_LEFT | 54 | KEYCODE_Z | 87 | KEYCODE_MEDIA_NEXT |
| 22 | KEYCODE_DPAD_RIGHT | 55 | KEYCODE_COMMA | 88 | KEYCODE_MEDIA_PREVIOUS |
| 23 | KEYCODE_DPAD_CENTER | 56 | KEYCODE_PERIOD | 89 | KEYCODE_MEDIA_REWIND |
| 24 | KEYCODE_VOLUME_UP | 57 | KEYCODE_ALT_LEFT | 90 | KEYCODE_MEDIA_FAST_FORWARD |
| 25 | KEYCODE_VOLUME_DOWN | 58 | KEYCODE_ALT_RIGHT | 91 | KEYCODE_MUTE |
| 26 | KEYCODE_POWER | 59 | KEYCODE_SHIFT_LEFT | 92 | KEYCODE_PAGE_UP |
| 27 | KEYCODE_CAMERA | 60 | KEYCODE_SHIFT_RIGHT | 93 | KEYCODE_PAGE_DOWN |
| 28 | KEYCODE_CLEAR | 61 | KEYCODE_TAB | 94 | KEYCODE_PICTSYMBOLS |
| 29 | KEYCODE_A | 62 | KEYCODE_SPACE | 122 | KEYCODE_MOVE_HOME |
| 30 | KEYCODE_B | 63 | KEYCODE_SYM | 123 | KEYCODE_MOVE_END |
| 31 | KEYCODE_C | 64 | KEYCODE_EXPLORER | | |
| 32 | KEYCODE_D | 65 | KEYCODE_ENVELOPE | | |

## 파워 버튼

키 이벤트 26(KEYCODE_POWER)은 파워 버튼을 누른 것과 동일하다. 화면이 꺼져 있으면 켜질 것이고, 켜져 있으면 꺼지게 된다.

```
In [6]: device.shell('input keyevent 26');  # KEYCODE_POWER
```

## 전화 걸기

이번에는 전화를 걸어보자. 셸의 am 명령은 activity manager(am) 도구로 액티비티 시작, 프로세스 강제 중단, 인텐트 브로드캐스트, 기기 화면 속성 수정 등 다양한 시스템 작업을 수행할 수 있다. 그중에 start는 액티비티를 실행한다. -a는 액션이다. 다음 명령으로 스마트폰으로 전화를 자동으로 걸 수 있다.

```
In [7]: phone_number = '029405284'
        device.shell('am start -a android.intent.action.CALL -d tel:'+phone_number)
Out[7]: 'Starting: Intent { act=android.intent.action.CALL dat=tel:xxxxxxxxx }\n'
```

## 화면 캡처

device.screencap( ) 메서드를 실행하면 화면을 캡처해서 해당 이미지 데이터를 반환한다. 파이썬에서는 이를 파일에 저장하기만 하면 된다. 다음 코드를 실행한 후 저장된 화면을 확인해보면 다음과 같다.

```
In [8]: open("screen.png", "wb").write(device.screencap())
Out[8]: 275689
```

**실행 결과**

## 화면 해상도 확인하기

화면 해상도를 확인하는 데는 몇 가지 방법이 있는데 가장 간단한 방법은 화면을 캡처 받아 그 이미지 크기를 확인하면 된다.

```
In [9]: from PIL import Image

        open("screen.png", "wb").write(device.screencap())
        im = Image.open('screen.png')
        im.size
Out[9]: (1080, 2220)
```

## 스마트폰 브라우저 시작하기

VIEW 액션을 시작하면서 웹 사이트 주소를 적용하면 된다.

```
In [10]: url = 'http://freelec.co.kr'

        device.shell('am start -a android.intent.action.VIEW -d {}'.format(url))

Out[10]: 'Starting: Intent { act=android.intent.action.VIEW dat=http://freelec.co.kr/...
        }\n'
```

**실행 결과**

여러 가지 동작 기능

## 스마트폰으로 파일 보내기

push 명령을 이용하면 컴퓨터 파일을 안드로이드 기기로 보낼 수 있다. 인수는 (source_path, target_path)이다.

```
In [11]: device.push("screen.png", "/sdcard/screen.png")
```

/sdcard는 내장 메모리이므로 최상위 디렉터리에 screen.png 파일이 복사되어 있음을 확인할 수 있다.

**실행 결과**

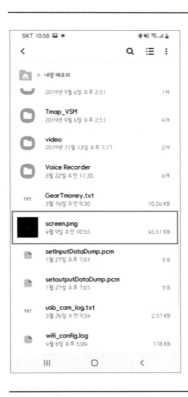

## 스마트폰에서 파일 가져오기

pull 명령을 이용하면 안드로이드 폰에 있는 파일을 컴퓨터로 가져올 수 있다. 인수는 (source_path, target_path)이다.

```
In [12]: device.pull("/sdcard/screen.png", "screen.png")
```

## 파일 삭제하기

셸의 rm 명령을 이용하면 스마트폰에 있는 파일을 삭제할 수 있다.

```
In [13]: device.shell('rm /sdcard/screen.png')
Out[13]: ''
```

## 앱 설치 및 삭제

만일 apk 파일(예: example.apk)을 컴퓨터에 가지고 있다면 install 명령으로 설치할 수 있다.

```
In [14]: apk_path = "data/example.apk"

         device.install(apk_path)
Out[14]: True
```

install 명령은 패키지의 설치만 시작하지 모든 절차를 자동화하지는 않는다. 다시 말하면 안드로이드 기기 화면의 사용자 확인 입력이 필요하다면 직접 입력해주어야 한다.

또한 uninstall 명령으로 앱을 삭제할 수도 있다. 삭제하려는 패키지의 경로를 확인하는 방법은 이어지는 절을 참고한다.

```
In [15]: device.uninstall(package_path)    # com.example.app.name 형식
```

몇 가지 동작 기능

## 설치된 앱의 패키지 경로 및 액티비티 이름 찾기

패키지 이름은 com.회사이름.플랫폼.프로그램 혹은 이와 유사한 형태로 구성된다. 액티비티 이름은 .MainActivity와 같은 형식이 될 수도 있고 com.example.test.MainActivity와 같은 형식이 될 수도 있다. 시스템에 설치된 패키지 경로 이름은 pm 명령으로 확인할 수 있다. -f 옵션은 패키지 관련 파일을 함께 보여준다.

```
In [16]: print(device.shell("pm list packages -f"))
Out[16]: package:/system/app/BeamService/BeamService.apk=com.mobeam.barcodeService
         package:/system/app/FilterProvider/FilterProvider.apk=com.samsung.android.
         provider.filterprovider
         package:/system/app/SamsungIMEv3.0Tyme/SamsungIMEv3.0Tyme.apk=com.sec.android.
         inputmethod.beta
         package:/system/app/AutomationTest_FB/AutomationTest_FB.apk=com.sec.android.app.
         DataCreate
         ...(출력 생략)
         package:/data/app/com.amazon.kindle-rpke2WKwtozv94FdNpJVFQ==/base.apk=com.amazon.
         kindle
```

하지만 어떤 앱이 어떤 패키지 이름과 연결되어 있는지 확인하기는 쉽지 않다. 그렇지만 구글 플레이스토어에서 설치 가능한 Package Name Viewer 2.0 앱을 활용하면 앱의 패키지 이름을 찾는 데 도움을 받을 수 있다. Package Name Viewer 2.0을 실행한 화면은 다음과 같다.

앱을 찾아서 터치하면, 해당 앱에 관련된 패키지 경로 이름들을 확인할 수 있다.

앱을 실행시키려면 패키지 경로 이름과 관련한 메인 액티비티(main activity)를 알아야 한다. 메인 액티비티를 찾는 방법은 여러 가지가 있지만, 가장 쉬운 방법은 다음과 같이 앱을 실행한 상태에서 찾는 것이다.

1. 관심 있는 앱을 실행한다.

2. dumpsys(dump system information) 명령을 입력하면 현재 실행 중인 앱의 액티비티들을 확인할 수 있다. 이 명령으로 현재 실행 중인 서비스에 관한 정보를 얻는다.

3. 해당 정보 중에서 관련된 액티비티를 찾는다.

예를 들어 기기에서 계산기를 실행하고 나서 다음 코드를 파이썬에서 실행하면 계산기에 관한 패키지 이름과 액티비티 이름을 확인할 수 있다. 여기서는 검색 결과를 줄이기 위해 'calculator'와 'realActivity'라는 단어가 있는 라인만 필터링했다.

```
In [17]: res = device.shell('dumpsys activity activities')


         for line in res.splitlines():
             # 아래 'calculator'를 원하는 검색어로 변경해야 한다.
             if 'calculator' in line.lower() and 'realActivity' in line:
                 print(line)
Out[17]: realActivity=com.sec.android.app.popupcalculator/.Calculator
```

앞선 결과에서 계산기 앱의 패키지 경로는 com.sec.android.app.popupcalculator이고, 메인 액티비티는 .Calculator임을 알 수 있다. 이러한 방법으로 검색하면 gmail인 경우 com.google. android.gm/.ui.MailActivityGmail이고, 삼성 스마트폰의 카메라 앱인 경우 com.sec.android. app.camera/.Camera라는 패키지 이름을 갖는 것을 확인할 수 있다.

이 정보를 이용해 카메라 앱을 다음과 같이 실행시킬 수 있고, 같은 방법으로 gmail을 실행시킬 수도 있다.

```
In [18]: device.shell('am start -n com.sec.android.app.camera/.Camera')
Out[18]: 'Starting: Intent { cmp=com.sec.android.app.camera/.Camera }\n'
```

검색 결과가 여러 개가 나온다면 하나씩 실행 테스트를 해가면서 어느 것이 진짜 패키지와 액티비티 경로인지 확인해야 한다.

## 앱 실행하기

안드로이드 기기의 앱은 am(activity manager) 명령을 이용하여 실행할 수 있다. 앞선 절에서 소개한 방식으로 앱의 패키지 경로와 메인 액티비티를 확인한 후, 다음과 같은 형식으로 명령을 입력하면 된다.

```
am start -n PackageName/ActivityName
```

예를 들어 삼성 갤럭시 시리즈인 경우, 계산기는 com.sec.android.app.popupcalculator/.Calculator와 같이 표현된다.

```
In [19]: device.shell('am start -n com.sec.android.app.popupcalculator/.Calculator')
Out[19]: 'Starting: Intent { cmp=com.sec.android.app.popupcalculator/.Calculator }\n'
```

앞선 절에서 설명한 방법으로 찾은 실행 가능한 대표적 앱의 패키지 경로 및 메인 액티비티는 다음과 같다(삼성 갤럭시 폰인 경우).

| 앱 이름 | 패키지 경로/메인 액티비티 |
|---------|------------------------|
| 계산기 | com.sec.android.app.popupcalculator/.Calculator |
| 카메라 | com.sec.android.app.camera/.Camera |
| Gmail | com.google.android.gm/.ui.MailActivityGmail |
| YouTube | com.google.android.youtube/com.google.android.apps.youtube.app.WatchWhileActivity |
| 음성 녹음기 | com.sec.android.app.voicenote/.main.VNMainActivity |
| 문자 메시지 | com.samsung.android.messaging/com.android.mms.ui.ConversationComposer |
| 카카오톡 | com.kakao.talk/.activity.SplashActivity |
| 캘린더 | com.samsung.android.calendar/com.samsung.android.app.calendar.activity.MainActivity |

| | |
|---|---|
| 갤러리 | com.sec.android.gallery3d/com.samsung.android.gallery.app.activity.GalleryActivity |
| 구글맵 | com.google.android.apps.maps/com.google.android.maps.MapsActivity |
| 다음맵 | net.daum.android.map/com.kakao.map.main.view.IntroActivity |
| Tmap | com.skt.tmap.ku/com.skt.tmap.activity.TmapIntroActivity |
| 컬러노트 | com.socialnmobile.dictapps.notepad.color.note/com.socialnmobile.colornote.activity.Main |
| 시계 | com.sec.android.app.clockpackage/.ClockPackage |
| 구글 드라이브 | com.google.android.apps.docs/.drive.startup.StartupActivity |
| 내 파일 | com.sec.android.app.myfiles/.external.ui.MainActivity |
| 플레이 스토어 | com.android.vending/com.google.android.finsky.activities.MainActivity |
| 구글 크롬 | com.android.chrome/org.chromium.chrome.browser.ChromeTabbedActivity |

한 번 배운 파이썬, 나만의 활용 스킬 | **Work 13.** 스마트폰 다루기

# 키보드 및 탭 이벤트

일단 앱이 실행되면 키보드 입력, 탭 입력, 스와이프 입력 등을 시뮬레이션할 수 있다. 각각의 방법을 살펴보자.

## 키보드 입력

현재 화면 상태가 키보드 입력을 받아들일 수 있는 상태라면 input text 명령으로 키보드 입력을 시뮬레이션할 수 있다. 알파벳, 숫자, 아스키 테이블의 특수문자만 가능하다. 다음 코드는 계산기를 실행하고 123*456을 입력한다.

```
In [20]: device.shell('am start -n com.sec.android.app.popupcalculator/.Calculator')
         device.shell('input text "123*456"');
```

**실행 결과**

키보드 및 탭 이벤트

> 한글 입력인 경우는 ADBKeyBoard(https://github.com/senzhk/ADBKeyBoard)를 이용하면 가능하지만, 당장 설치할 수 있는 apk를 배포하지 않고 있어 소스를 컴파일해야 하므로 여기서 설명하기에는 범위를 넘어선다(하지만 도서 자료실에 컴파일된 .apk 파일을 업로드해 두겠다). 만일 ADBKeyBoard를 설치하고 기본 키보드로 선택했다면 다음과 같은 명령으로 한글 입력이 가능하다.
>
> ```
> device.shell('am broadcast -a ADB_INPUT_TEXT --es msg "이강성"')
> ```

## 탭 입력

손가락으로 가볍게 화면을 터치하는 탭(tap) 입력인 경우는 input tap으로 시뮬레이션할 수 있다. 이때 어디를 누를지 x, y 좌표를 제공해야 한다.

```
In [21]: device.shell('input tap 900 1900');
```

**실행 결과**

앱 화면에 나오는 버튼을 탭하려면 버튼의 좌표를 찾아야 한다. 버튼의 좌표를 확인하는 방법은 다음 절인 '스마트폰 화면의 UI 구조 가져오기'에서 다룬다.

### 스와이프 입력

스와이프(swipe)는 한 지점을 누른 상태에서 다른 지점으로 이동하는 것을 의미한다. 스와이프 이벤트 입력은 input swipe 명령을 이용하며 인수는 X1 Y1 X2 Y2 duration이다. (X1, Y1)은 스와이프 시작점이고 (X2, Y2)는 스와이프 끝점이다. duration 시간(ms) 동안에 두 점을 연결한다.

```
In [22]: device.shell('input swipe 100 200 800 1600 500');
```

**실행 결과**

### 롱프레스

한 지점을 길게 누르는 롱 프레스(long press) 기능은 스와이프를 응용하면 된다. 시작과 끝 위치를 같게 설정하고 duration 값을 충분히 길게 준다(1000ms).

```
In [23]: device.shell('input swipe 200 1880 200 1880 1000');
```

한 번 배운 파이썬, 나만의 활용 스킬 | **Work 13.** 스마트폰 다루기

# 스마트폰 화면의 UI 구조 가져오기

스마트폰 화면의 구조는 XML 형식으로 구성되며 그 구조를 그대로 읽어올 수 있다. uiautomator dump 명령을 이용하면 현재 화면의 GUI 구조를 기기 내의 XML 파일로 저장한다. uiautomator dump 명령은 출력 파일 이름을 지정하지 않는 경우 기본적으로 /sdcard/window_dump.xml 파일 경로로 현재 화면의 구조 XML 파일을 출력한다.

```
In [24]: device.shell('uiautomator dump')
Out[24]: 'UI hierchary dumped to: /sdcard/window_dump.xml\n'
```

이 출력 파일 이름은 다음과 같이 지정하여 변경할 수 있다.

```
In [25]: device.shell('uiautomator dump /sdcard/layout_result.xml')
Out[25]: 'UI hierchary dumped to: /sdcard/layout_result.xml\n'
```

이렇게 안드로이드 기기에 출력된 XML 파일은 pull 명령으로 컴퓨터로 전송할 수 있다. 다음 코드는 화면 구조 XML 파일을 저장하고 컴퓨터로 가져온 후, 안드로이드 기기에서 window_dump.xml 파일을 삭제하는 코드다.

```
In [26]: device.shell('uiautomator dump')
         device.pull('/sdcard/window_dump.xml', 'window_dump.xml')
         device.shell('rm /sdcard/window_dump.xml')
Out[26]: ''
```

이렇게 가져온 화면 구조 XML window_dump.xml 파일의 일부를 살펴보면 다음과 같다.

```
<node index="0" text="C" resource-
id="com.sec.android.app.popupcalculator:id/calc_keypad_btn_clear"
class="android.widget.Button"
package="com.sec.android.app.popupcalculator" content-desc="초기화"
checkable="false" checked="false" clickable="true" enabled="true"
focusable="true" focused="false" scrollable="false" long-clickable="false"
password="false" selected="false" bounds="[58,1007][273,1186]"/>
<node index="1" text="( )" resource-
id="com.sec.android.app.popupcalculator:id/calc_keypad_btn_parenthesis"
class="android.widget.Button"
package="com.sec.android.app.popupcalculator" content-desc="괄호"
checkable="false" checked="false" clickable="true" enabled="true"
focusable="true" focused="false" scrollable="false" long-clickable="false"
password="false" selected="false" bounds="[307,1007][522,1186]"/>
<node index="2" text="%" resource-
id="com.sec.android.app.popupcalculator:id/calc_keypad_btn_percentage"
class="android.widget.Button"
package="com.sec.android.app.popupcalculator" content-desc="퍼센트"
checkable="false" checked="false" clickable="true" enabled="true"
focusable="true" focused="false" scrollable="false" long-clickable="false"
password="false" selected="false" bounds="[556,1007][771,1186]"/>
<node index="3" text="÷" resource-
id="com.sec.android.app.popupcalculator:id/calc_keypad_btn_div"
class="android.widget.Button"
package="com.sec.android.app.popupcalculator" content-desc="나누기"
checkable="false" checked="false" clickable="true" enabled="true"
focusable="true" focused="false" scrollable="false" long-clickable="false"
password="false" selected="false" bounds="[805,1007][1020,1186]"/>
<node index="4" text="7" resource-
id="com.sec.android.app.popupcalculator:id/calc_keypad_btn_07"
class="android.widget.Button"
package="com.sec.android.app.popupcalculator" content-desc="7"
checkable="false" checked="false" clickable="true" enabled="true"
focusable="true" focused="false" scrollable="false" long-clickable="false"
password="false" selected="false" bounds="[58,1218][273,1397]"/>
```

이 XML 문서는 화면의 구성 요소를 포함하고 있다. 따라서 이 구조를 분석하면 화면상의 위젯과 그 위치 및 텍스트 내용 등을 확인할 수 있다. XML 파일에서 정보를 추출할 때는 Work 3에서 학습한 BeautifulSoup을 이용할 수 있다. 확인하는 차원에서 다음의 간단한 예를 확인해보자. 계산기의 'C' 기호로 표시된 노드(버튼)를 찾아보자. <node> 요소 중에서 text 속성값이 'C'인 요소 혹은 content-desc 속성값이 "초기화"인 노드 하나를 찾으면 된다.

```
In [27]: from bs4 import BeautifulSoup

         soup = BeautifulSoup(open('window_dump.xml', encoding='utf-8').read(), "lxml")
         soup.find('node', {'content-desc': '초기화'})
```

```
Out[27]: <node bounds="[58,1007][273,1186]" checkable="false" checked="false"
         class="android.widget.Button" clickable="true" content-desc="초기화" enabled="true"
         focusable="true" focused="false" index="0" long-clickable="false" package="com.
         sec.android.app.popupcalculator" password="false" resource-id="com.sec.android.
         app.popupcalculator:id/calc_keypad_btn_clear" scrollable="false" selected="false"
         text="C"></node>
```

이 노드는 계산기의 'C' 버튼을 나타내며, 이 노드에서 버튼의 위치는 bounds="[58,1007]
[273,1186]" 속성으로 나타난다.

```
In [28]: ele = soup.find('node', {'text': '='})
         ele.get('bounds')
Out[28]: '[58,1007][273,1186]'
```

이 정보를 이용하면 x1, y1, x2, y2 좌표를 구할 수 있다.

```
In [29]: import re

         tuple(map(int, re.findall('\d+', ele.get('bounds'))))
Out[29]: (58, 1007, 273, 1186)
```

또한 버튼의 중심 좌표도 구할 수 있다.

```
In [30]: import re

         x1, y1, x2, y2 = tuple(map(int, re.findall('\d+', ele.get('bounds'))))
         cx = (x1 + x2) // 2
         cy = (y1 + y2) // 2
         cx, cy
Out[30]: (165, 1096)
```

같은 방식으로 다른 버튼의 좌표도 찾아낼 수 있다. 예를 들어 '계산'을 의미하는 '=' 버튼의 중심 좌표는 (912, 1940)이다. 이 좌표를 확인하기 위하여 계산기를 실행해서 123*456=을 계산하도록 해보자. 123*456은 키보드 입력을 수행하고 '=' 입력은 (912, 1940) 좌표를 탭하는 것으로 한다.

```
In [31]: device.shell('am start -n com.sec.android.app.popupcalculator/.Calculator')
         device.shell('input text "123*456"');
         device.shell('input tap 912 1940');
```

성공적으로 실행된 결과는 다음 그림과 같다.

**실행 결과**

스마트폰 화면의 UI 구조 가져오기

## 잠금 화면 풀기

안드로이드 스마트폰(갤럭시 S9+)에 설정된 화면을 푸는 방법은 다음과 같다. 필자 스마트폰인 경우는 생체(홍채) 인식이 등록되어 있으며, 생체 인식이 실패할 경우 지문 인식 혹은 PIN 코드로 화면 잠금을 풀게 되어 있다. 파이썬으로 화면을 풀려면 홈 버튼을 누른 후 생체인식 화면에서 PIN 코드 입력 화면으로 전환해야 한다. 그리고 패스워드를 입력한 후 'OK'를 입력해야 한다.

❶ 초기 화면　　　　❷ 생체인식 화면　　　　❸ PIN 입력 화면

초기 화면(❶)에서 생체인식 화면(❷)으로 전환된다. 생체 인식이 실패할 경우 PIN 입력 화면(❸)으로 전환된다.

스마트폰 제조사에 따른 기기마다 이러한 절차 및 UI는 다를 수 있으므로 다음에 설명하는 코드를 모든 기종에 적용할 수는 없다. 필자는 갤럭시 S9+를 기준으로 코드를 작성했으므로 각자의 상황과 환경에 맞추어 코드를 변경하여 사용해야 한다. 잠금 풀기 절차는 다음과 같다.

1. 홈 버튼(혹은 파워 버튼)을 누른다.

2. 스와이프한다. 그러면 생체 인식 화면으로 전환된다.

3. 생체 인식 화면인지 확인한다. 왜냐하면 일정 간격으로 PIN 입력 화면으로 바로 전환되기 때문이다. 생체 인식 화면이면 PIN 입력 화면으로 전환하기 위해 탭을 한다.

4. PIN 입력 화면에서 암호 코드를 입력하고 [OK] 버튼을 누른다.

이 과정을 자동 실행하는 스크립트를 만들어보자. 우선 장치를 연결한다.

```
In [32]: from ppadb.client import Client as AdbClient


         # Default is "127.0.0.1" and 5037
         client = AdbClient(host="127.0.0.1", port=5037)
         device = client.devices()[0]
```

화면이 꺼져 있으므로 파워 버튼을 눌러 잠에서 깨운다.

```
In [33]: device.shell('input keyevent 26');  # KEYCODE_POWER
```

화면 해상도에 맞추어 설정한 두 지점 (100,1200)~(1080,1200)을 500ms 동안 스와이프한다. 제대로 동작하지 않을 때는 두 좌표를 적절히 변경하면 동작하는 좌표를 찾을 수 있다.

```
In [34]: device.shell('input swipe 100 1200 1080 1200 500');
```

앞의 스와이프 대신 메뉴키 이벤트를 보내 생체 인식 화면으로 진입할 수도 있다.

```
In [35]: device.shell('input keyevent 82');  # KEYCODE_MENU
```

그러면 필자의 스마트폰인 경우 생체 인식 화면으로 진입한다. 생체 인식 화면인지 아닌지의 여부는 화면 UI에서 속성이 '생체 인식을 사용하거나 PIN을 입력하세요'인 <node> 요소가 있는지 여부로 판단한다. 이를 위해 화면의 UI 구조를 가져와 생체 인식 화면인지를 판단한다. 생체 인식 화면인 경우 입력창을 터치(탭)해서 PIN 입력 화면으로 전환한다.

다음 코드에서 get_center( )는 위젯 태그의 'bounds' 속성값을 읽고 그 중심 좌표를 계산하는 함수이며, get_window_xml( )은 화면 UI xml 파일을 다시 읽어 컴퓨터에 window_dump.xml 파일로 가져오는 함수다.

```
In [36]: from bs4 import BeautifulSoup
         import re

         def get_center(tag):
             x1, y1, x2, y2 = tuple(map(int, re.findall('\d+', ele.get('bounds'))))
             cx = (x1 + x2) // 2
             cy = (y1 + y2) // 2
             return cx, cy

         def get_window_xml():
             '화면 UI를 가져온다'
             device.shell('uiautomator dump')
             device.pull('/sdcard/window_dump.xml', 'window_dump.xml')
             device.shell('rm /sdcard/window_dump.xml')

         get_window_xml()

         soup = BeautifulSoup(open('window_dump.xml', encoding='utf-8').read(), "lxml")
         ele = soup.find('node', {'text': '생체 인식을 사용하거나 PIN을 입력하세요'})
         if ele:
             print('생체 인식 화면')
             ele = soup.find('node', {'content-desc': '입력창'})
             x, y = get_center(ele)  # 입력 창 중심 위치
             device.shell(f'input tap {x} {y}');  # 입력창을 탭한다
```

이제 PIN 입력 화면으로 전환되고, 화면에 버튼들이 나타나는데, 버튼의 위치를 파악하기 위해서 화면의 UI 구조 XML 문서를 다시 가져오고, window_dump.xml 파일을 분석하여 각 숫자 단추의 위치를 파악한다. 파악한 결과는 **pos_table** 사전에 저장해둔다.

```
In [37]: get_window_xml()
         soup = BeautifulSoup(open('window_dump.xml', encoding='utf-8').read(), "lxml")
         pos_table = {}
         for i in range(10):
             tag = soup.find('node', {'text': str(i)})
             x, y = get_center(tag)   # 요소의 중심 위치 찾기
             pos_table[str(i)] = x, y
         tag = soup.find('node', {'text': 'OK'})
         x, y = get_center(tag)
         pos_table['OK'] = x, y
```

이제 패스워드에 따라 화면을 탭하면 잠금이 풀리고 화면이 나타난다.

```
In [38]: password = '??????'
         for c in password:
             x, y = pos_table[c]
             device.shell(f'input tap {x} {y}');
         x, y = pos_table['OK']
         device.shell(f'input tap {x} {y}');
```

전체 코드를 다시 정리하면 다음과 같다. 화면이 꺼지고 잠금 모드에 있을 경우 동작하는 코드다. 다양한 경우의 수는 특별히 고려하지 않았으므로 실전에서는 추가로 조건에 맞게 코드를 삽입해야 한다.

```
In [39]: from bs4 import BeautifulSoup
         import re
         from ppadb.client import Client as AdbClient

         def get_center(tag):
             x1, y1, x2, y2 = tuple(map(int, re.findall('\d+', ele.get('bounds'))))
             cx = (x1 + x2) // 2
             cy = (y1 + y2) // 2
             return cx, cy

         def get_window_xml():
             '화면 UI를 가져온다'
             device.shell('uiautomator dump')
             device.pull('/sdcard/window_dump.xml', 'window_dump.xml')
             device.shell('rm /sdcard/window_dump.xml')

         def unlock_screen(device, password):
             device.shell('input keyevent 26');   # KEYCODE_POWER
             device.shell('input keyevent 82');   # KEYCODE_MENU
             # device.shell('input swipe 100 1200 1080 1200 500')

             get_window_xml()
             soup = BeautifulSoup(open('window_dump.xml', encoding='utf-8').read(), "lxml")
             ele = soup.find('node', {'text': '생체 인식을 사용하거나 PIN을 입력하세요'})
             if ele:
                 print('생체 인식 화면')
                 ele = soup.find('node', {'content-desc': '입력창'})
                 x, y = get_center(ele)
                 device.shell(f'input tap {x} {y}');  # PIN 입력 화면으로 전환한다

             # 전환된 화면 UI를 다시 가져온다
                 get_window_xml()
```

```python
        soup = BeautifulSoup(open('window_dump.xml', encoding='utf-8').read(),
        "lxml")


    ele = soup.find('node', {'text': '지문을 사용하거나 PIN을 입력하세요'})
    if ele:
        print('PIN 입력 화면')
        # 버튼 좌표 찾기
        pos_table = {}
        for i in range(10):
            tag = soup.find('node', {'text': str(i)})
            x, y = get_center(tag)   # 요소의 중심 위치 찾기
            pos_table[str(i)] = x, y
        tag = soup.find('node', {'text': 'OK'})
        x, y = get_center(tag)
        pos_table['OK'] = x, y


        # 패스워드 입력
        for c in password:
            x, y = pos_table[c]
            device.shell(f'input tap {x} {y}');
        x, y = pos_table['OK']
        # 마지막 OK 버튼 탭
        device.shell(f'input tap {x} {y}');


# Default is "127.0.0.1" and 5037
client = AdbClient(host="127.0.0.1", port=5037)
device = client.devices()[0]
unlock_screen(device, '000000')   # 비밀 번호 변경 필수
device.shell('input keyevent 3');  # 홈 화면으로 전환
```

도전 과제

## 그룹 SMS 발송하기

업무를 하다 보면 단체 문자를 발송해야 할 경우가 종종 생기는데, 이 업무를 대신하는 다양한 서비스도 성업 중이다. 요즘 스마트폰 문자가 무제한으로 제공되는 경우가 많은데 파이썬과 스마트폰을 직접 이용하면 추가 비용을 들이지 않고 단체 문제를 발송할 수 있다. 이번 과제에서는 여러 사람에게 한번에 문자 메시지를 보내 보도록 하자. 처리 과정은 다음 과 같다.

1. 문자 앱을 실행한다.

2. 수신자와 메시지를 입력한다.

3. 화면 구조를 읽어와서 [보내기] 버튼의 위치를 찾는다.

4. 버튼을 누른다.

단계 2의 수신자와 메시지는 앱의 형식에 맞춰 입력하면 된다. 한글 전송도 문제가 없으며, 수신자가 여럿일 때는 스마트폰 기종에 따라서 01054565525,01065898854와 같이 콤마로 구분하거나 혹은 세미콜론(;)으로 구분해서 입력해주면 된다.

문자 메시지 화면을 띄운 후 **uiautomator dump** 명령(앞 절 참고)으로 가져온 window_dump.xml 파일을 분석해보면 **[보내기]** 버튼은 다음 요소로 표현된다.

```
<node index="0" text="보내기" resource-id="com.samsung.android.messaging:id/send_
button" class="android.widget.Button" package="com.samsung.android.messaging"
content-desc="보내기" checkable="false" checked="false" clickable="true" enabled="true"
focusable="true" focused="false" scrollable="false" long-clickable="false"
password="false" selected="false" bounds="[925,1987][1054,2076]"/>
```

[보내기] 버튼의 위치는 앞서 설명한 get_center( ) 함수로 찾아낼 수 있다. 전체 과정을 종합한 코드는 다음과 같다.

```
In [40]: from bs4 import BeautifulSoup
         import re


         def get_center(tag):
             x1, y1, x2, y2 = tuple(map(int, re.findall('\d+', ele.get('bounds'))))
             cx = (x1 + x2) // 2
             cy = (y1 + y2) // 2
             return cx, cy


         # 메시지 내용 - 변경 필요
         msg = '''여러 줄 문자 보내기 테스트 중
         둘째 줄
         셋째 줄'''
         numbers = ['029405284', '0109998888']   # 수신자 전화번호 리스트. 변경 필요


         # 단계 1-2
         device.shell('am start -a android.intent.action.SENDTO -d sms:{} --es  sms_body
         "{}" --ez exit_on_sent false'.format(','.join(numbers), msg))


         # 단계 3
         # 화면 UI 구조를 가져온다
         device.shell('uiautomator dump')
         device.pull('/sdcard/window_dump.xml', 'window_dump.xml')
         # BeautifulSoup로 분석
         soup = BeautifulSoup(open('window_dump.xml', encoding='utf-8').read(), "lxml")
         tag = soup.find('node',  {'content-desc': "보내기"})   # 요소 찾기
         x, y = get_center(tag)   # 요소의 중심 위치 찾기


         # 단계 4
         device.shell(f'input tap {x} {y}');
```

부록 건너뛰기

## 사진 자동 촬영하기

스마트폰을 감시 카메라로 놓고 일정한 장소에서 사진을 주기적으로 촬영하고 싶다고 하자. 물론 스마트폰이 컴퓨터와 USB 혹은 와이파이로 연결되어 있어야 하기 때문에 한계가 있고, 이런 경우라면 차라리 앱을 만드는 것도 좋겠다. 하지만 여건상 누구나가 그렇게 할 수 있는 것은 아니므로 여기서는 주어진 제약 조건에서 동작하는 코드를 파이썬을 활용해서 만들어보자. 이번 과제의 처리 과정은 다음과 같다.

1. 카메라 앱을 실행한다.
2. 화면 UI 구조를 읽어온다.
3. '셔터' 위치를 찾는다.
4. '셔터'를 누른다.
5. 카메라 앱을 종료한다.

여기서 카메라 앵글은 고정되어 있다고 가정하자. 또한 화면은 잠겨 있지 않다고 가정하고 카메라 앱만 실행하여 사진을 찍기로 한다. 화면이 잠겨 있는 경우 해제하는 코드는 앞선 도전 과제를 참고하기 바란다. 또한 주기적인 시간 간격으로 사진을 찍기 위한 코드는 Work 9를 참고한다.

```python
In [41]: import time
         from bs4 import BeautifulSoup
         import re

         def get_center(tag):
             x1, y1, x2, y2 = tuple(map(int, re.findall('\d+', ele.get('bounds'))))
             cx = (x1 + x2) // 2
             cy = (y1 + y2) // 2
             return cx, cy

         def take_a_picture():
```

```python
    # 단계 1 - 카메라 앱 실행
    device.shell('am start -n com.sec.android.app.camera/.Camera')


    # 단계 2 - 화면 UI 구조를 가져온다
    device.shell('uiautomator dump')
    device.pull('/sdcard/window_dump.xml', 'window_dump.xml')


    # 단계 3
    soup = BeautifulSoup(open('window_dump.xml', encoding='utf-8').read(), "lxml")
    tag = soup.find('node',  {'text': "셔터"})    # 요소 찾기
    x, y = get_center(tag)


    # 단계 4
    device.shell(f'input tap {x} {y}');


    time.sleep(1)


    # 단계 5
    device.shell('am force-stop com.sec.android.app.camera')


take_a_picture()
```

1. 계산기 앱을 실행시키고 123*456 연산을 실행한 후 계산 결과를 가져오는 코드를 작성해보자.

2. 정해진 시간에 녹음기 앱을 자동으로 실행하고 1분 동안 녹음하는 코드를 작성해보자. 삼성 갤럭시폰인 경우 '음성 녹음' 앱은 다음 명령으로 실행할 수 있다.

```
device.shell('am start -n com.sec.android.app.voicenote/.main.VNMainActivity')
```

# 파이썬 설치와 주피터 노트북 사용법

　이번 부록에서는 컴퓨터에 파이썬을 설치하고 코드를 작성하는 방법에 대해 알아본다. 여기서는 윈도우 환경에서 파이썬을 설치하고 사용하는 방법만 다루지만, 다른 운영체제에 설치하여 사용할 때도 방법에 큰 차이는 없다.

　파이썬을 설치하려면 먼저 설치 파일을 내려받아야 한다. 파이썬 설치 파일은 파이썬 공식 홈페이지(http://www.python.org)에서도 내려받을 수 있지만, 여기서는 편리하게 사용할 수 있는 아나콘다라는 배포판을 내려받아 설치하고 사용법을 간단히 알아보겠다.

## 아나콘다 설치하기

　아나콘다에는 여러 가지 수학, 과학 패키지들이 기본으로 포함되어 있어, 좀 더 편리하게 파이썬을 활용할 수 있다. 다음 사이트에 접속하여 아나콘다를 내려받아 보자.

https://www.anaconda.com/products/individual

앞선 사이트에 접속하여 [Download] 버튼을 누르면 운영체제와 파이썬 버전을 골라 설치 파일을 내려받을 수 있는 링크가 나타난다.

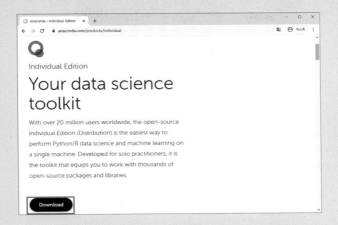

이 책에서는 64비트 윈도우, 파이썬 3.x 버전을 내려받아 사용한다.

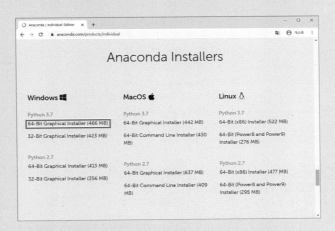

아나콘다 배포판 설치 파일을 정상적으로 내려받았다면 해당 파일을 마우스 오른쪽 버튼으로 클릭한 후 [관리자 권한으로 실행] 메뉴를 선택해서 설치를 시작한다. 다음 그림과 같이 첫 번째 설치 화면이 나오면 [Next] 버튼을 클릭하고 이어지는 단계에서 [I Agree] 버튼을 클릭해 라이선스에 동의한다.

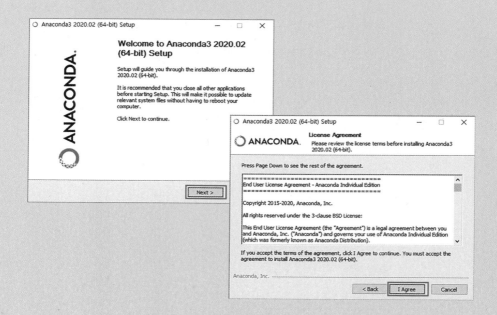

설치 유형을 선택하는 단계에서는 **[All Users]**를 선택한 후 **[Next]** 버튼을 클릭하고 이어지는 단계에서 설치 위치는 그대로 두고 **[Next]** 버튼을 클릭한다.

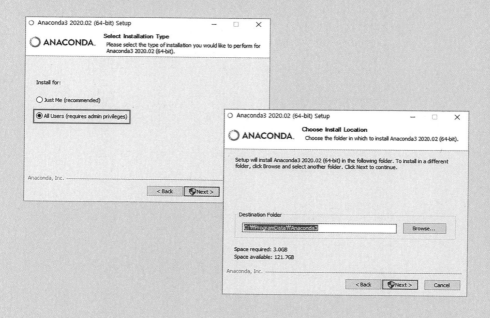

추가 옵션 선택 화면에서는 다음 그림과 같이 두 가지 옵션을 모두 선택한 후 [Install] 버튼을 클릭하여 설치를 진행한다.

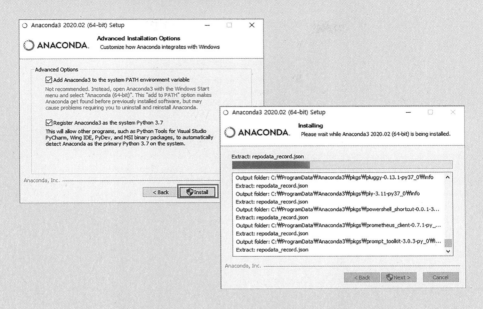

설치가 완료되면 'Installation Complete' 메시지가 나타난다. [Next] 버튼을 클릭하여 다음으로 이동하고 [Finish] 버튼을 클릭해 설치 과정을 종료한다.

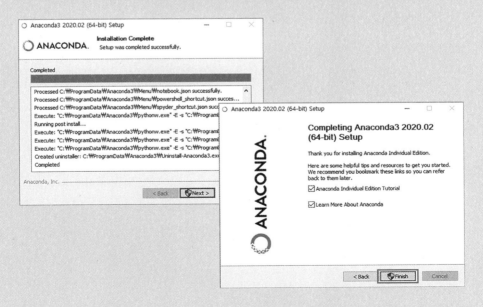

이제 윈도우 시작 메뉴를 보면 아나콘다가 설치된 것을 확인할 수 있다. 명령 프롬프트를 열어 파이썬이 제대로 설치되어 있는지 확인해본다.

## 주피터 노트북 사용하기

아나콘다를 설치했다면 이제 주피터 노트북(jupyter notebook)으로 파이썬 코드를 작성하고 실행해보자. 주피터 노트북(https://jupyter.org/)을 사용하면 웹 브라우저에서 편리하게 파이썬 코드를 입력하고 실행하여 결과까지 확인할 수 있다. 초기에 주피터 노트북은 '파이썬 노트북'으로 시작되었다. 파이썬 노트북은 파이썬 커널에 웹 브라우저 인터페이스를 더한 형태로 구성되었다. 파이썬 코드는 커널에서 실행하고, 입력과 출력 결과를 표시하는 인터페이스는 브라우저를 이용하자는 개념이었다. 그런데 웹 브라우저에서 파이썬 코드 텍스트뿐만 아니라 문서, 이미지, 그래픽 처리, 오디오, 비디오 등의 다양한 미디어를 함께 이용하는 것이 가능하면서 이러한 장점에 관심을 갖던 다른 언어 영역에서 이를 공유하기를 원했다. 그래서 프로젝트 이름을 '주피터 노트북'으로 변경하고 브라우저는 그대로 사용하되 다른 언어 커널을 함께 지원할 수 있게 하면서 현재는 R, Julia, Scala 등의 40여 개 언어 커널을 사용할 수 있게 되었다. 자세한 내용은 해당 언어 페이지를 참조하기 바란다. 주피터 노트북에 대한 다양한 활용 예는 https://jupyter.org에 가면 확인할 수 있다.

시작 메뉴의 [Anaconda3 (64-bit)] → [Jupyter Notebook]을 클릭한다. 또는 명령 프롬프트에서 'jupyter notebook' 명령으로 실행할 수도 있다. 명령을 실행하면 웹 브라우저에 주피터 노트북이 나타난다. 참고로 첫 화면에 표시되는 목록은 [C:₩Users₩사용자계정] 폴더의 내용이며, 주피터 노트북으로 만든 파일은 기본적으로 여기에 저장된다.

### 주피터 노트북 파일 저장 경로 변경하기

주피터 노트북으로 만든 파일이 저장되는 경로를 변경하려면 다음과 같이 명령 프롬프트에서 --notebook-dir 옵션으로 원하는 디렉터리를 지정하면 된다.

```
C:\>python.exe -m notebook --notebook-dir C:\mypython
```

또는 윈도우 시작 메뉴에서 [Anaconda3 (64-bit)] → [Jupyter Notebook] 메뉴를 마우스 오른쪽 버튼으로 클릭하여 [파일 위치 열기]를 눌러 Jupyter Notebook 바로 가기를 찾는다. 이어서 해당 바로 가기를 마우스 오른쪽 버튼으로 클릭하여 [속성(R)]을 누르면 나타나는 창에서 [대상(T):] 란에 있는 %USERPROFILE%/ 대신 원하는 디렉터리 경로로 대체한다.

첫 화면에서 오른쪽 위에 있는 [New] 버튼을 누르면 선택 목록이 나오는데 여기서 [Python 3]를 선택한다. 실제 프로젝트라면 폴더를 만들고 그 안에 파일을 만드는 것이 좋지만, 여기서는 바로 파이썬 파일을 만들었다.

처음으로 파일을 만들면 파일명이 'Untitled'로 되어 있다. [Untitled]로 표시된 파일명을 눌러 이름을 바꿀 수 있다.

여기서는 'test'라고 이름을 바꾸고 [Rename] 버튼을 눌러 파일명을 바꿨다.

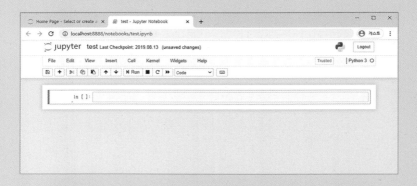

이제 주피터 노트북에 파이썬 코드를 입력해보자. 새로운 파이썬 파일을 만들면 셀(Cell)이 하나 생긴다. 셀의 종류는 다양한데 파이썬 코드는 Code 셀이어야 한다(메뉴 아이콘 줄에 있다). 이러한 셀에는 한 줄만 적을 수 있는 게 아니라 여러 줄을 작성할 수도 있다. 우선 'Hello, world!'를 출력하는 간단한 코드를 작성하고 실행해보자.

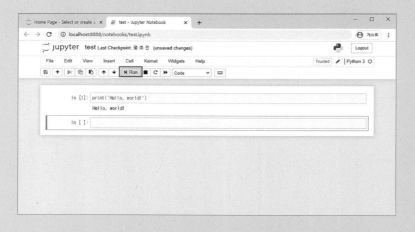

코드를 작성하고 메뉴의 [Run] 버튼을 누르거나 [Cell] → [Run Cells and Select Below] 메뉴를 선택하면 코드가 실행되고 결과가 출력된다. 이때 In[ ]:이 In[1]:로 바뀌는데 여기서 1은 첫 번째로 실행한 코드라는 뜻이며 입력하는 셀을 추가할수록 숫자가 증가한다. 이렇게 셀을 실행하고 나면 바로

아래에 새로운 셀이 생긴다. 물론 셀은 메뉴의 [+] 버튼이나 [Insert] 메뉴를
사용해서 추가할 수도 있다.

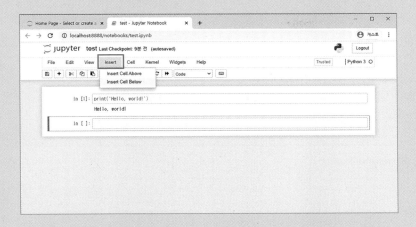

이제 이런 식으로 셀에 코드를 작성하면 된다. 이때 이미 작성한 셀들의 순
서를 바꾸려면, 이동하려는 셀을 선택하고 메뉴의 위아래 화살표 버튼을 이
용하면 된다.

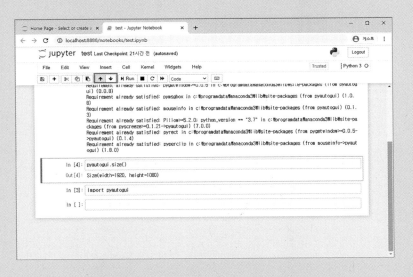

셀을 실행하고 이동하고 삭제하는 등의 작업은 키보드 단축키를 사용하는 것도 가능하다. 메뉴의 [Help] → [Keyboard shortcuts]를 선택하면 전체 목록을 확인할 수 있다. 예를 들어 셀 실행하기는 [Ctrl-Enter](run cell), [Shift-Enter](run cell and select next), [Alt-Enter](run cell and insert below) 등이 있다. 셀을 추가하는 것은 커맨드 모드에서 [A](insert cell above) 혹은 [B](insert cell below) 단축키로 실행할 수 있다. 자주 사용하는 많은 명령이 단축키로 등록되어 있으니 도움말을 보고 익힌다면 작업 효율이 늘어날 것이다.

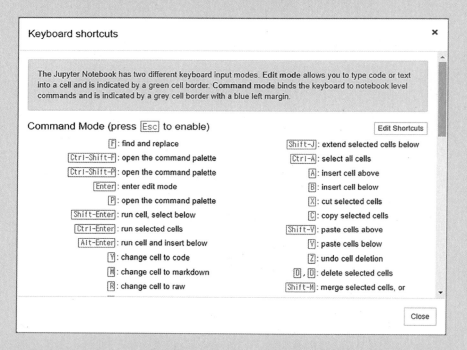

참고로 주피터 노트북에서는 코드뿐만 아니라 일반 문서 형태의 글도 작성할 수 있다. 메뉴에서 [Code]로 되어 있는 란을 [Markdown]으로 변경하면 마크다운 문법이 적용되는 문서를 작성할 수 있다. 관련 내용은 '마크다운(Markdown)'을 키워드로 검색하면 여러 자료를 찾아볼 수 있다.

## 편집 모드와 커맨드 모드

주피터 노트북에는 두 가지 입력 모드가 있다. 하나는 셀에 코드나 텍스트를 작성하는 편집(Edit) 모드이고, 다른 하나는 주피터 노트북의 명령(메뉴)을 단축키로 실행할 수 있는 커맨드(Command) 모드이다. 셀이 편집 모드일 때는 녹색 테두리로 표시되며, 커맨드 모드일 때는 파란색 테두리로 표시된다. 편집 모드로 전환하려면 [Enter] 키를 누르면 되고, 커맨트 모드로 전환하려면 [Esc] 키를 누르면 된다. 커맨드 모드에서 [h] 키를 누르면 각각 커맨드 모드와 편집 모드에서 사용할 수 있는 단축키를 확인할 수 있다.

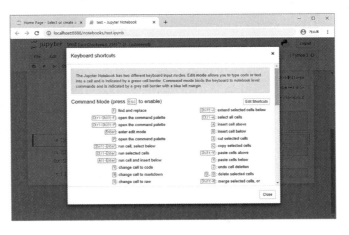

이렇게 작성한 주피터 노트북 파일을 여러 형식으로 내려받을 수도 있다. 메뉴의 [File] → [Download as]를 보면 [Notebook], [Script], [Html] 등의 다양한 형식으로 자료를 내려받을 수 있게 지원한다. PDF와 같은 일부 형식은 추가로 소프트웨어 패키지를 설치해야 이용할 수 있다(자세한 내용은 관련 자료를 검색해보기 바란다). 사실 'Notebook' 형식은 로컬 컴퓨터에서 직접 복사한 것과 다르지 않은데, 이 메뉴가 존재하는 이유는 주피터 노트북을 원격 서버에서 실행할 수 있기 때문이다. 즉, 브라우저만으로 주피터 노트북 서버에 접속해서 작업할 수 있고, 작성한 노트북을 로컬 컴퓨터에 가져오기 위한 명령으로 이해할 수 있다.

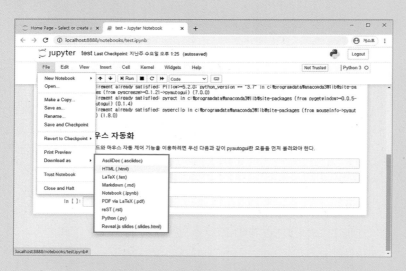

다른 사람이 배포한 노트북 파일을 읽어와서 실행할 수도 있다. 주피터 노트북 홈 화면의 오른쪽 위에 보면 [Upload]라는 버튼이 있다. 이 버튼을 클릭하면 열리는 탐색기에서 노트북 파일(*.ipynb)을 선택하면 선택된 파일은 해당 디렉토리에 복사되며 목록에 나타난다. 그러고나서 홈 화면에서 이 파일을 선택하면 다른 사람이 작성한 노트북 파일을 그대로 볼 수 있고 실행도 해볼 수 있다.

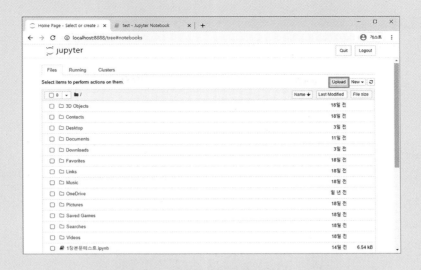

주피터 노트북에는 다양한 기능과 활용 방법이 있지만 지면 관계상 여기서는 간단한 소개로 마무리한다. 자세한 내용은 스스로 실행해보면서 익히거나 관련 자료를 검색해보기 바란다. '주피터 노트북 사용법'에 관한 자료는 인터넷에 풍부하게 제공된다.

# 찾아보기